作者简介

张丽萍

现任江汉大学高教所所长、副研究员。长期从事高等教育管理和教育研究，兼任湖北省教育史志研究会、行政管理学会理事会常务理事、《江汉大学学报》编委等职。主持完成湖北省人文社科研究重点课题1项及其他项目多项。主持教育部2011年人文社会科学研究规划基金项目和省、市级科研课题多项。主编《十五副省级城市综合大学发展蓝皮书（2006-2010）》（32万字）1部。发表学术论文30余篇，其中在《高校理论战线》、《高等教育研究》、《辽宁教育研究》等国内重要期刊、中文核心期刊发表论文10余篇，被人民网、国研网全文转载，被《中国高等教育》等重要权威期刊全文或摘要转载。多篇被CSSCI收录、引用，参编著作、论文集多部；个人先后获武汉市科技进步三等奖、中国高教学会优秀成果一等奖、武汉市第十一次社会科学优秀成果三等奖、江汉大学教学成果特等奖等多项奖励。完成国家社会科学基金“十五”规划（教育学科）重点课题《高等教育发展速度、规模与资本市场关系的研究》（课题批准号：AIA010024），该项目2007年分获湖北省科技进步三等奖、武汉市科技进步三等奖。长期从事城市综合大学战略管理，完成江汉大学“十一五”、“十二五”发展规划编制工作。

教育探新丛书

教育部人文社会科学研究规划基金项目研究成果
（项目批准号：11YJA880149）

城市综合大学发展研究

张丽萍　著

WUHAN UNIVERSITY PRESS
武汉大学出版社

图书在版编目(CIP)数据

城市综合大学发展研究/张丽萍著.—武汉：武汉大学出版社,2012.6
教育探新丛书
ISBN 978-7-307-09962-3

Ⅰ.城… Ⅱ.张… Ⅲ.高等学校—发展—研究—中国
Ⅳ.G649.21

中国版本图书馆 CIP 数据核字(2012)第 138961 号

责任编辑:易 瑛　　责任校对:刘 欣　　版式设计:马 佳

出版发行：**武汉大学出版社**　(430072 武昌 珞珈山)
(电子邮件：cbs22@whu.edu.cn 网址：www.wdp.com.cn)
印刷:湖北金海印务有限公司
开本:720×1000 1/16　印张:16.75　字数:240 千字　插页:3
版次:2012 年 6 月第 1 版　　2012 年 6 月第 1 次印刷
ISBN 978-7-307-09962-3/G·2561　　定价:36.00 元

序

《城市综合大学发展研究》一书，是张丽萍主持教育部人文社会科学研究规划基金项目“地方高校战略管理研究——以全国15个副省级城市综合大学发展规划为例”的阶段成果。该书围绕长期困扰城市综合大学发展的重大理论和实践问题开展深入研究，着眼于城市综合大学宏观战略管理框架，从合并组建城市综合大学实现建设应用型大学目标入手，对科学发展观与高等教育发展规模、速度；城市综合大学如何明确使命、目标，服务区域经济社会发展需要；向应用型大学转型难点与实现路径；提高人才培养质量与科学研究方法论；加强学生素质培养与党的建设等问题进行了较为深入的研究。对实践中大量复杂问题、深层次矛盾进行了深刻剖析，探索如何破解观念误区，并据此对我国城市综合大学的发展战略、观念理念、管理政策、组织模式、行为取向等相关改革创新等问题进行了科学规范化处理和理论阐述，力求创新教育思想，从目标、模式、管理体制和保障机制等方面提出有效的解决对策，为我国城市综合大学乃至城市的发展政策和管理政策提供有价值的参考建议，并从附录个案研究中部分展现了建设成果。

本书的特点在于著作者站在我国高等教育宏观管理全局和多维的视角，运用科学发展观和辩证方法论去发现问题，既有理论分析，实践研究，又具有现实针对性，提出了多种解决方式、路径和创新观点，提出的多项发展对策和政策建议具有可操作性，为当前城市综合大学乃至地方大学建设应用型大学提供了有益的思路和方法。

改革创新是教育发展的强大动力。建设高等教育强国，必须深入贯彻落实科学发展观，做强地方高等教育；必须坚持把提高质量作为核心任务，在稳步实施国家重大教育发展项目和改革试点的同时，着力推进包括城市综合大学在内的地方高校改革，探索突破制约核心竞争力提升的关键环节，建立以质量为导向的管理制度和工作机制，引导地方把教育资源配置、高等学校工作重点集中到强化教学环节、提高教育质量上来，因地因校制宜，办出特色。我们必须坚持不懈努力做到这一点。

目　　录

第一部分　科学发展观与高等教育发展规模、速度

第二部分　城市综合大学发展战略与历史使命

第三部分　城市综合大学向应用型大学转型与实现路径

第四部分　城市综合大学提高人才培养质量与科学研究方法论

第五部分　城市综合大学加强学生素质培养与党的建设

第六部分　城市综合大学个案研究

第一部分

科学发展观与高等教育发展规模、速度

中国高等教育发展速度、规模与国民经济发展关系研究*

一、20世纪中国高等教育速度、规模发展的基本特征

（一）中国20世纪高等教育速度、规模发展的概况

1. 中华人民共和国成立前高等教育发展缓慢

中国的高等教育，就其渊源而言，历史非常悠久。已出土的商朝时期的甲骨文中就有“大学”这一说法，《礼记·王制》中也有“大学”和“小学”之分：“小学在公宫南之左，大学在郊。”当代国内一些教育史学家认为殷商时期的“右学”是我国最早的大学。①

近代的洋务运动对中国社会，尤其是中国教育所产生的影响是深远的。我国现代高等教育的建立和发展，主要是在洋务运动的影

---

* 本文节选自《运用资本市场 推进高等教育》一书的第三章，张丽萍、王良楚著，经过作者改动。该书为李进才、甘德安等著（中国社会科学出版社2006年版），是国家社会科学基金“十五”规划（教育学科）重点课题“高等教育发展速度、规模与资本市场关系的研究”（课题批准号：AIA010024）的成果之一。2007年该项目分获湖北省科技进步三等奖、武汉市科技进步三等奖，2008年该书获湖北省第五届教育科学研究优秀成果一等奖。

① 顾明远，梁忠义．世界教育大系［M］．长春：吉林教育出版社，2000：13.

响下不断向西方学习的产物。大致是明末清初学习日本，五四之后学习美国，20 世纪 50 年代学习苏联的过程。1895 年创办的北洋大学堂（天津大学的前身）1896 年创办的南洋公学（交通大学的前身）和 1898 年创办的京师大学堂（北京大学的前身）可以视为我国近现代高等教育的起点。① 在一段不长的时间里，我国高等教育初步完成了由封建教育向近代资本主义教育模式的过渡，“新式高等学堂”便出现一个较大的发展。至 1912 年，全国已有高等学校 122 所，其中，专业学校 106 所，大学 11 所，其他类型的高等学校 5 所。1916—1920 年间，全国共有大学生 19289 人。②

在抗日战争前的 1936 年，全国共有高等院校 108 所，其中各类大学 42 所，独立学院 36 所，专科学校 30 所，高等教育规模 4.2 万人。1945 年，高等学校有 141 所，高等教育规模 8.3 万人。③

1949 年 10 月，中华人民共和国成立。当时全国共有高等学校 205 所，其中国立、省立和市立院校 124 所，占 60.4%；私立院校 61 所，占 29.8%；教会学校 21 所，占 9.7%。高等教育规模 11.71 万人，研究生仅为 629 人。④ 随着新中国成立，中国高等教育的发展进入了一个崭新的阶段。

2. 中华人民共和国成立后至“文革”期间高等教育规模大起大落

20 世纪 50 年代初，我国面临着帝国主义的重重包围，又缺乏建设社会主义的经验。为了适应有计划、大规模社会主义建设，中央提出了向苏联学习的方针，对中华人民共和国成立前留下来的

---

① 鲁晓成等．高等教育布局与规模研究［EB/OL］．http://www.hubce.edu.cn/jwc/jwc5/messages/1629.html，2003-04-11．

② 顾明远，梁忠义．世界教育大系［M］．长春：吉林教育出版社，2000：27．

③ 鲁晓成等．高等教育布局与规模研究［EB/OL］．http://www.hubce.edu.cn/jwc/jwc5/messages/1629.html，2003-04-11．

④ 郝克明，汪永铨．中国高等教育结构研究［M］．北京：人民教育出版社，1987：126．

205 所高等学校进行了调整。首先，仿照苏联高等学校模式，除保留少数以文理为主的综合性大学外，按行业归口建了许多单科性学院，而且是以工科院校为主。据 1956 年统计，高等学校共 227 所，综合性大学由解放前的 55 所减为 15 所，单科性院校占高等学校的 92%，其中工科院校由解放前的 18 所增至 48 所。其次，高等学校全部收归国家办，解放前占 40% 的私立大学全部收归国有，归口至中央各部委和高教部管理。最后，高等院校主要集中在各大行政区领导机关所在地，仅华北的京津、华东的沪宁、东北的沈阳、西北的西安、西南的成渝、中南的武汉等省市的高等学校数就占全国的 60%，学生的 63%。① 这一时期，随着我国第一个五年计划的展开，我国教育事业纳入了计划发展的轨道。根据“有计划、按比例发展”的要求，对高等教育事业的发展做了统筹安排，高等教育规模迅速扩大，从 1949 年招生 3.1 万人增长到第一个五年计划末 1957 年的 10.6 万人。1957 年在校生达到 44.1 万人②，比 1949 年翻了两番。

1958 年以后，随着以扩大地方管理权力为中心的行政和经济管理体制的变革，高等学校也由中央集中统一管理变为主要由省、市、自治区管理，1958 年中央所领导的 229 所高等学校下放了 187 所（占 81.7%）。同时，在赶英超美的“大跃进”热潮中，以“15 年左右普及高等教育”为口号，快速地扩大高等教育规模，造成了高等教育的盲目发展。1960 年全国高等学校达到 1289 所，翻了五番多，在校生增至 96.16 万人，翻了一番多。比例失调，质量严重下降。1961—1966 年上半年，我国的教育工作主要是贯彻调整方针，学校恢复了以教学为主的正常秩序。在总结中华人民共和国成立以来高等教育正反两方面经验教训的基础上，教育部制定颁发了《教育部直属高等学校暂行工作条例

---

① 鲁晓成等．高等教育布局与规模研究［EB/OL］．http://www.hubce.edu.cn/jwc/jwc5/messages/1629.html，2003-04-11.

② 中国统计年鉴 2008［M］．北京：中国统计出版社，2008：32；新中国成立 55 年资料汇编［M］．北京：中国统计出版社，2005：47.

(草案)》(以下简称“高教六十条”)。经过“调整、巩固、充实、提高”,到1965年,全国高等学校434所,比1956年增加了近一倍,在校生67.44万人,比1960年减少了近30%,比1956年增加了67.3%。①

“文革”前17年及“文革”中,伴随着不断的政治运动、强烈的政治冲击,高等教育领域成为重灾区,导致了发展规模、速度大起大落,教育中断和教育荒废的历史悲剧。到1971年,高等学校数锐减至328所,在校生只剩8.3万人②,而且大多不能正常教学。

3. 改革开放后高等教育快速稳定发展

20世纪下半叶以来,世界高等教育的发展一直面临着两个方面的压力:一方面是高等教育需求持续大幅度上升,另一方面是高等教育质量的呼声日益高涨,构成了高等教育发展中的一个世界性难题。各国在探求解决这个世界性难题的过程中,带来了高等教育质量观的转变和高等教育规模快速发展,形成了高等教育大众化的世界潮流。从20世纪50年代后期到70年代早期,西方各国先后经历了高等教育发展的“黄金时代”。据世界银行1994年报告,世界经合组织(OECD)各国高等教育平均毛入学率已达到51%,跨入了普及化阶段。

1977年,随着“文革”结束,中央进行拨乱反正,恢复高考制度,我国高等教育进入了一个新的发展时期。1978年,高等学校总数为598所,当年招生40.1万人,在校生86.7万人。1980年,高等学校达到678所,在校生114.4万人。高等教育在20世纪80年代经历了高速发展,普通高等学校招生年平均增长率为7.5%。③

---

① 鲁晓成等.高等教育布局与规模研究[EB/OL]. http://www.hubec.edu.cn/jwc/jwc5/messages/1629.html, 2003-04-11.

② 新中国成立55年资料汇编,北京:中国统计出版社,2005:23.

③ 杨东平.中国高等教育[EB/OL]. http:/www.edu.cn/gai-kuang_489/20060323/t20060323-12665.shtml, 2012-06-05.

进入20世纪90年代，中国高等教育改革面临着全新的社会形势：一个逐步发育成熟的市场体系正在引导社会结构发生深刻变化，中国加入WTO的进程又迫使发育中的国内市场进一步融入了世界大市场。在这样的背景下，虽然我国高等教育一直发展较快，但仍然低于发展中国家的平均水平，滞后于社会发展和经济发展。

1993年以来，我国作出进一步推进高等教育管理体制改革的决策，提出“共建、调整、合并、合作”的八字方针，并陆续对500多所高等学校进行管理体制调整，实行地方和中央共建，先后将700多所高等学校合并组建为300余所多学科或综合性高等学校，基本改变了计划经济条件下形成的部门和地方条块分割、资源投入重复的局面，形成了中央和省级人民政府两级管理、以省级政府管理为主的管理新体制，优化了高等教育的资源配置，扩大了高等学校办学的自主权。高等学校管理体制改革为高等教育进一步改革发展和高等教育资源的合理配置开辟了新的平台。

1998年，伴随着大众化的热烈讨论，有关高等教育发展规模和速度的争论再次达到高峰，人们开始关注的是大力发展或是适度发展，而不再去讨论要不要发展了。1999年5月，立足于我国现代化建设的全局，结合21世纪初期国民经济与社会发展的需求实际，为进一步拉动内需，缓解就业压力，并参照国际上的一些成功经验，党中央、国务院作出了进一步扩大高等教育阶段招生规模的重大决策。同年6月召开的改革开放以来的第三次全国教育工作会议，确定了高等教育大发展的新思路。

20世纪90年代末期，在政府实施高等学校大规模扩大招生政策的情况下，我国高等教育的发展进入了数量上高速增长的时期。普通高等学校的本专科招生数1999年为159.68万人，比1998年增加51.32万人，增长47.4%，致使该年度的高考录取率达到58%；2000年为220.61万人，比1999年增加60.93万人，增长38.16%；2001年为268.28万人，比2000年增加47.67万人，增长21.61%（见表1.1）。普通高等学校的本专科在校生数1999年为413.42万人，比1998年增加72.54万人，增长21.28%；2000年为556.09万人，比1999年增加142.67

万人，增长34.51%；2001年为719.07万人，比2000年增加162.98万人，增长29.31%；2002年为903.36万人，比2001年增加184.29万人，增长25.63%；2003年为1108.56万人，比2002年增加205.2万人，增长22.72%（见表1.2）。从1999年到2001年的短短3年时间，普通高等学校的本专科招生数就比1998年增长了约1.5倍，同期的在校生数也翻了一番。如果我们将这些数字与实施高等学校扩招前加以比较，就更能体会到这一时期高等教育的发展速度。据统计，1998年普通高等学校本专科招生108.36万人，比20年前1978年的40.15万人增长了1.7倍多。这意味着仅就本专科招生数的增长倍率而言，从1999年到2001年的3年与1978年到1998年的20年相差无几，换句话说，1978年到1998年这20年本专科招生数的增长幅度，1999年到2001年的3年就基本达到了。如果从具体的本专科招生数来看，1999—2001这3年增长的幅度则更大（2001年的招生数比1998年增加了159.92万人，而1998年的招生数仅比1978年增加了68.21万人）。

表1.1　**1996—2003年全国高等学校招生增长表**　单位：万人

学年	招生总数	年增长率%	研究生	年增长率%	本专科生	年增长率%	成人高教生
1996	197.04		5.94		96.58	4.20	94.52
1997	206.77	4.94	6.37	7.24	100.04	3.58	100.36
1998	215.75	4.34	7.25	13.81	108.36	8.32	100.14
1999	284.67	31.94	9.22	27.17	159.68	47.40	115.77
2000	389.61	36.86	12.85	39.37	220.61	38.16	156.15
2001	480.73	23.39	16.52	28.56	268.28	21.61	195.93
2002	563.08	17.13	20.26	22.64	320.50	19.46	222.32
2003	631.38	12.13	26.89	32.72	382.17	19.24	222.32
1998—2003	2565.22	2.40	92.99	3.00	1459.60	28.70	1012.63

资料来源：1996—2003年全国教育事业发展统计公报

表 1.2　**1996—2002 年全国高等学校在校生增长表**　单位：万人

学年	在校生总数	年增长率%	研究生	年增长率%	本专科生	年增长率%	成人高教生
1996	583.91		16.23		302.11		265.57
1997	607.50	4.04	17.64	8.70	317.44	5.07	272.42
1998	642.99	5.84	19.89	12.76	340.87	7.38	282.22
1999	742.26	15.44	23.35	17.40	413.42	21.28	305.49
2000	939.85	26.62	30.12	29.00	556.09	34.51	353.64
2001	1214.38	29.21	39.33	30.58	719.07	29.31	455.98
2002	1512.62	24.56	50.10	27.38	903.36	25.63	559.16
1998—2002	5052.10	23.80	162.79	26.00	2932.81	27.6	1956.49

资料来源：1996—2003 年全国教育事业发展统计公报

我国高等教育规模实现的超常规发展，为下一步顺利实现从精英教育向大众化教育的过渡奠定了良好的基础。2006 年我国高等教育领域发生了一系列具有“里程碑意义”和“预警作用”的大事。这一年中国高等教育进行了重大调整，其核心和焦点是大力提高教育质量。它既是高等教育自身发展的内在要求，也是高等教育适应社会发展的客观需要，表明我国对高等教育大众化的认识正在由“目标理论”向“预警理论”回归，高等教育大众化实践开始走向理性和相对成熟，规模、质量、结构和效益协调发展日益成为高等教育改革和治理的目标。①

（二）中国 20 世纪 100 年高等教育速度、规模发展的基本特征

整个 20 世纪中国高等教育发展波澜起伏，总趋势是上升的，是一个向着高等教育大众化目标不断发展速度和规模的过程。高等

① 邬大光，李枭鹰. 2006 年中国高等教育盘点［J］. 高等教育研究. 2007（21）.

学校数从20世纪初、1912年的122所增长至2000年的1041所，增长7.53倍；高等教育规模从1916—1920年共有1.93万人①增至2000年的939.85万人。这期间的发展既有成功的经验，也有失败的教训；既有世界高等教育大众化发展的共同规律，也呈现出我国高等教育大众化时期的一些特征。

1. 我国高等教育速度、规模发展随政治等因素大起大落

新中国成立以来，我国高等教育规模的发展曾经历1956—1960年的“大起”和1966—1976年“文革”期间“大落”的挫折，1978年以后获得了较为稳定的快速发展。1956年“左”倾冒进思想波及教育领域，高等教育规模开始“冒进”，在学人数增长了41%；普通高等学校从1956年的227所增至1960年的1289所，1958年几乎平均每3天建两所高等学校。1960年普通高等学校学生数猛增至96.2万人。1956年、1958年、1959年、1960年4年的高等学校招生数分别为普通高中毕业生数的120%、135%、92%和112%。1961年，开始贯彻“调整、巩固、充实、提高”八字方针和“高教六十条”，至1963年，3年间全国共关闭了约70%的高等学校（共882所），并采取“泻肚”的做法，让工农出身的学生、职员回到农村。高等教育不堪重负的矛盾，以及高等学校招生与普通高中毕业生数倒挂的矛盾虽然缓和下来，但浪费了大量人力、财力、物力，元气大伤。1966—1976年，是我国经历“文革”十年的时期，正常的招生中断，1966—1969年四年未招生，从1970年开始招收工农兵学员。我们仅以1966—1971年这6年为例，不算发展，就算维持1965年招生16.4万人，6年间就少为国家培养90余万名普通高等学校毕业生，给我国高等教育事业的发展造成了不可估量的损失。

---

① 顾明远，梁忠义．世界教育大系［M］．长春：吉林教育出版社，2000：115.

2. 我国高等教育速度、规模非匀速发展，其发展水平与经济的周期波动密切相关，经费问题是制约我国高等教育速度、规模发展的关键因素之一

据我国学者对100多个国家人均GDP与高等教育毛入学率相互关系直线回归方程的研究，当人均GDP达到2500美元时，高等教育毛入学率才可能达到15%①，即高等教育毛入学率与人均GDP的水平有较好的一致性。同时从局部上看，个别时段高等教育与GDP还存在波动方向相反之处，即反周期现象，如1962—1966年，我国经济波动已经走出低谷，处于向上攀升的复苏阶段，但高等教育规模却在继续下滑；1971—1976年，我国经济增长率在下降，但高等教育毛入学率的增长率却连年大跃进；1996—1999年，GDP增长率处于收缩阶段，但毛入学率增长率却在高位盘桓的基础上于1999年继续向上攀升。② 经济对我国高等教育规模的影响主要是通过政府的高等教育发展政策而起作用。发达国家高等教育大众化的经验证明，单纯依靠政府投入难以实现高等教育大众化目标。如：美国高等教育经过300多年发展，逐渐形成由政府与企业资助、银行贷款、半工半读项目、基金会赞助、个人自费以及减免税等优惠政策组成的多样化财政体系，资金投入多元化，确保充足的办学经费。尽管经费不足是困扰高等教育发展的世界性难题，但对于中国来讲，问题尤为突出，经费投入的不足与高等学校规模扩大的矛盾已经成为制约我国高等教育发展和质量提升的“瓶颈”。“穷国办大教育”的国情，使我们不得不以全世界不足3%的公共教育经费支撑着全世界19%的在校生的

① 高等教育发展三阶段［J］. 瞭望新闻周刊，2001（1）.

② 谢作栩，黄荣坦 .20世纪下半叶中国高等教育规模发展波动研究——兼21世纪初高等教育发展预测［J］. 教育研究，2000（10）.

办学规模。① 经费的不足将制约我国高等教育规模的扩大和教育质量的提高。

3. 高等教育办学体制单一的“瓶颈”制约中国高等教育速度、规模发展

发达国家由精英教育向大众化教育迈进时，私立高等学校和高等职业教育的发展起了很重要的作用。日本高等教育大众化的实现主要依赖于私立高等学校和短期大学、高等专门学校、专门学校等新型高等学校的发展，且其扩招也主要集中在理工科专业。日本短期大学专业设置灵活多样，并且职业针对性强，因而毕业生就业率很高，为日本经济发展提供了大批应用型人才。美国从 1950 年至 2000 年的半个世纪中，其劳动力结构的变化是：高级专业人员的比例保持在 20% 左右，对他们的要求则越来越高；而对需要一定技术、技能的职业岗位人才则从原来的 20% 提高到 65%；对不需要技术的一般劳动力则从 60% 下降到 15%。这表明高新技术发展越应用于生产、生活领域，高等职业教育人才需求量越大，高等职业教育越发重要。我国私立、民办高等学校却发展缓慢，2000 年，我国具有独立颁发学历文凭资格的民办高等学校有 43 所，在校生 6.4 万人；民办非学历高等教育机构 1282 个，注册学生 98.17 万人，其中实施高等教育学历文凭考试试点的民办高等教育机构 370 余个，注册学生 29.7 万人。② 2004 年，具有独立颁发学历文凭的民办高等学校增至 100 余所，“国有民办”性质的独立学院已有 186 所。目前，我国高等职业教育现状不容乐观，社会上普遍存在轻视高等职业教育的观念，高等职业教育招生困难，生源质量不高，毕业生得到社会认可度

---

① 秦政坤. 冷静思考扩招后的教育教学工作 [J]. 中国高等教育，2001 (20).

② 廖华红. 我国民办高校办学现状和前景分析 [J]. 现代教育论丛，2001 (5).

较低，就业率也不高。

二、中国高等教育大众化与高等教育发展速度、规模的相关性研究

（一）马丁·特罗教授的大众化理论与中国高等教育大众化目标设立

教育学中一般以18~24岁（中国和日本为18~21岁、西欧一些国家为20~24岁）适龄人口入学率分析高等教育发展程度。高等教育发展的大众化理论始于美国著名教育社会学家马丁·特罗教授在20世纪70年代初期发表的《高等教育的扩张与转变》(1971)、《从精英向大众高等教育转变中的问题》（1973）等论文中系统阐述的关于高等教育发展的三个阶段：精英化阶段，18~23岁适龄青年能接受高等教育的人数不足15%；大众化阶段，大学生占适龄青年的比例达到15%~50%；超过50%便是普及化阶段。当然，数量指标远不是“大众化”这一概念的全部内涵。马丁·特罗在总结发达国家大众化进程的规律时指出，量的增进必然要引起质的变化，即包含了教育观念更新，教育功能扩大，教育模式多样化，学术方向、课程设置、教学方式与方法、入学条件、管理方式以及高等教育与社会关系等一系列的变化。① 马丁·特罗有关高等教育发展的观点被称为“高等教育发展阶段学说”，在国际上有着广泛的影响。20世纪90年代初，高等教育大众化理论在我国学术界开始广泛讨论并引起政府和社会的关注，1998年我国政府将实现大众化正式列为高等教育的近期发展目标。教育部在1998年12月提出《面向21世纪教育振兴行动计划》，指出到2010年高等教育入学率要接近15%。1999年6月发表的《中共中央国务院关于深化教育改革，全面推进素质教育的决定》明确指出：“通过各

① 转引自潘懋元．中国高等教育大众化之路［J］．有色金属高教研究，1999（1）．

种形式积极发展高等教育，到2010年，我国同龄人口的高等教育入学率从现在的9%提高到15%。”即实现具有国际标志性意义的高等教育大众化阶段。2001年教育部发布的《全国教育事业第十个五年计划》提出在2005年实现高等教育毛入学率15%的目标。2002年年底，我国各类高等学校在学生人数为1600万，高等教育的毛入学率已经达到15%，进入了大众化阶段。①

马丁·特罗认为，高等教育规模在量上的增加会使得高等教育的全部活动发生变化，高等教育大众化理论是揭示这种变化的理论，它是一个信号，具有一种预警功能，提醒对即将发生的变化要有所准备。② 在我国这样一个拥有13亿人口的大国，稳定有序地推进高等教育大众化，乃至趋近普及化，它预警什么？应准备什么？这对我国的高等教育发展而言是一个崭新的重大课题。

（二）中国高等教育发展速度、规模与科学发展观

1. 高等教育的科学发展观

党的十六届三中全会以来，胡锦涛总书记等中央领导同志反复强调要牢固树立和坚持科学发展观。科学发展观是我们党对国内外在发展问题上经验教训的深刻总结，是党对社会主义现代化建设规律认识的进一步深化，体现了“三个代表”重要思想关于发展的要求。所谓科学发展观，概括地说是坚持以人为本和经济社会全面协调可持续的发展观，也是以人为本、统筹兼顾的发展观。它的内涵十分丰富：促进全面发展，是科学发展观的重要目的；保持协调发展，是科学发展观的基本原则；实现可持续发展，是科学发展观的重要体现；实行统筹兼顾，是科学发展观的总体要求。③

---

① 王义遒. 多样化：我国高等教育大众化的关键［J］. 北京大学教育评论，2003（4）.

② 邬大光. 高等教育大众化理论的内涵与价值——与马丁·特罗教授的对话［J］. 高等教育研究，2003（6）.

③ 曾培炎. 树立科学的发展观 促进经济、社会和人的全面发展［EB/OL］. http：//www. china. org. cn，2003-04-11.

科学发展观经历了在实践中不断完善的过程。我国的科学发展观从总体上讲经历了三次重大的转变：

第一次转变，是由发展等于经济规模的增长，转变为经济规模、质量、结构、效益的全面发展。认识到单纯的规模增长并不是真正的发展，只有做到规模、质量、结构、效益的全面发展才是真正的发展。

第二次转变，是由发展等于经济的全面发展，转变为经济和社会的全面协调发展。认识到现代化单凭经济发展是不行的，只有做到物质文明建设、精神文明建设、政治文明建设的全面协调发展，才能推进社会全面进步。

第三次转变，是由发展等于经济社会的全面协调发展，转变为坚持以人为本和经济社会全面协调可持续的发展观，也是以人为本、统筹兼顾的发展观。

当前高等教育的发展，必须在理论和实践上解决向什么方向发展、如何发展的问题。因此，确立科学的发展观成为高等学校面临的首要问题。这对高等教育的发展有重要的导向作用。实践证明，有没有科学的发展观越来越成为整个高等教育乃至一所高等学校能否获得发展和取得成功的主要因素之一。然而，树立高等教育科学的发展观，尚有许多问题值得研究。

根据中国教育与人力资源问题报告课题组 2003 年的预测，未来 50 年，中国要全面建设小康社会，实现现代化的宏伟发展目标，必须选择一条符合中国国情的发展道路，在自然资源、有形资本、人力资源三大资本中，我国唯有人力资源具有潜在的比较优势，而教育是将潜在优势变成竞争优势，提升人力资源开发水平的最有效途径。在未来 50 年的发展历程中，中国要实现教育强国的理想，必须实现教育发展的三步历史性跨越，即从教育欠发达国家水平跃升到教育中等发达国家水平，再跃升到教育较发达国家水平，最后达到教育发达国家水平，从而实现从教育大国到教育强国的历史性跨越。

第一步跨越：从 2003—2010 年，我国高中阶段教育毛入学率要从 40% 左右提高到 70% 以上，高等教育毛入学率要从 2003 年的

17%提高到20%以上，达到世界中等发达国家水平，实现从教育欠发达国家到教育中等发达国家的跨越。

第二步跨越：从2011—2020年，我国九年义务教育在进一步发展的基础上达到世界先进水平，高中阶段教育毛入学率达到85%左右，基本普及高中阶段教育，高等教育毛入学率超过40%，达到教育较发达国家水平，实现从教育中等发达国家向教育较发达国家的跨越。

第三步跨越：从2021—2050年，我国将高标准、高质量普及12年基础教育，高等教育毛入学率达到50%以上，进入高等教育普及化阶段，各级教育都达到较发达水平，实现从追赶到超越的战略转变，跨入教育发达国家行列，以教育人口的绝对规模和普及化水平两个方面的优势，成为世界教育强国。①

从上述预测中可以看到，21世纪头50年是中国全面建设小康社会进而实现现代化的关键时期，也是高等教育完成大众化过渡、迈入普及化的过程。这一时期机遇与挑战并存，高等教育外部发展和内部各种矛盾交织，只有解决好这些矛盾，方能把我国高等教育带入一个崭新阶段。

2. 高等教育办学经费

西方国家的高等教育大众化基本上是一个在教育民主化思潮推动下的自然过程，在这一过程中，原有的高等教育体制和结构为高等教育规模的扩张奠定了良好的基础。而我国高等教育大众化是一个“人为”的过程，或者说在总体上表现为一种国家的发展战略和政府行为，在这一过程中，从高等教育内部来看，整个高等教育从体制到结构都很不完善，不能承载迅速扩大的高等教育规模；从高等教育外部来看，从观念到投入到市场机制的准备都很不充分。自20世纪80年代末以来，中国高等教育的发展主要采用“内涵式”发展的途径，这与当时的国情是适应的，但是随着高等教育

① 中国教育与人力资源问题报告课题组．从人口大国迈向人力资源强国［M］．北京：高等教育出版社，2003：95.

规模的扩张，发展的潜力已基本挖尽，“内涵式”道路已经不能满足和适应大众化的发展要求，应该变“内涵式”发展为主的途径为“外延式”发展为主或“内涵式”和“外延式”并重的发展途径。

高等教育是一项高投入的事业。中共中央、国务院早在1993年颁布的《中国教育改革和发展纲要》（以下简称《纲要》）中明确提出，要“逐步提高国家财政性教育经费支出（包括：各级财政对教育的拨款，城乡教育费附加，企业用于举办中小学的经费，校办产业减免税部分）占国民生产总值的比例，本世纪末达到4%”。就世界领域看，国家财政性教育经费支出占 GDP 的比例，发展中国家的水平是4%，发达国家的平均水平是5.5%，有的达到近 6%。我国实际情况是 2000 年仅为 2.87%，2001 年为3.19%，2002 年为3.32%，2003 年为3.28%，《教育部、国家统计局、财政部关于2003 年全国教育经费执行情况统计公告》中国家财政性教育经费占国内生产总值比例为 3.28%，比上年的3.32%减少了0.04 个百分点，这一数据公布以后引起了社会的广泛关注。有人算了一笔账，这减少的 0.04% 的经费，可以为 2003年全国义务教育阶段 1.84 亿名在校生每人增加 25.5 元公共经费；接近2003 年宁夏、青海、西藏 3 个省区的预算内教育经费之和；相当于2004 年中央投入“两免一补”（对义务教育阶段贫困学生实行免杂费、免书本费、补助寄宿生生活费）资金的4 倍。① 2005年3 月，这一数据引起了全国“两会”代表们的议论、焦虑甚至心痛。《纲要》出台了 10 多年，“科教兴国”的口号喊了 10 年之后，4%的目标还是可望而不可即，一些省、自治区、直辖市连续几年没有达到教育法规定的教育投入增长的要求。各级政府重视不重视教育，是不是把教育真正放在优先发展的战略地位，关键要看投入。我国每年在为数不多的教育投资中，高等教育投资约占总投资的20%，这一比例虽然在世界上处于较高水平，但高等教育经

① 周飞，范绪锋.0.04 个百分点引发冲击波——人大代表关注教育经费投入［N］. 中国教育报，2005-03-08.

费仍然严重不足，特别是连年扩招使许多高等学校师资、教学设备等超负荷运转，教学活动需要的公务费和业务费短缺。2000 年 2 月，世界银行发表的报告书《发展中国家的高等教育：危机与前景》指出：高等学校学位已成为熟练工种的一项基本要求；没有一个更多、更好的高等教育，发展中国家不可能从中得到好处；发展中国家如果不投入高等教育，所付出的代价要比投入高等教育大得多。

根据教育与经济关系的规律，高等教育发展的规模和速度要受到经济发展水平的制约，高等教育大众化的前提条件是高等教育要有充足的资金投入。2003 年中国教育与人力资源问题报告课题组根据人口仿真模型测算出未来 50 年我国人口变动的趋势，未来 50 年，我国人口将保持温和增长的态势，全国人口将在 2040 年达到峰值，为 14.8 亿人；高中阶段和高等教育的学龄人口峰值先后出现在 2004 年和 2008 年。2010 年，我国高等教育学龄人口 11463 万人，按高等教育毛入学率 20% 计算，高等教育在校人数为 2292.6 万人。到 2020 年，高等教育学龄人口数为 8208 万人，按毛入学率 40% 计算，高等教育在校人数又有较大提高，达到 3283.2 万人。依照上述目标，高等学校在校人数年均增长应在 6.5% 以上。按照普通高等学校占全部在校生人数的 60% 计算，2010 年，普通高等学校在校生将达到 1375.56 万人，比 2001 年增加 617 万人以上，增长近 1 倍。按现行办学标准，扩招 1 名学生，基础设施、仪器设备和图书资料等费用需增加 5 万元，扩大 617 万在校生的规模，需投入 3085 亿元，如何筹措这笔庞大的资金，已成为我国高等教育发展的一个突出问题。

3. 高等教育质量

世界各国在实现高等教育大众化过程中遇到的主要问题是高等教育质量下降。有人批评，大众化使许多精英教育阶段无望升学的学生纷纷涌入大学，而大学则成为“垃圾场”。在高等教育的发展中，质的提高与量的增长是一对永恒的矛盾，在同一时期往往很难兼顾。通常教育质量是制约高等教育规模扩张的一个重要因素，而高水平的教育质量为高等教育规模扩张提供条件。在全面建设小康社会过程中，中央提出实施人才强国战略，它同实施科教兴国战略、依法治国战略是相互配套的，归根结底是为了强国富民。实施人才强国战略，就是要努力造就数以亿计的高素质劳动者、数以千万计的专门人才和一大批拔尖创新人才。从人才的源头来讲，就是要在扩大我国高等教育规模的过程中，努力提高高等教育的质量和水平。从高等教育发展的自身规律来看，质与量交替成为矛盾的主要方面。在我国全面建设小康社会初期，高等教育规模有一个大发展时期，在这一过程中由于师资准备的不足、生源质量的较大差别、对学生不同要求的迁就，以及校舍和设备不足等，高等教育的发展必然会受到相当大的影响。因此，在规模大发展以后，需要有一段调整和整顿时期，也就是注重质量的时期，质量的提高又为规模的进一步扩张打下牢固的基础。当前我们正处在这样一个阶段，一方面必须坚持促进高等教育的持续发展，另一方面更加注重深化改革和提高质量，尤其要重视教学质量的提高。“要将工作重心由前一阶段高度重视规模发展，转移到在规模持续发展的同时，更加注重提高质量。”① 但高等教育质量与速度并非上述非此即彼的唯一选择，同一时期，质量和速度也是可以两全的，从发达国家的经验看，既保证质量又保证速度的两全之策是存在的。如美国高等教育的质量是世界公认的，它培养了大批世界一流的科学家，高等学校的诺贝尔奖获得者在世界上独占鳌头，且美国高等教育的普及率在世界上也是名列前茅的。美国的成功给我国全面建设小康社会中高等教育发展以重要的启示：高质量和大众化并不是对立的，完全可以和谐地统为一体。如果说，一大批拔尖创新人才的培养工作要由作为精英教育机构的重点大学来培养，那么，数以千万计的专门人才则要由作为高等教育大众化机构的一般院校和高职高专来培养，数以亿计的高素质劳动者就要由职业教育与培训机构来造就。

① 周济．大力加强教学工作 切实提高教学质量——周济部长在第二次普通高等学校本科教学工作会议上的讲话［EB/OL］．http：//jwc. cupl. edu. cn/pgb/news，2006-04-19.

精英高等教育、大众化高等教育都要保证质量，“但两者由于培养目标与规模不同，社会适应面不同，因而其质量的标准也就不同”①。我国目前对高等学校办学质量和水平的评价有五年一轮的高等学校本科教学工作水平评估、部分学科水平的评估以及高等学校学位授予单位的评审等，但其评价体系、标准还比较单一。目前我国试行了普通高等学校本科教学工作水平评估，对不同类型高等学校所采用的是一个评估方案，主要通过两个方面来体现分类指导：其一是按照“三个符合度”（学校自己的定位和所确定的目标，与国家社会和学生全面发展的需要及学校实际情况的符合度，学校的实际教学工作状态与学校自己所确定的目标定位的符合度，学校的教学效果与学校自己确定的目标要求的符合度）精神，把握评估的实质，鼓励学校办出特色；其二是对国家重点建设的高等学校，即“211 工程”学校以及医药等有特殊性的高等学校，在个别指标上提出了新的要求和补充说明。高等教育质量是人们对于高等教育达到预定目标程度的衡量。不管高等学校及其主管部门认为学生的质量有多么高，但最终检验的是社会的用人单位。在高等教育大众化阶段，世界各国对高等教育的评价是多元化的，他们不仅关注教学质量，更关注学生的能力以及高等学校自身的“外化”能力，如科研成果转化率、社会服务功能等，即更加关注劳动力市场和现实社会的需求。2004 年 10 月，我国已经成立了专门组织实施高等学校教学评估及各项专业评估工作、履行质量监控行政职能的“教育部高等教育教学评估中心”，标志着新一轮高等教学评估工作全面启动，它是构成中国特色高等教育质量监控和保障体系的重要步骤。

在我国不应该用精英型高等教育的培养目标与规格、学术取向与标准来规范大众化高等教育，同样也不能用大众化高等教育的培养目标与规格、职业技术取向与操作能力标准来规范精英高等教

① 潘懋元．大众化阶段的精英教育［J］．高等教育研究，2003（6）．

育①，它们应该有各自的培养目标和规格、各自的特点和社会适应面。大众化高等教育阶段伴随高等学校层次、规格、类型的日益多样化，要根据培养目标确定高等教育质量的多元标准，同时质量评价与保障方面，通过建立高等学校教学评估制度，大力推进专业教学评估工作，积极引导和培育社会评估中介机构，促进高等学校建立自我发展、自我约束的内部质量保障机制，形成国家、地方、高等学校和社会相结合的立体化的高等教育质量监控体系，从而更为有效地规范并促使不同规格、不同层次、不同类型的学校安于其位，按照各自的质量要求，努力形成不同的特色，满足全面建设小康社会的不同需求，“顺应广大老百姓希望子女读好大学的强烈愿望，在规模适度增长的过程中提高自己的质量和水平”②。

4. 高等教育层次

为全面建设小康社会，我国将继续扩大对外开放，进一步融入世界经济一体化。国际经验表明，在发展中国家实行对外开放和融入世界经济体系的一个相当长时期内，其高层次、高学历人才的流出要大大地多于流入，导致符合外向经济要求的人力资源严重不足，此已为我国的现实情况所证实。因此，推进我国小康社会建设进程，要发展多层次的高等教育。我国已立项把北京大学、清华大学建设为世界一流大学，并加强了经费投入等方面的支持，同时也重点支持一部分学校，使之成为高水平的大学。

所谓高等教育层次结构是指高等教育系统各层次之间的比例关系及其作用方式，在我国习惯上分为专科、本科和研究生教育三个层次。高等教育作为社会的一个开放的系统，其发展必须为社会主义现代化建设服务，与产业结构调整和社会发展相结合。高等教育层次结构必须随着社会、经济、政治等的变化而变化，并随着经济社会发展对各层次人才基本需求的变化，不断优化高等教育层次结

① 潘懋元．新世纪高等教育思想的转变［J］．中国高等教育，2001（Z1）．

② 周济．谋划发展 规划未来［J］．中国高等教育．2003（2）．

构。随着我国城镇化进程的加快，大量农村人口涌入城市，现阶段我国高等教育的层次重心也要适应生产力发展水平，适当下移，普及农村劳动力的教育。

我国是一个农业大国，13亿人口中农民占近9亿，为全国总人口的2/3；小康社会要求2020年城镇化水平达到50%～55%，2050年达到75%左右。2002年我国城镇化水平仅39.1%①，城镇化与工业化之间是一种相互联系、相互促进的关系，工业化是城镇化的加速器，但我国工业化水平不高；全面建设小康社会的根本性标志是开始跨入中上等收入国家，但目前我国人均国民收入排在世界130多位②，农村有3000万人的温饱问题没有完全解决，城乡收入差距还在不断拉大，由中国社会科学院经济研究所经过数年跟踪于2004年初得出的一份全国性调查结果显示，如果把医疗、教育、失业保障等非货币因素考虑进去，我国的城乡收入差距世界最高。我国农业劳动力是美国农业劳动力的100倍，而美国农产品出口额（520亿～600亿美元）是中国农产品出口额（100亿～120亿美元）的4～5倍，中美两国不仅农业劳动生产率相差极大，而且在国际农产品市场人均农产品出口额差距极为悬殊，一般在400～500倍之间。③ 这些问题归根结底在于我国农民的文化知识水平和受教育程度相对较低。2001年，我国文盲和半文盲占农村劳动力的8.09%，小学文化程度占32.22%，初中文化程度占48.07%，即我国88%的农村劳动力的受教育程度为初中及初中以下。④ 与一些发达国家相比，我国农民文化程度的差距就更大。法国7%以上的农民具有高等学校

① 胡敏，赵登华．我国城镇化率接近40%［N］．经济日报，2003-09-15.

② 联合国统计署收入与经济活动指标［EB/OL］．http://unstats.un.org/unsd/demographic/social/inceco.htm，2003-07-20.

③ 胡鞍钢．加入WTO后的中国农业和农民［EB/OL］．http://www.studa.com，2005-05-21.

④ 中国农村统计年鉴（2001）［M］．北京：中国统计出版社，2002：212.

文凭，60%的青年农民具有中专水平。

由于我国农民素质低下，且所占比例过大，对我国农业可持续发展产生了负面影响：一是限制了农民收入的增长；二是制约了我国城镇化进程和农业人口的控制、转移；三是由于对经济增长的盲目追求，造成农业生态资源破坏；四是严重阻碍了农业科技进步、技术推广与农业的现代化。

古典经济学的代表人物亚当·斯密在《国富论》中最早发现国民财富的增加主要取决于不断提高的生产专业化程度和伴随着资本积累、新技术的发展所产生的对新机器的投入。教育经济学家也认为，教育的发展取决于经济的发展，同时教育又通过培养高质量的劳动力提高社会平均劳动生产率，促进经济增长。我国农村的现代化，无论是城镇化，还是工业化、产业化，没有文化什么都不能实现，没有教育什么目标都是空中楼阁。美国农业之所以发达，主要是实行了以州立大学为中心的研究—教育—推广“三位一体”的体制，通过发展农业教育提高劳动者素质，使农场主基本达到大学文化程度，发展科技以降低农业成本，提高生产率和产品质量，实施农业产业化。① 另从分析世界各国劳动力市场的就业状况不难发现，不论在哪一国家的失业人员中，在数量上，高学历者要少于低学历者；在寻找重新就业的机会上，高学历者要大大多于低学历者。大力提高广大农民的文化素质，对于推进我国城镇化进程和农业的现代化意义重大，影响深远。农业现代化的过程，客观上必然表现为不断提高农产品科技含量的过程。

据《美国教育系统年鉴》介绍，1997年3月，美国25岁以上的人有16830万，其中高中未毕业者占17.9%，高中毕业者33.8%，大学本科16%，本科以上各种学历相加为24.5%，硕士和与其相当的学位者相加为6.8%，博士学位为1%。本科和本科以下、高中以上的比例约为16：24，即大体为四六开；而我国一些地区统计的数字都是倒四六开，本科走向了六，本科以下的大专

① 曾天山．全面建设小康社会进程中农村教育的转型［J］．新华文摘，2003（7）．

高专大概为四。① 随着我国以城镇化为主要内容的小康社会建设步伐的推进，高等教育的布局调整方向，应由中心城市向有条件的地（市）拓展，层次重心适当下移。要把提高农民总体素质作为促进农业现代化、确保农村紧跟全面建设小康社会步伐的根本大计，构建多方位、多层次、多渠道培养农业人才的农业教育体系，全面提高农业劳动者素质，培养农民企业家和农业科技开发人才，促进农业产业化经营，形成龙头企业、专业市场、合作经营组织、中介组织、公司、专业农户等，探索农科教结合的新途径。要按照国务院总理温家宝提出的树立科学的发展观，坚持城乡结合，以城带乡，以工促农，协调发展，通过大力发展以高等教育为龙头的多层次教育，逐步改变城乡二元经济结构；要把加快小城镇建设作为农村建设小康社会的主要途径，推动农村劳动力向第二、第三产业转移，逐步减少农民，相应增加农村人均资源占有量，扩大农业经营规模，形成多元化的农民就业和增收渠道，推进我国农业的现代化。

5. 高等教育多样化

我国高等教育步入国际上公认的大众化阶段之后，高等教育规模的急剧扩大预示着我国高等教育在发展上将出现重大转变。高等教育大众化不仅是发展规模和速度，从各国走过的高等教育大众化道路来看，实际也是高等教育不断推进多样化的过程。

"多样化"（diversity）一词在高等教育领域有不同的理解。例如，在美国，"多样化"有特定含义，专指民权运动中提出的高等教育应给黑人、少数民族和妇女等原来难以接受高等教育的人群以同等地位的措施，具有反种族隔离的政治色彩。他们反对把"多样化"一般地理解为因人的个体差异而采取的多样的、各种不同的就业措施。联合国教科文组织对高等教育机构的多样化作了界定：把高等学校的不同层次称为"纵向多样化"，而把高等学校的

① 转引自王迪．"十五"期间高等教育怎么发展 吕福源副部长指出要坚决抓扩招抓调整抓质量［J］．职业技术教育，2000（36）．

举办主体不同（国家、公立、私营机构、教会等）和办学形式不同（全日制、远程教育、夜大学等）称为“横向多样化”。① “多样化”可以理解为既包括高等教育结构类型、层次、形式、办学主体和服务面向的不同，又包含因满足不同需求和人的个体差异所带来的学校科类专业、培养目标、教育要求、教学方式、管理制度、师资组成等的不同。

全面建设小康社会进而实现现代化，不只是在物质文化生活水平上要达到的目标，同时也是从传统社会向现代社会的转型，即经济和社会结构的转变过程。从经济结构看，伴随着国民经济和建立社会主义市场经济体制的伟大实践，我国国民经济结构产生了质的飞跃。由传统的农业国转变为门类齐全、初步实现工业化的发展中国家，进入产业结构升级与高级化的阶段，这是进入小康社会的重要标志。

当一个国家从农业社会走向工业社会时，往往需要大量的人才来适应国民经济的工业化。产业结构现代化加速了劳动力从生产部门转到非生产部门，从工业转向服务业，并进而向知识密集型产业转移。在这种转移过程中，接受教育的多少和学历的高低直接决定着劳动者收入的多寡、收入保障和升迁机会。产业结构现代化，实质就是不同产业之间联系方式和比例结构的现代化，它改变了技术结构和就业结构，使人才需求呈现多样性、多层次性，不仅表现在从科学家、理论家、设计人员、决策人员、经营人员，一直到智能型、技能型和体能型操作人员这样不同层次和类型的人才链，而且表现在同一层次和类型的人才中的不同规格及不同个体智能结构等，因而对高等教育结构产生了重要影响。

多样化也是高等教育大众化的前提，全面建设小康社会，高等教育必须走多样化的发展道路。其一是办学体制的多样化。要逐步建立起以国家办学为主体、社会各界共同办学的办学体制，形成公办学校、民办学校、企业办学校共同发展的新格局。二是投资体制

① 王义遒．多样化：我国高等教育大众化的关键［J］．北京大学教育评论，2003（4）．

多样化。逐步建立起以政府财政拨款为主、社会集资为辅多渠道集资的投资体制。三是教育结构多样化。形成不同层次、不同类型的高等教育，教育重心由重理工，轻法、商、人文逐步向理工、法、商、社会、人文多样化格局转变。四是办学形式多样化。逐步建成正规教育、非正规教育与非正式教育同时存在，学历教育与非学历教育逐渐融合，普通教育、继续教育、职业教育等形式高等教育相互衔接的立体式、网络化的高等教育体系。五是服务面向的多样化。不仅要培养面向国内经济建设社会发展需要的人才，而且要培养出一批进入国际科技前沿、与国际同行交流密切，并有较大影响的科技大师和高科技创新人才，培养一大批精通国际惯例、会经营管理的跨国经营人才和国际商务人才等。六是办学模式多样化。要鼓励各高等学校根据多样化的社会需求，积极探索新的办学模式。要认真总结改革实践中涌现出来的多主体投资办学，多形式、多模式办学的新鲜经验，不断形成高等教育规模发展的新的增长点，通过大力推进民办高等教育发展、有效规范积极发展新制独立学院、稳步发展高等职业教育、真正引进境外高等教育优质资源、推进现代远程高等教育发展等途径，实现高等教育规模的持续、健康发展。

6. 知识失业问题

就业是民生之本，失业问题已成为一个世界性的难题。2001年年底，国际劳工组织召开“全球就业论坛”，会议通过的《全球就业议程》强调：“使经济增长和繁荣的潜力得以发挥的基本条件是，生产性就业被置于经济和社会政策的核心地位，使充分的、生产性的和自由选择的就业成为宏观经济战略和国家政策的总目标。”2002年，全世界有1.8亿人失业，另外有10亿人处于就业不充分的状态，合理、有效地解决就业问题已经成为全世界的共识，在发达国家和许多发展中国家，政府普遍把就业置于优先的地位。我国正处于市场经济转型期，面临着产业结构的调整，国有经济中就业人口的比重迅速下降。特别是我国高等教育大众化过程中出现的知识失业问题，日益引起全社会的广泛关注与忧虑，已成为高等教育大众化过程中高等教育规模发展应着力解决的重要问题之一。据《中国青年报》报道，2006 年 11 月 17 日，在中国科学院研究生院召开的“科学与人文”论坛上，国家劳动和社会保障部部长田成平表示，2006 年高校毕业生比去年增加了 75 万人，总量达到 413 万人。按照 70% 的初次就业率计算，2006 年高校毕业生约有 124 万人无法实现当期就业。

按照国际劳工局的定义，失业是指有劳动能力并愿意就业的劳动者找不到工作的一种社会现象。知识失业是指受过较高教育的知识劳动力处于不得其用的状况，其主体是具备一定知识和专业技能的知识劳动者。① 就业作为一种经济现象，劳动力要素通过与其他生产资料相结合，实现社会生产和消费。稳定的就业对经济发展起保证作用，而失业的增加，会造成劳动力资源的浪费，导致宏观经济低效率运行，破坏经济的正常运行。知识失业是高等教育过度化的产物。高等教育过度化的确切含义，可归纳为两点：一是过多的人接受了高等教育，这表明高等教育规模过分扩张；二是相当多的人接受了过高的高等教育，它表明高等教育层次过分拔高。高等教育大众化使过去作为个人水平象征的大学本科学士学位变成现在仅仅是“迈进求职之门的门票”。俄勒冈大学负责战略规划和执行的副校长南希·戈德施米特认为：高等教育进入大众化，学士文凭扮演的恰恰是以前高中文凭所扮演的角色。② 尽管从 20 世纪五六十年代开始，无论是发达国家还是发展中国家，大都出现了高等教育过度化发展的态势，尤其是发展中国家情况更甚。但就我国目前情况而言，二者均未达到这种情况。促成知识失业问题的原因很多，如高等教育结构性矛盾；一些高等学校学科专业、服务面向狭窄，就业服务跟不上社会需求；受教育者的择业观及素质问题等，而并不主要是高等教育规模扩张的结果。社会解决就业问题的期待，对教育教学改革提出了更高的要求，高等教育改革的方向最终是使受教育者本身

① 王效仿．知识失业：一个时代的来临［J］．财会月刊，2005（4）．
② 逄丹．美国学位值多少钱？［J］．出国与就业，2003（17）．

既要有从业的本领，有创业的意识和能力，同时又要有适应职业不断变更转移和自谋职业的能力。解决知识失业的根本在于发展经济。经济增长是扩大就业的前提和条件。从最近十几年中国的实际情况看，国内生产总值每增长1%，可提供70万至100万个就业岗位；国内生产总值增长率在5%以下时，失业就会明显增多。我国改革开放以来保持了年均8%左右的经济增长率，但我国人口众多，新增的就业岗位加上在岗人员自然更替所提供的就业岗位与接受高等学校毕业生就业需求相比仍有较大缺口，这种状况要求我国高等教育的规模发展还必须与经济发展密切结合。日本无论在经济高速增长期还是低速增长期始终把培养人才、振兴科技作为一系列经济发展计划的重要组成部分，坚持教育与经济的密切结合。1957年日本政府制订的新长期经济计划中，明确提出了根据经济发展的需要增招理工类大学生8000人的指标要求，日本教育行政主管部门（文部省）据此制订了以国立大学为主实施的理工类大学扩招计划。① 1962年，为了给日本经济的持续增长和企业生产力的提高提供人才保证，日本打破了战后初期形成的单轨制学校教育体制，创办了以招收初中毕业生为主的5年制高等专科学校54所，由于这些学校主要以工科为主，毕业生成了企业的“抢手货”，其就职率长期保持在接近100%的高水平上。就是在20世纪70年代日本经济受石油危机影响处于低速发展期，日本适时创办了培养第三产业发展需要的各种专业技术人才的专科学校，其毕业生同样受到社会的欢迎。上述事例给我国高等教育大众化乃至实现普及化解决知识失业提供了借鉴：作为国家应加强科学预测和宏观调控，从教育总量适度超前于社会需求总量和保持两者相对平衡的角度来分阶段规划我国高等教育发展的规模，推动我国高等教育改革不断向纵深发展。

---

① 日本经济高速增长时期发展教育的经验教训及对我国全面建设小康社会的几点启示 [J]. 世界教育信息，2003 (4).

三、21 世纪中国国民经济发展对高等教育发展速度、规模的影响预测

（一）21 世纪中国国民经济增长预测

一个国家高等教育规模的发展虽然受诸多非经济因素的影响，但从较长时期看，高等教育以多快的速度发展，发展到多大的规模，最终要受国民经济发展速度的制约。一国（或地区）某一时期（通常指一年）的国内生产总值（GDP），是该国（或地区）所有常住单位在该时期生产活动的增加值之和。由于一国（或地区）的所有常住单位构成国民经济各部门，因此，国内生产总值也就是第一、二、三产业的增加值之和。

中国自 1978 年实行改革开放以来，提出分“三步走”实现初步现代化目标。从 1979—2002 年的 24 年中 GDP 年均增长率 9.3%，成为世界上同期唯一经济增长速度最高的国家。2000 年人均 GDP 856 美元，实现了第一步战略目标，摆脱了我国长期徘徊在低收入贫困国家的行列，进入世界银行划定的中等或中下等收入国家行列。经济总量 GDP 2000 年居世界第七位，2002 年又超过意大利，居世界第六位。2002 年人均 GDP 1000 美元，意味着中国经济进入了新的起飞时期。2004 年，世界经济增长率达到长期以来的高点。一般分析认为，2004 年全球国内生产总值增长率达到 4.5% ~5%，是 2002 年世界经济回升以来增长最快的一年，也是从 20 世纪 80 年代初以来几个经济周期起伏波动中的最高年增长率。英国《经济学家》发表的形势预测专论《2005 的世界》认为，有几种主要因素推动 2004 年世界经济高速增长，“近几年影响全球增长的三个关键因素”之一，就是“中国的经济增长”。① 中国作为一个有 13 亿人的人口大国，短期内能取得如此辉煌成就，

① 熊性美．2004 年，中国经济推动全球增长［J］．参考信息，2004-12-30 年终特刊 15 版．

令世人瞩目。那么，21世纪中国国民经济的发展又将如何？它能否实现持续、快速、稳定增长？

2002年左右，国内外专家学者对于这个问题普遍持谨慎乐观的态度，认为未来20年中国经济年均增长率达到7%～8%是比较乐观和实事求是的。诺贝尔经济学奖获得者、美国宾夕法尼亚大学教授克莱因认为，尽管目前世界上还没有一个国家可以连续40年保持经济高速增长，但中国经济经过20多年快速增长后并非没有可能在未来20年继续保持较快增长。高盛（亚洲）有限公司首席经济学家胡祖六认为中国经济具备保持长期较快增长的基本要素：2002年中国人均GDP按汇率折算刚刚达到1000美元，按购买力评估法折算也仅有4000～6000美元，与发达国家相比，具有很大的“追赶空间”。① 其次，中国经济增长主要靠内需拉动，且高投资率有高储蓄率作后盾，基础设施建设、设备更新改造、住房消费将长期拉动投资增长。未来20年，生产力的提高将代替资本积累成为中国经济发展的主动力。国家统计局局长李德水认为，从中国经济增长的条件、基础和动力等各方面因素来看，中国在新的发展观的指导下，以7%～8%的高速保持近半个世纪的增长是完全有可能的，到2020年人均收入达到3000美元左右。如果从2020年起中国经济维持年均7%的增长，到2050年我国的经济翻三番，增加8倍，即由2020年的人均3000美元达到24000美元。②

在未来较长一段时期内，要实现相对充分就业，必须要求国民经济有7%左右的“较快增长”来保证。低于6%，会带来更大的失业风险。国务院发展研究中心研究员李善同等认为，21世纪头20年中国经济将持续增长，前10年，资本的快速积累、生产率的提高和劳动力的增长共同推进经济的快速增长；后10年，由于劳

① 中国科学院可持续发展战略研究组．全面建设小康社会的国家调控机理［EB/OL］．http：//www. cpdrc. org. cn/yjwx/yjwx_ detail. asp? id=2401，2004-04-01.

② 中国科学院可持续发展战略研究组．中国可持续发展战略报告［M］．北京：科学出版社，2004：3.

动力在2010年之后停止增长，劳动力数量增加对经济增长的贡献逐步减少；由于资本增长趋于缓慢，资本对经济增长的贡献也将下降，此二者将导致经济年均增长速度比前10年下降1.3~1.4个百分点。①

（二）21世纪中国人口、经济增长对高等教育发展速度的影响预测

人口是影响高等教育规模、速度发展的另一重要因素。21世纪，中国将不可避免地遭遇环境与发展的巨大挑战：人口三大高峰（人口总量、就业人口总量、老龄人口总量）相继来临的压力、自然资源的超常规利用、生态环境的日益恶化、工业化和城市化及现代化的急速推进等，都将成为未来发展的瓶颈制约。根据世界发展进程的一般规律，当一个国家和地区的人均GDP处于500~3000美元的发展阶段，往往是对应着人口、资源、环境等瓶颈约束最为严重的时期，同时往往也是经济容易失调、社会容易失序、心理容易失衡、社会伦理需要调整重建的关键时期。

中国是当今世界第一人口大国。中国科学院自然资源综合考察委员会在《中国土地资源生产能力及人口承载研究》一书中指出："我国人口承载量最高控制在16亿左右，绝不能超过17亿"，否则就会发生全面崩溃。这就是说，中国人口的最高承载量为16亿，这是中华民族的一条"生命线"。② 据2010年11月1日第六次全国人口普查提供的最新数据，全国总人数（包括台湾、香港、澳门三个地区的2950万人）共137054万人，比2000年11月的第五次全国人口普查数多7390万人，增长率为5.84%，年平均增长率为0.57%。人口的发展走势既受教育发展的重大影响，又使教育发展面临着严峻的挑战，人口数量对高等教育的发展起着重要的影

① 方岩．国务院发展研究中心：未来20年中国经济持续走牛［EB/OL］．http：//business.sohu.com/39/89/article206048939.shtml，2004-04-01.

② 张国，林善浪．中国发展问题报告［M］．北京：中国社会科学出版社，2001：9.

响作用，即人口的数量决定着高等教育的可能规模，人口的增长速度决定着高等教育应有的速度。在国家财政既定的情况下，高等教育经费的增长与该学龄段人口数量的增长成反比，而教育是控制人口增长的重要手段。庞大的人口增长量，对于一个发展中国家来说，是一个沉重的负担。人口增长过快，不仅给高等教育规模、速度发展带来阻碍，而且给民众的就业、住房、交通、医疗保健、社会福利等方面的不断改善造成了巨大压力。就教育而言，按全面建设小康社会2020年目标，我国城镇化率将达到55%左右，届时相应又有2.2亿~3亿的农村人口进入城市，这近3亿的人口如果能在城镇实现就业，就需达到城镇人口的平均受教育程度。目前我国每年新增国民收入约有1/4以上用于新增人口①，这就不能不减少资金的积累，从而影响了经济和科技水平的提高，制约了高等教育规模速度的发展。

根据我国经济、人口增长状况和现有发达国家的发展经验，未来20年、50年的经济增长对我国高等教育规模速度的影响，从总体上讲，国民经济发展将加速高等教育规模增长。国民经济的发展既对高等教育的发展提出新的要求，又为高等教育的发展提供物质基础。研究表明：当人均GDP低于1000美元时，同龄人口高等教育入学率在15%以下；当人均GDP在1000~3000美元时，同龄人口高等教育入学率在15%~50%之间；当人均GDP高于12000美元时，同龄人口高等教育入学率超过50%。可见，经济发展是高等教育大众化得以实现的重要经济基础。② 高等教育不仅可以提高劳动者的劳动生产率，还可以促进产业结构从低级到高级的不断优化，即从传统的第一产业向第二产业、从第二产业向第三产业、从第三产业向第四产业（知识产业、信息产业）的发展及产业内部

① 张维庆在香港家计会成立50周年典暨《新纪元的性与生殖健康》研讨会上的讲话［EB/OL］. http://www.popinfo.gov.cn/dr/news/2001-12-27/0023713.html? openpath=spfp/news/commonnews. 2001-12-27.

② 景天魁，张运成，宿景祥，刘军红. 人均GDP1000美元的背后［N］. 时事报告. 2004-03-22.

结构的优化。高等教育发展与经济社会发展形成了一对矛盾统一关系。高等教育的发展既依赖于经济的发展，又是经济发展的促进因素。经济社会发展不仅包括了经济增长的内容，同时还包含了社会结构、经济体制和制度以及人的全面发展等方面的内容。从长期看，高等教育培养了社会所需要的各种专门人才，它是社会发展的重要组成部分，它的成本补偿和资金投入不能离开物质生产部门的支持，否则劳动力的再生产就无法继续。从这个意义上说，高等教育的发展依赖于经济的发展，或者说经济发展为高等教育的发展提供了可靠的物质保障。从中短期看，高等教育大众化需要增加相关的投入，不论投入来自政府、社会或者家庭，都会刺激经济的增长。只有高等教育发展的规模速度同社会经济发展的规模速度相适应，才能形成教育和经济相互促进的良性循环，使国民经济持续地高速发展。反之，如果二者不相适应，就会出现两种情况：一是由于高等教育发展规模过大，其规模速度超越了国民经济发展所提供的物质基础，社会生产对其投入相对不足，影响了高等教育的质量和健康发展；同时，大量的人力、物力用于高等教育，社会生产中物质要素的投入不足，会影响国民经济的发展。二是高等教育发展的规模过小、发展速度过慢，所培养的人才和智力支持不能满足国民经济发展中所提出的人才数量质量需求，也会延误国民经济的发展。在这两种情况下都会使国民经济发展迟缓，甚至停滞不前。而国民经济发展迟缓，又必然造成高等教育新一轮发展缺乏物质条件，从而造成高等教育乃至整个社会生产恶性循环。因此，要使国民经济持续地高速发展，高等教育发展规模速度必须同国民经济发展的规模速度相适应，也就是要求高等教育的发展应当适应社会主义市场经济的需要，同经济发展、社会发展、科技进步相协调，这是教育基本规律在高等教育领域的具体体现。① 为了实现十七大目标，保证社会主义生产目的的实现，必须使人均国内生产总值不断增长，国内生产总值到 2020 年力争比 2000 年翻两番。在一般情况

① 陈维国. 经济社会发展与高等教育发展规模的相关性研究［J］. 经济经纬，2001（3）.

下，高等教育至少应做到与经济同步发展。与经济发展相适应，我国的高等教育总规模到2020年也应该至少比2000年翻两番。以此推算，2020年、2050年我国高等教育的发展规模还有相当大的提升空间。具体来讲，国民经济下列五个方面的发展都会对高等教育规模、速度的发展产生重要影响：

第一，国民经济中产业结构变化加速高等教育规模、速度增长。一国（或地区）第一、二、三产业（增加值）占GDP的比重状况，是集中描述其三种产业结构的第一个重要的比例关系。根据对世界若干国家第一、二、三产业占GDP的比重数据的分析可以得出：越是人均国民总收入低的国家，第一产业占GDP的比重越大；而越是人均国民总收入高的国家，第三产业占GDP的比重越大。① 2007年我国第一产业占整个国民经济的比重为11.3%，第二产业即工业占48.6%，其中制造业占43%，第三产业占40.1%。② 与世界上发展水平相当的国家相比，我国服务业占GDP的比重低10个百分点，与发达国家相比差距更大。到2050年，我们将面临产业结构快速变化的情形，第一产业将急剧萎缩，农业可能会下降到5%以下，制造业的比重会略有上升，第三产业即服务业、金融业等会超过50%。产业结构调整面临的是第二产业特别是制造业过早排斥就业，而第三产业是进入壁垒最多的行业，行业转业、职业流动的加快要求对下岗职工再就业进行及时的培训，大力推进高等教育规模发展无疑是最明智之举。

第二，由产业结构的变化引起就业结构、生产方式的变化，加速高等教育规模增长。我国农业劳动力到2050年将减少到20%或者更少，从事服务业的劳动力将会大幅度增加，就业结构将会发生巨大变化。再由于知识经济不是建立在大规模使用自然资源的基础上，而是建立在人的智力充分开发和人的创造性知识技能的基础上，与之相适应的生产方式也会发生重大变化，生产活动的特点不

① 华如兴．客观认识中国的落后——中国的三次产业结构现状及分析[J]．中国经济信息，2004（11）．

② 中国统计年鉴2007［M］．北京：中国统计出版社，2008：11．

是大规模而是小规模，不是大批量而是小批量，不是稳定而是多变，不是标准化而是多样化，生产组织单位不是车间而是班组。新的生产方式要求从事生产经营的人员必须具有开创精神、开拓能力、应变能力、适应能力和与人交往合作的能力。因此，只有通过大力发展高等教育，改变传统观念、理论和模式，创建新型教育、培养新型人才，才能适应产业结构、就业结构、生产方式的变化。

第三，由就业结构的转变促使城乡结构会发生变化，加速高等教育规模增长。我国现有农村人口占总人口的比例为62.3%，有专家预测，中国要在2020年内转移2.2亿~3亿的农村人口，到2050年，农村人口会降到20%以下，城市人口则增加到80%以上。城市化进程推进，产业结构调整升级，必然伴随着劳动力需求结构的变迁，劳动力供需的结构性矛盾将长期存在，加之国有企业减员增效、职工下岗分流，数以亿计的农村富余劳动力转移，都要通过扩大高等教育规模，采取教育培训等方式提高其技能和素质。如何深化高等教育教学改革，以地方经济社会发展的现实需求为导向，加强教育培训的针对性，成为当前推进城乡经济社会发展亟待破解的难题。

第四，技术变迁方式的改变，加速高等教育规模增长。经济长期稳定快速增长以技术的不断升级为前提，我国现阶段各个产业的技术水平主要以引进技术为主，以较低的成本来取得技术的快速提升。但随着我国经济的不断增长，我国的许多产业将与发达国家技术水平达到同一起跑线。届时，其产业的技术变迁必须以较高的成本进行自主研发。科技进步，技术更新，新兴产业兴起，特别是高新技术产业的快速发展，使得科技和文化素质较低或技术单一的劳动者不适应经济发展需要而失业或难以就业，一些急需的专业技术人员和技术工人又不能满足甚至后继乏人。据统计，目前在我国7000万产业工人中，初级工占60%，中级工占35%，高级工和高级管理人员、高级工程技术人员则明显不足。① 大量失业和待业人

① 郭飞. 实现经济发展和扩大就业并举新战略 [N]. 中国教育报，2003-09-08.

员中，主要是低技能和无技能者。技术变迁方式的改变，要求扩大高等教育规模，不断提高职工的素质。

第五，加入WTO、经济全球化的速度与程度大大提高，也加速了高等教育规模增长。WTO《服务贸易总协定》将“教育服务”纳入服务贸易的范畴。《服务贸易总协定》规定：除了由各国政府彻底资助的教学活动（如军事院校）以外，凡收取学费、带有商业性质的教学活动均属教育贸易服务范畴。它覆盖基础教育、高等教育、成人教育和技术培训，所有WTO成员方均有权参与教育服务竞争。“教育服务”主要有以下四种活动方式：提供远程教育服务、鼓励出国留学、提倡海外办学、鼓励专业人才流动。中国加入WTO后，随着经济规模的扩大，经济全球化对中国乃至包括高等教育的影响越来越显著。专业人员的职业化培训要求进一步提高，国际劳务市场进一步开拓，国家根据社会需要发展的远程高等教育，以及创建完善的终身教育体系，都将对高等教育规模的增长提出客观要求。

运用资本市场推动高等教育发展的思考*

经济学上所说的“资本市场”，通常是指资本流通的桥梁与场所，它作为资金筹集、交易和流通的市场，具有强大的融资能力，能够集聚闲散资金、风险资本以及在二级市场上通过资本的转换与交流，为社会经济提供源源不断的资金支持。改革开放以来，资本市场通过与保险等其他要素市场的连接，推动了我国金融制度创新，并为我国社会主义市场经济建立和经济腾飞起到了至关重要的作用。如何运用资本市场解决长期困扰高等教育发展的资金匮乏问题，推动高等教育健康、快速发展，使资本市场在优化资源配置、提高资本融通效率方面发挥更大的作用，成为当前高等教育发展必须解决的重大问题。

一、我国高等教育发展亟待与资本市场对接

长期以来，我国高等教育发展中存在一个突出问题，即高等教育发展壮大对办学资金日益增长的需要与多渠道配置办学资源的体制性、法规性、政策性约束之间的矛盾，也就是如何克服资本市场与高等教育市场对接障碍的矛盾。众所周知，当前我国高等教育领

---

* 本文原载《辽宁教育研究》2006 年第 4 期，有改动。2009 年获武汉市第十一次社会科学优秀成果三等奖。本文也为国家社会科学基金“十五”规划（教育学科）重点项目“高等教育发展速度、规模与资本市场关系的研究”（项目批准号：AIA010024）的成果之一，该项目 2007 年分获湖北省科技进步三等奖、武汉市科技进步三等奖。

域面临的基本矛盾，仍是人民群众日益增长的接受高等教育，尤其是优质高等教育的需求与现有高等教育由于经费供给严重不足、学校规模偏小、办学条件不足而不能满足这种需求的矛盾。为贯彻实施科教兴国战略，1993 年颁布的《中国教育改革和发展纲要》规定，到 20 世纪末国家财政性教育经费支出占国民生产总值的比例要达到 4%。实际情况是 2002 年最高已追到了 3.32%，但即便是达到 4%，对于中国这样一个拥有 13 亿多人口、1000 多所高等学校和高等教育已进入大众化阶段的教育大国来讲，教育经费也是非常有限的。其次，从教育经费在三级教育中的分配比重来看，高教投资比重偏高，不仅高于发展中国家，而且高于发达国家，现阶段至今后一个时期内我国政府教育投入的“重中之重”是普及义务教育。再次，从总体来讲，我国高等学校创收、捐资的比例一直很小，且还在下滑。最后，按照高等教育成本分担理论，近几年我国高校学费收入连年攀升并已达 26%，普通工薪家庭都难以承受，更何况农村贫困家庭，而“十一五”期间我国要坚持多予、少取、放活，实施社会主义新农村建设，能在一定层面上缓解农村贫困家庭子女上大学的困难，大幅度提高学费标准没有现实可能。综上所述，我国高等教育发展经费支持已到了十分困难的境地。

综观国际高等教育发展，高等教育投入的严重不足是世界性的危机。美国是高等教育介入资本市场较为普遍的国家，其良好的发展势头和资本业绩为世界高等教育的融资和投资提供了范例。目前世界各国特别是发展中国家都致力于加快高等教育的发展速度，扩大其规模，但都不同程度地遇到高等教育办学资金匮乏，并试图解决资本市场在配置办学资源中作用发挥不充分的问题。中国和其他发展中国家不同的是，中国不仅有很丰富的劳动力，而且有很多可动用的资金。正如我国一位著名经济学家所言：大部分发展中国家是没有钱财可花，而中国是有很多钱可以用。这并不是说中国现在很富，而是说我们有非常高的储蓄率。① 据统计，我国的储蓄率

① 茅于轼. 中国经济增长的潜力和障碍 [EB/OL]. http://cnki.lib.jhun.edu.cn:8010, 2005-06-28.

2001年达到39.6%，居世界前列。城乡居民储蓄余额从1980年的400亿元增加到2000年的6.4万多亿元,① 而到2005年3月突破12万亿元。② 我国有潜在的推动高等教育发展的资本市场，现在面临的一大问题就是，在民众自身经济实力不断增强且投入教育特别是高等教育的热情日益高涨的趋势下，储蓄加上股票、债券、期货等主要资本营运市场的资金没有很好转变成教育投资，解决中国高等教育经费匮乏的问题。中国的资本市场在教育投资上显得极其缺乏活力和效力，资本向教育市场的流动显然遇到了很大的障碍。

党的十六届三中全会提出了"大力发展资本和其他要素市场"的要求，这是依据我国进入全面建设小康社会历史阶段的实际所作出的科学判断。我国社会主义市场经济体制正在逐步完善，资本市场对高等教育的推动作用日益显现，这就要求我们用新的视角、思路、途径与方法，来重新认识高等教育发展速度、规模与资本市场的关系，正确认识和促使高等教育发展速度、规模更好地适应国民经济社会发展的要求，努力遵循市场经济规律，积极运用市场的功能来调节社会闲散资金流向，推动高等教育发展。

二、实现高等教育市场与资本市场对接是贯彻科学发展观的客观要求

产生资本市场与高等教育市场对接的障碍，出现高等教育多渠道配置资源的体制性、法规性、政策性约束的问题，其原因当然是多方面的，既有思想观念方面的误区，又有体制性障碍，既有法律法规方面的缺陷，又有资本市场功能培育方面的问题，特别是植根于原有计划经济体制所带来的深层次的原因，但如果从

---

① 戴相龙．支持全面建设小康社会［EB/OL］．http：//www.fsi.com.cn，2005-06-28.

② 天津：投资渠道狭窄等八因素导致居民储蓄逐年攀高［EB/OL］．http：//www.enorth.com.cn，2005-07-04.

更宏观的角度看，在本质上仍然是存在发展观的问题。因此，要从根本上解决这个问题，就必须站在科学发展观的高度去把握、认识和处理问题。

第一，解决资本市场与高等教育市场存在的对接障碍，关系到我国高等教育能否与经济社会全面协调发展。资本市场与高等教育市场之所以存在对接障碍，说明我国高等教育与社会主义市场经济体制、政治法律制度之间还存在冲突和不配套，或者说经济体制、政治法律制度与高等教育之间还存在着不适应，还未做到全面协调发展。我国现行的高等教育模式与市场经济体制之间的冲突主要表现在：首先，计划经济下的高等教育是封闭办学，它与市场经济的开放性表现出明显的不协调，封闭的高等教育模式不能适应开放经济体制的需求。计划经济下的高等教育投资体制，主要是由国家（包括各级政府）直接出资办学，近年来国家投资比例虽有所减少，但基本上仍以财政拨款为主，投资渠道单一。其次，产生高等教育体制性障碍的原因是教育产权主体单一和产权不明晰，而产权不明晰具体表现在产权主体的不明确，即所有权和其他权项没有明确的、真正负责的代表者，没有明确规定权利主体应该享有的权益和应当承担的义务。最后，高等教育的某些政策歧视民间资本进入。我国加入 WTO 后，高等教育作为第三产业的贸易服务对外开放成为必然，这里包括引进国外资本进入教育市场，但由于上述障碍，目前国外资金很难从正常渠道进来。我国仅有少量如浙江万里学院引进英国诺丁汉大学资源创办了中国校区。高等教育产权的一元化导致了高等教育的集权式管理体制，这种体制的主要标志之一是大学校长、副校长的任免权集中于政府，校长主要对上负责。与这个体制相配套的就是高校办社会，中国的高等院校类似于大中型国有企业，不仅是个小社会，而且是个小“政府”，其机构设置基本上类似于党委、政府内的机构。高等教育资产产权一元化的根本原因是政府教育职能错位、越位和缺位。政府只有对高等教育进行行政权与所有权分离，才能解决错位、越位和缺位的问题，真正成为中国高等教育发展的积极力量。①

第二，解决资本市场与高等教育市场存在的对接障碍，关系到我国高等教育能否更好地坚持以人为本。科学发展观的核心理念是坚持以人为本。以人为本，就是要把满足人的全面需求和促进人的全面发展作为经济社会发展的根本出发点和落脚点，围绕人们的生存、享受和发展的需求，提供充足的物质文化产品和服务，围绕人的全面发展，推动经济和社会的全面发展。在现代社会中，不断满足人们对学习特别是接受不同类型高质量教育的需求，已经成为以人为本的重要内容。人是发展先进生产力和先进文化的主体，同时又是先进生产力和先进文化发展的最终受益者。人越全面发展，就越能为社会创造更多的物质财富和精神产品，人民的生活就越能得到有效的改善；反过来，物质文化条件越充分，生活水平越高，就越能促进人的全面发展。现实表明，人的全面发展最根本地取决于他所受的教育尤其是高等教育的程度。解决资本市场与高等教育市场存在对接障碍的问题，是为了高效益地发展高等教育，在推进发展的过程中不断让更多人民群众享受优质高等教育，进而更好地促进人的全面发展。

第三，解决资本市场与高等教育市场存在的对接障碍，将关系到我国现阶段发展目标的实现。科学发展观的根本要义在于发展，而实现全面小康社会是我国现阶段的发展目标。发展目标是以多项指标衡量的，其中国民教育和收入水平是关键性指标。因为在现代社会中，人力资源是第一资源，教育已成为推动经济不断增长和发展最重要的动力源泉。历史上一些国家对先行发达国家成功的经济追赶，都同时伴随着人力资源的先行追赶，这表明人力资源的追赶是经济追赶的先导。中国要逐步赶上世界发达国家，把“低水平的、不全面的、发展很不平衡”的小康社会建设成为“经济更加发展、民主更加健全、科教更加进步、文化更加繁荣、社会更加和谐、人民生活更加殷实”的小康社会，是一项长期的十分艰巨的

① 李进才．关于资本市场与高等教育关系研究的主题报告［R］．江汉大学内部文件资料．

任务，有许多工作要做。解决资本市场与高等教育市场存在的对接障碍，推动高等教育的发展是促进我国全面建设小康社会建设，实现经济社会全面发展目标的一项根本性措施。

三、运用资本市场推动高等教育发展应解决的主要问题

第一，必须科学构建高等教育产权的新体制。在探讨高等教育有效管理的新措施时，我们不可避免地要对政府管理的本质和管理模式变革进行系统的审视。政府必须将高等教育所有权和管理权进行分离，把国家需要控制的非营利性大学的国有资产与营利性大学的国有资产进行分类管理，构建高等院校的国有资产的运营新体系。实现高等教育产权体制变革，关键是转变政府职能，通过高等教育产权多元化理顺政府与高校之间的关系；以产权制度创新为突破口，实现高等教育产权多元化，重构高等教育产权结构，对部分高等学校实行“股份制”，优化高校法人治理，理顺政府与高校的关系。要学习国有企业改革的经验，通过组建高等教育国有资产控股公司，实行国有高等教育产权的部分退出，实现部分高等院校的“国退民进”和“抓大放小”①，推动高等教育朝着多元化、市场化发展。

第二，必须解决我国法律法规滞后于教育、经济发展的问题。无论一个国家的富裕程度如何，也无论财富集中与否，任何社会都蕴藏着一定的闲散资金，而市场调节的最大作用就是使资金能够流向最需要的地方。目前我国已初步建立了规范资本市场的法规体系，从资本市场的角度看，资本市场一般不存在教育产业公司进入的法律障碍，两者结合的法律障碍更多来自高等教育系统内部法规的制约。我国教育法明确规定：任何组织和个人不得以营利为目的举办学校和其他教育机构。对此高教领域、经济学界存在不同理

① 李进才．关于资本市场与高等教育关系研究的主题报告［R］．江汉大学内部文件资料．

解，有人认为不能以营利为目的并非不能营利；如果不能营利，那么投资者将难以获得必要的经济回报。也有人认为，逐利性是资本的本性，如果不能建立合理的教育投入产出机制就无法吸引投资者的办学热情。教育事业是一个高投入的事业，它要有高成本、大资金，对于高等教育的营利进行限制是没有必要的，市场配置资源，就是靠价格和利润调整资源配置，如果某项教育可以赚得很多钱，一定会有很多的资本进入，这项教育会获得发展，但同时就会有竞争，其高额的利润也就会随之下降。现在要限制尤为需要资金的高等教育的利润，又如何吸引社会资金的进入？因此，必须加强有关立法工作，尽快解决我国法律法规滞后于教育、经济发展的问题。

第三，必须通过推进高等教育财政体制改革、完善配套政策确保国家财政对高等教育加大投入力度，促进高等教育资金来源的多样化。美国1945—1970年间所取得的最大成就是高等学校获得了近30倍的大笔经费以支付不断增长的日常开支，其开支占国民生产总值的比例也持续增长，联邦政府运用立法和强有力执法监督想方设法更有效地资助高等学校，履行与国家利益相关的职责。高校学生是政府资助和高等教育的直接受益者，但不是唯一的受益者，甚至不是最重要的受益者。高等院校的学生受教育所产生的“社会效益”不为具体的个人所享有，而为整个社会所享有。因此，应当推进高等教育财政体制改革，加大财力支持高等教育，强化执法监督，通过立法和强有力的执法监督确保高等教育稳定的投入，使国家真正承担高教经费的大部分，并保证高等教育事业与国民经济其他部门协调发展，因为国家可从这种协调发展中直接受益；应当使全体公民、未来的劳动大军有机会接受高等教育，具有承担国家重要任务所需的广泛技能和品质，并从中受益，这是社会公平的表现，也是国家的职责。① 同时，改进拨款方式，根据拨款的具体对象、性质、目标的不同，有针对性地采取相应的拨款方式。公式拨款方式应该是我国当前高等教育财政拨款方式的主要选择，对于

① 戴荣光．中国高教经费改革及其理由——经合组织对华考察报告（摘录）[J]．世界教育信息，2003（5）．

满足特殊需要，具有较强灵活性、规律性较差的特殊教育经费，还可以实行协商拨款方式，在政府与大学之间引进协商谈判机制，使得大学能够通过提高教学和科研绩效来改变所获得的拨款量。此外还要制定相关的配套政策，如发行旨在促进入学机会平等和地区平衡的高等教育券，旨在拓宽融资渠道、弥补教育投入不足的教育彩票，出台适合我国国情的募捐法规等，集中社会大量闲散资金发展高等教育，促进高等教育资金来源的多样化。

解决资本市场与高等教育市场对接障碍，从根本上说，就是要树立全面、协调和可持续发展观，消除人们思想观念的障碍，全方位地认识资本市场，正确把握资本市场的内在规律，运用资本市场的功能和作用，建立符合科学发展观要求的高等教育投资体制、管理体制、教育教学体系和内部管理机制，大力推进教育教学改革；就是要不断推进教育、经济等重大领域的根本性制度和体制创新，通过创新不断完善社会主义市场经济体制，以体制和制度来保障和协调高等教育资源的两种配置方式，努力实现高等教育资源的政府调控与市场调节的统一，实现政府、企事业单位、居民三大投资主体的交汇，实现国家办学、私人办学、股份制办学和中外合作办学等办学形式的互惠互利互补，推进高等教育全面协调可持续发展。国内外实践证明，有没有科学的发展观越来越成为高等教育乃至整个经济建设、社会发展能否取得成功的关键。

当前发展高等教育亟待解决的几个认识误区*

21 世纪头 20 年，是我们国家、民族发展“必须紧紧抓住并且可以大有作为的重要战略机遇期”，对于我国高等教育来说也是如此。要想在这个重要的战略机遇期内有所作为，实现新一轮跨越式发展，解决思想观念问题至关重要。当前仍需进一步破除“左”的思想影响和计划经济体制思维定势的消极影响，切实解决好以下四个方面的思想观念和认识误区问题。

一、关于高等教育的社会公益性与产业属性事实上的界限不清、定位不准

长期以来，教育是不是产业，一直是教育政策研究、学术界争论激烈的问题之一。一种比较传统的看法认为，高等教育是一种崇高的社会事业。其主要依据是：第一，教育具有为社会培养人才、开展科学研究、服务社会、传承人类文明的功能，因此，理所当然是一种崇高的社会事业。这也是完全正确和无可厚非的。第二，在

---

* 本文原载《高等教育研究》2004 年第 2 期，作者：李进才、张丽萍、范雄飞，经本书作者改动。本文也为国家社会科学基金“十五”规划（教育学科）重点项目“高等教育发展速度、规模与资本市场关系的研究”（项目批准号：AIA010024）的成果之一，该项目 2007 年分获湖北省科技进步三等奖、武汉市科技进步三等奖。本文被国务院发展研究中心信息网全文转载（2004 年 8 月 16 日）；被《中国高等教育》2004 年第 20 期摘要转发；2003 年 11 月李进才校长应邀在武汉大学 110 周年校庆举办的中外大学校长论坛交流了该文。

计划经济条件下，个人接受高等教育是免费的，教育成本、学生住宿、医疗、生活补贴等完全或主要由政府支付；大学生既由政府统招，毕业以后亦由政府计划包分配。因而对具有非义务性质的高等教育是否具有产业属性的认识是模糊的、否定的，甚至认为不仅不具有产业属性，而是一种具有福利性质的消费事业。

然而，随着人类知识经济时代的到来和社会主义市场经济的实行，教育作为一种独立的社会形态，在仍然高扬和彰显其崇高的社会事业属性的同时，其产业属性也日益凸显出来。因为在知识经济时代，劳动者的智力、素质已成为生产力中最重要、最核心的生产要素，对生产力的推动作用远远超过了其他要素。从社会学角度来看，受教育程度的高低越来越与个人收入、社会地位等密切相关，人力资本投入受到空前的重视。在这种情况下，高等教育所具有的崇高社会事业和产业的双重属性必然要同时比较完整地体现出来。从经济学角度看，高等教育的产业性质一是体现在人才培养方面，经济建设和社会发展对人才的需求远远大于供给；二是体现在社会服务方面（这里主要是指科技创新和科技服务），已有许多高校进行了卓有成效的探索，并取得了良好的社会和经济效益。从国家政策的宏观角度来看，早在1992年，《中共中央国务院关于加快发展第三产业的决定》中就明确指出："教育是具有全局性、先导性的基础产业。" 1999年，《中共中央国务院关于深化教育改革，全面推进素质教育的决定》中再次明确提出要"发展教育产业"。第三次全国教育工作会议亦强调"切实把教育作为先导性、全局性、基础性的知识产业和关键的基础设施，摆在优先发展的重要战略地位"。随着中央有关政策措施的出台和贯彻实施，教育改革实践的广泛深入，关于教育尤其是高等教育所具有的产业属性问题应当说已经得到确立。①

教育的这种双重属性是由教育的社会性决定的。教育的社会性决定了教育既具有上层建筑属性，也具有经济基础属性，既具有社

① 朱蓉蓉. 论"教育产业"与高等教育发展［J］. 江苏高教，2002(1).

会公益性，也具有产业性。而高等教育和市场经济又是社会大系统中的两个相对独立的系统，因而教育事业的发展既要遵循教育系统内部的自身规律，又要遵循市场经济规律。但由于长期受计划经济思维定势和“左”的思想观念的影响，人们往往只看到教育具有崇高事业的社会公益性一面，而忽视了教育具有产业属性的一面。至今仍有人不同程度地把高等教育看做是一种福利，甚至把高等学校看做是慈善机构，错误地认为高等教育培养人才可以不计成本。这种对教育产业属性的忽视或轻视，会产生以下消极影响：一是导致高等学校缺乏资本经营管理的理念，致使市场经济条件下教育经费相当拮据。二是导致我国在经济建设中只重视物质资本投资，忽视人力资本投资，自觉不自觉地把教育排斥在经济建设之外，这是我国教育的财政投入严重不足，低于发展中国家的平均水平的重要原因之一。三是导致社会上部分学生家长和学生误认为只要自己的考试成绩达到了录取分数线，不管自身有无经济负担能力，政府和学校都有义务让其上学，享受应该享受的“福利”。强调教育的产业属性有利于全面认识教育的功能，更好地发挥其在经济发展和社会进步中的作用。在社会主义市场经济条件下，作为高等学校，它既要为社会服务，又要产业运作。当前，高等学校内部管理改革的一个重要方向，就是在面向社会自主办学中积极引进产业经营的观念和模式。政府及其教育管理部门应促进和完善这种模式的形成，从而建立起内部符合教育规律、外部适应市场机制需要的竞争机制，讲求投入—产出效益，使高等教育更好地与社会需求和环境协调发展。

二、在高等教育是非义务教育还是义务教育事实上的界限不清、定位不准

高等教育作为非义务教育属世界通例。我国长期以来事实上把高等教育办成义务教育，沿袭的是统包单一的投资体制。以占世界公共教育经费总数 1.4% 的财力，支撑了占世界学历教育人

口22.9%的庞大教育体系。① 直到改革开放后，我国才逐步与国际接轨，把基础教育定为义务教育，把高等教育定为非义务教育。对于非义务阶段的教育，实施学生缴费上学，其最终目标是建立起一种适应社会主义市场经济规律，由政府、社会、学校、学生家长或个人共同分担的高等教育培养成本机制。我国高等教育收费（并轨）改革于1989年起步，1994年在全国37所高校开始试点，到1997年全面并轨。高等教育成本补偿和个人分担政策的实施，对缓解我国高等教育需求与供给之间的矛盾起到了一定的促进作用。尽管我们的收费目前仅占教育成本约1/4，但国际上认为这是中国高等教育改革中可与1977年恢复招生考试制度改革相提并论的两大进步之一。然而这一本来非常明确的问题，由于当前的某些宣传舆论出现了很大的片面性，只宣传“不能让一个考生因为经济困难而辍学”，而忽略了缴费上学是公民应尽的义务，其本质是把高等教育仍然看做是义务教育。尽管广大学生缴费是积极的，他们克服各种困难履行公民的义务，但也有一些可以缴费的学生却以种种借口和手段不缴学费，他们将父母给的学费挪作他用，还理直气壮地认为，我无钱上学，你学校就应帮我贷款，就应补助我。不仅未尽到自己的义务，甚至还肆意挥霍，诱发了一些社会问题。这种情况不仅严重影响了学校的正常发展，同时也为向真正的贫困生提供的“绿色通道”设置了障碍。正是在这种片面宣传的误导下，有的学生明知自己无经济来源，却要报考按教育成本收费的二级学院，只带几件换洗的衣服就到学校报到，致使某些二级学院的办学陷入十分尴尬的境地。

应当明确指出的是，党和国家始终高度重视解决家庭经济困难的大学生的就学问题，每年都采取包括动用总理备用金在内的各种措施，帮助贫困学生克服困难。就高校而言，也是采取诸如奖、助、补、减、贷等一系列手段和办法，来资助经济困难的学生。但

① 杜文君．我国高等教育多元化投资研究［J］．今日南国（理论创新版），2009（8）．

要从根本上解决这个问题仅此是不够的，必须在认识上、观念上进行变革，并形成全面正确的舆论导向。2002 年世界银行出版的研究报告《发展中国家的高等教育：危机与出路》指出，高等教育具有很高的私人收益，如在拉丁美洲的研究表明，接受过 17 年教育（即获得大学文凭）的工人比只接受过 6 年教育的工人，收入要高出 200%，大大超过了国际上物质资本投入 8% ~10% 的通常利润水平。美国各种学位或文凭持有者的年均收入分别为：专业学位（指牙科医生、律师和兽医）10.96 万美元；博士学位 8.94 万美元；硕士学位 6.23 万美元；学士学位 5.22 万美元；高中文凭 3.04 万美元；高中以下文凭 2.34 万美元。① 在我国，受过大学教育者其一生的收益也是较高的，但目前大学学费标准一般只占成本的 1/4。个人承担的高等学校成本应反映市场规律，学杂费的标准应当反映劳动力市场的价值规律，不同的高校、不同的专业应有不同的学费标准。有学者提出，对从高等教育投入中获得很高收益的大学生，应分阶段设立梯次递增的学费标准，最后过渡到学生合理承担的教育投资水平，否则，将影响到高等教育的公平性。这些看法应当说是很正确的。因此，在当前我国高等教育尚未普及的条件下，一方面要坚持国家资助贫困、特困学生的政策，同时，也要坚持高等教育的非义务性，不能混淆是非，把这一属性不知不觉给泯灭了。要提倡和鼓励贫困学生自强自立，艰苦奋斗，靠自身劳动完成大学学业。此外，作为政府还要根据非义务教育的实际情况，进一步加大改革的力度，制定鼓励企业、社会团体和个人捐资助学的法规、措施，如允许对高等教育捐赠列为所得税税前扣除项目，在继承法、遗产税收法中制定有关条款，调动全社会投入支持高等教育的积极性，为高等教育的持续、健康、快速发展创造条件。

① 劳伦特·贝尔希，李进忠. 美国大学学位到底值多少钱？——学位与“美元”高度相关［J］. 世界教育信息，2003（4）.

三、关于高等教育公平与否问题事实上的界限不清、定位不准

教育公平是社会公平的基础。对于国家来说，教育不公平会影响未来的国民素质；对于学生个人来说，教育不公平会影响其一生的发展。追求公平是社会主义制度和社会主义教育的本质规定和内在要求，也是社会主义教育改革必须坚持的原则。

关于教育公平，在理论上有两个方面的平等：一是教育权利平等，二是教育机会均等。对于教育权利平等，虽然也还存在一些问题有待进一步解决，但就整体而言，我国基本上已经实现了。在对残疾人的教育权利落实方面，经过多年来的努力，也取得了很大成绩。对于教育机会均等，一个是起点的均等，一个是结果的均等。教育机会不能完全均等是世界普遍现象，从这个意义上说，目前还没有一个国家能够说已经真正实现了教育公平，当然这里确有程度的不同。当前我国出现的种种教育不平等现象，主要是由其发展状态决定的。如经济落后导致教育的有效供给不足，经济、文化的不平衡发展导致巨大的地区差距、城乡差距，重男轻女的传统陋习导致女童教育的薄弱，等等。这一现实是历史形成的，并将在我国长期存在，只能通过经济发展及社会进步，才能逐步加以解决。① 当然，我们还要通过多种努力，去促进这种不合理情况的转化和问题的解决。

在不可能做到绝对公平的情况下，教育政策的选择要倾向于实现多数人利益的公平，这是“三个代表”重要思想落实到高等教育上的具体体现。从总体上讲，我国现行的高等教育入学考试制度，具备了形式上的公平——分数面前人人平等。鉴于我国目前实行社会主义市场经济体制，多种所有制并存，人们可以支配教育的经济实力差别很大，有相当一部分人愿意多拿出一部分钱让子女接

① 杨东平．对我国教育公平问题的认识和思考［J］．教育发展研究，2000（8）．

受好的教育，这有利于高等教育事业的发展，也有利于缓解学校的经济压力，为社会培养更多的人才，为求学者创造更多的机会。从客观上看，这应当也是公平的。因为，非义务教育阶段的教育公平，主要体现在受教育机会的平等上，体现为扩大就学范围、竞争机会均等、成功机会均等。现阶段我国由于教育资源不足，在某种程度上只能通过高等教育收费进行成本补偿，力求实现教育公平。现在有人建议，让分数稍低的学生多出教育资源，再帮助分数较高的贫困学生完成学业，努力创造一种社会公平。所以，教育公平与否关键在于看本质、看实际效果。二级学院这几年之所以发展很快，主要是按教育成本收费，充分利用大学和社会力量的优质资源再加上地方政府的支持，满足了老百姓接受优质高等教育的需要。陕西民办高校以每人每年6000~7000元的收费标准，吸纳了近20万名落榜学生，人称“民办教育的陕西现象”。用老百姓的钱发展高等教育，促进了人的发展和社会进步，不能不说这也是一种社会公平，也是符合“三个代表”重要思想的。

四、关于高校毕业生就业的责任主要在学校还是在政府和社会，也存在着事实上的界限不清、定位不准

从根本上说，当前大学生就业问题，是高等教育事业改革和发展必须经历的过程。传统的高等教育体制和大学就业制度，导致了人才培养机制和人才培养结构僵化，阻碍了高等教育持续、健康、快速的发展。随着我国社会主义市场经济制度的逐步完善，大学毕业生就业正从国家计划分配逐步向自主择业转轨，从计划调节到供需见面、双向选择、自主择业，这是社会主义市场经济条件下高校毕业生就业体制发展的必然趋势。1993年2月，《中国教育改革和发展纲要》明确指出：“改革高等学校毕业生统包统分和包当干部的就业制度，实行少数毕业生由国家安排就业，多数由学生自主择业的就业制度。”同时还指出：“随着社会主义市场经济体制的建立和劳动人事制度的改革，除对师范学科和某些艰苦行业、边远地

区的毕业生实行一定范围定向就业外，大部分毕业生实行国家方针政策指导下，通过人才劳务市场，采取自主择业的就业方法。”这就进一步明确了今后毕业生就业制度改革的方向是要通过国家政策指导实行社会、市场就业，这也是世界发达国家高等教育大众化的通行做法。

解决毕业生就业难问题，作为高校要加强毕业生的就业指导，并将其贯穿于大学教育的全过程。高校在学生就业观的确立，就业能力、技能的培养，特别是在专业结构设计、人才培养模式构建、就业服务等方面负有一定的责任，要通过进一步深化教育改革，增强学校办学的开放性，努力形成办学特色，增强学校对于劳动力市场的自我适应及调控的能力。但教育发展和社会就业状况还要受到其他多种因素的制约，教育与个人就业之间的关系是复杂而不确定的。客观地讲，毕业生就业问题，学校有一定程度的责任，指导和帮助学生就业，学校责无旁贷。但是应当清醒地看到，其主要责任不应在学校，而应在政府和社会。因为国家现行人事制度、户籍管理制度下的就业岗位、人事指标，甚至每年全国招生数量的控制和掌握，高校无能为力，无权干预。① 就世界范围的情况来看，解决就业包括大学毕业生就业问题是各国政府的重要职能之一。政府如何更多地为包括大学毕业生在内的国民创造就业机会，应该说其根本在于创造良好的投资环境，努力发展经济。因此，在毕业生就业遇到困难后，应当全面、理智地分析和处理，并建立正确的舆论导向，这才是解决问题的唯一正确出路。如果不分青红皂白、不分主次，把责任统统推给学校；对此，高校既无能为力，无济于事，反过来只会给政府造成更大的压力。至于毕业生就业率不高，其主要原因不是学校造成的，也不是学校不努力，如果因此而对高校采取种种制裁措施，更是有失公平，只能给学校工作带来更大的困难和混乱。

以上这些思想观念和认识误区问题如果不解决，整个高等教育

① 吴启迪．探讨高等教育改革发展新思路新举措 为全面建设小康社会提供人才智力支持［R］．在高校两班、部机关初任公务员班的报告．

事业是很难健康有序发展的。我们要努力更新观念，划清界限，消除种种认识误区，树立新的发展观，以思想观念的大解放推动高等教育事业的健康快速发展。

构建学习型社会与拓展高等教育筹融资渠道几个问题的思考*

党的十六大确立的全面建设小康社会的目标明确要求，“形成全民学习、终身学习的学习型社会，促进人的全面发展”，使中国社会逐步进入一个“学习社会化、社会学习化”的全新时代。构建学习型社会，作为社会上层建筑的高等教育，其发展水平怎样与经济社会发展相适应，这种发展水平又是以什么力量来驱动，特别是高等教育的经费“瓶颈”怎样突破，这都是需要深入思考和认真解决的重大课题。

一、构建学习型社会是全面建设小康社会的客观要求

学习型社会，最早是由美国学者哈钦斯于 1968 年提出的概念，它是指参与社会运行与创造的各类主体始终保持不断学习的状态，始终以学习促进创新，淘汰陈旧与落后的社会功能，保持开放与进取的社会动力，并在此基础上实现社会的发展与进步。

构建学习型社会的提出是人们对高等教育传统理念进行变革的产物。传统的高等教育理念主要有两种：一种认为高等教育是终结性教育；另一种认为高等教育是一种青年人教育。随着人类进入知识经济时代，这两种理念受到现实严重的挑战。据有关资料显示，目前一个人一年接受的信息量相当于 17 世纪英国一个农场主 17 年

---

* 原载《公共行政理论与实践》（湖北省行政学院 2003 年专辑），有改动。

阅读量的总和。不仅如此，知识还以前所未有的速度更新，某些学科甚至精确到了月。有专家指出：最近30年产生的知识总量等于过去2000年所产生的知识量的总和；到2020年，知识的总量将是现在的3~4倍；到2050年，目前的知识占届时知识总量的1%。① 一个生活在这样时代的人，如果把青年时期所受教育作为终结，不及时更新知识，将很快被历史淘汰。因此，依据这两种传统理念，紧紧抱着原有的知识，显然不适应当今飞速发展的知识经济时代；取而代之的是终身教育的观念，它是21世纪人类生存发展的必备条件，是被誉为"要以与哥白尼式的革命相比"的伟大变革。

构建学习型社会，也是中国应对社会结构巨大变迁和社会飞速发展的客观需要。我国已加入WTO，对外开放开始跨上新台阶，与国际接轨、与世界同步将成为现实，大量新事物、新观念、新技术的涌入，让我们"已经进入了一个以创造和分配信息为基础的经济社会"②。传统的经济学理论都提到，土地、劳动力和资本是创造财富的基本要素，这些要素在20世纪中确实发挥了重要作用。到了21世纪，除了上述要素之外，还应加上更重要的科学、技术、创新、创意与信息，用一个词来概括：就是知识。因此，在21世纪，中国社会发展所依托的战略资源将发生重大变化：一方面，由自然资源、土地资源等要素资本的挖掘转变为知识、人力资本的不断更新和持续提升。而这一战略资源的培育和储备愈来愈取决于未来中国社会教育特别是高等教育的发展。另一方面，我们是在人口众多、社会人力资源开发严重不足的基础上全面建设小康社会。据我国首次公布的《中国教育与人力资源问题报告》显示：我国2000年劳动力总量规模为8.7亿人，到2013年将达到峰值10亿人左右，其状况概括地说是总量巨大、质量偏低。"报告"指出，我国国民受教育年限与发达国家相比的差距主要表现在接受高层次教

① 一次性学习的时代已经过去[N]．光明日报，2003-02-12.

② [美]约翰·奈斯比特．大趋势——改变我们生活的十个新方向[EB/OL]．http://www.360 doc.com/content/09/0321/11/19230_2872360.shtml，2012-04-25.

育人口过低和初中以下学历人口比例过大。如2000年，我国25～64岁劳动人口中，接受高等教育的比例仅为5.2%，而世界经合组织（OECD）国家的平均值为24%。① 劳动力受教育程度偏低直接导致了中国的劳动力产业结构失衡，产业、行业人力资源结构性矛盾突出。21世纪综合国力的竞争集中表现在人才的竞争，而在加快人力资源的开发上我国社会面临的突出矛盾是，广大人民旺盛的接受优质高等教育的需求与紧缺的高等教育资源的矛盾。挖掘教育资源，构建学习型社会，实现全面建设小康社会目标，成了当务之急。它不仅可以提高人均收入水平，且核心是提高人力资本，推进人的现代化进程。只有提高人力资本，才能保持高的劳动生产率，提高未来的预期人均收入，促进整个社会的和谐、快速、健康发展。因此，大力发展高等教育，提高人口受教育年限成为我国未来社会最重要的发展目标之一。从这个意义上讲，在我国构建世界上最大的学习型社会，成为人人学习、终身学习、灵活学习的学习之邦，以人的现代化带动和推进社会的现代化，是实现中华民族伟大复兴和促进世界文明、人类社会进步的一项战略性任务。

二、克服制约高等教育发展的“瓶颈”，多渠道筹措教育资金

长期以来，我国教育沿袭的是统包单一的投资体制，以占世界公共教育经费总数1.4%的财力，支撑了占世界学历教育人口22.9%的庞大教育体系。② 这主要是由于我国的具体国情决定了高等教育只能以公办高等教育为主体，公办高等学校的经费只能主要来自各级政府的投入。这些年国家虽采取了适当收费、鼓励捐赠、兴办校办企业等各项措施，但这只能是高校办学经费的一种补充。

① 周洪宇．高教改革：还有多大空间［J］．湖北招生考试，2004（20）．

② 杜文君．我国高等教育多元化投资研究［J］．今日南国（理论创新版），2009（8）．

经过 1999 年以来连续 4 年的扩招，使 2002 年高校招生的实际人数达到了 1998 年的 2.5 倍，高等教育毛入学率达到 15%，有效地缓解了高等教育长期形成的“供求”矛盾和压力，为构建学习型社会，推进高等教育大众化作出了积极努力。但同时也积累了一些矛盾，突出的是使本来就比较落后的办学条件更加紧张，教育经费严重短缺已经成为我国发展教育事业的严重阻碍。如全国普通高校 1999—2001 年 3 年中净增在校生 380 多万人，按正常投入标准，应投入 1600 亿元以上，但 3 年来包括政府投入在内的各种渠道仅投入 800 亿元，尚有一半的缺口。湖北省是高教大省，又是财政穷省，1999 年扩招至 2003 年有 10 万多名学生未拨给基本的维持经费，从而使这些学校的发展步履维艰。

值得深思的问题是，同样的经济环境，同样的沿海地区，为什么江苏、浙江高等教育发展的规模大、速度快，而大部分地区却发展缓慢；同样是教育大省，为什么陕西高等教育发展迅猛，仅民办高校就有 10 万人，而一些省份的高等教育发展却难以为继。这里既有体制、制度的“瓶颈”，更有思想观念、思维模式的障碍。解放思想，打破常规，以新的思路谋发展，以新的突破促改革，以新的举措冲出“瓶颈”，扫除障碍，已成为当前加速高等教育改革发展、构建学习型社会刻不容缓的任务。

（一）破除观念“瓶颈”

破除观念“瓶颈”是拓宽经费来源渠道，解决高等教育经费短缺这一世界性难题的有效对策。首先，要破除高等教育是义务教育的旧的观念和把是否为公立大学作为评判高校教学质量的标准的认识误区。其次，结合国外发达国家高等教育资金筹措经验和我国具体国情，在筹措教育经费方面应遵循三个原则：一是“利益获得”原则，即谁从教育中获得好处和利益（无论是直接的还是间接的），谁就应支付教育经费。二是“能力支付”原则，即所有从教育中获得好处和利益的人（无论是直接的还是间接的），都应按其支付能力大小提供教育费用。三是“成本分担”原则，即高等教育是一项给社会和个人带来巨大收益的事业。为使这种活动能持续下去并有所扩大，获益者均要对其资源消耗进行补偿和追加，并在高等教育的改革中充分体现这些原则。

（二）革除体制障碍

高等教育朝着多样化方向发展，从单一结构向多种结构演化，成为当今世界高等教育改革的重要态势之一。世界银行专家倡导一种在高度计划与无序扩充之间“有计划的多样性”。从举办者和资金来源的角度看，高等院校系统包括公立院校和私立院校。从办学目标与水平角度看，院校学位主要包括五种院校或教育类型：研究型大学、省级或地区性大学、专业学院、职业学院、虚拟与远程教育。不同院校应该有分工，政府必须保证高等教育为公共利益服务。“高等教育财政分担应该朝着更加灵活的方向转变，不仅要利用公共资金，还要利用私人资金。”① 大胆探索我国高等学校所有制的多种实现形式，形成以公立高校和非营利高校为主的公立高校与私立高校并举，非营利法人与营利法人共存的多样化的所有制格局，将我国高等教育办学模式从过去的政府办学逐步过渡到社会办学的局面上来。

（三）加强经费投入政策导向

2002 年世界银行出版的研究报告《发展中国家的高等教育：危机与出路》（以下简报《报告》）提出了“高等教育具有重大的公益性”的新观点，指出高等教育可以带来“巨大的公共利益”，通过提高工资和生产率“使个人和国家更加富有”，“人们得以享受到一种高质量的精神生活，而更广泛的社会群体也可在文化和政治方面受益”。政府作为高等教育的主要受益者，其责任是规范财政收支制度，进一步完善政策和法律体系，每年以提高一定中央、地方财政支出教育经费的比例，增加对高等教育的经费投入。当然，尽管将来国家对教育的投入还会增加，但真正投在高等学校的

① 蒋凯．从“奢侈品”到“生存的必需”［J］．全球教育展望，2002（6）．

经费仍是有限的，因为我国基础教育特别是九年义务教育是政府行为，处于优先发展位置。就世界范围而言，高等教育光靠国家投入也是不现实的，即使是像美国这样教育投资很大的国家，公立学校也只能从政府拿到20%～30%，私立学校则是10%～15%，剩下的钱由学校自筹。因此，还应创立有利于高等教育发展的政策环境，通过税收政策引导，鼓励社会力量投资教育，鼓励民办等多种形式高等教育的发展。

（四）支持社会力量办学

仅仅依靠国家教育经费和公办高校是无法完成构建学习型社会这一历史重任的，高等教育的办学不仅要多层次，还要多元化。国外许多国家是通过采取积极鼓励民办（私立）教育发展的政策来扩张高等教育规模，实现高等教育大众化的，如日本、韩国和我国台湾地区的高等学校在校生总数中私立大学分别占73%、75%和70%。就是高等教育发达的美国，像哈佛、斯坦福等名牌大学也就20多所，其中不乏私立大学。此外，州立大学、社区学院占了相当一部分比例。随着我国社会主义市场经济体制的建立和完善，民间资本的大量积累，发展民办高校的社会条件已经成熟，且有许多成功范例，如西安翻译学院，1998年、1999年因分别一次性招生6800名和7000名而成为媒体竞相报道的新闻，学校白手起家，不要国家一分钱，经过13年艰苦奋斗，2003年就成为拥有17000名学生、千亩校园、30万平方米校舍、现代化教学设施、标准的体育场馆和3000多间学生公寓的高等学府。除此之外，还要大力扶植其他形式的高等学校，如浙江省出现的股份制形式重组、院校改制、企业参与改制的高等院校，以及高校与当地政府及企业联办的“二级学院”等，形成高等教育多样化发展的格局。

（五）有步骤分阶段提高学费标准

《报告》指出，高等教育具有很高的私人收益。如在拉丁美洲的研究表明，接受过17年教育（即获得大学文凭）的工人比只接受过6年教育的工人，收入高出200%，大大超过了国际上物质资本投入8% ~10%的通常利润水平。在我国，受过大学教育其一生的收益也是较高的，但目前大学学费标准一般只占成本的1/4，个人承担高等教育的成本应反映市场规律，学杂费的标准应当反映劳动力市场的价值规律。不同的高校、不同的专业应有不同的学费标准。因此，对从高等教育投入中获得很高收益的大学生，应分阶段设立梯次递增的学费标准，最后过渡到学生合理承担的教育投资水平。同时，收费政策必须与资助贫困学生的政策相配套，即开辟“绿色通道”，否则，将影响到高等教育的公平性。

（六）积极组织高校科技收入

2003年全国高校科技工作取得了丰硕的成果：全国高校共出版科技专著6778部，发表学术论文387 290篇，获专利授权3954项，签订技术转让合同7809项，金额23.7亿元，实际收入11亿元。2003年内地高校获全国三大奖115项，其中国家自然科学奖13项，占68.42%，获国家发明奖11项，占57.89%，获国家科技进步奖91项，占59.1%。① 要积极鼓励高校通过科技创新争取到更多的科研项目和课题经费，再将研究成果转化为现实生产力，在获得广泛社会效益的同时获得显著的经济效益，为学校发展筹集更多的资金，增强学校的经济实力。

（七）拓展其他融资渠道

包括个人、社会捐资，基金会收入。这些捐赠款项在很大程度上是包括高等教育投资在内的以往人力资本投资累积的成果。因而，从某种意义上说，它是人力资本成果获取者对人力的再投资。如美国的哈佛、耶鲁、斯坦福大学所获私人捐款和基金收入2003年约占整个学校经费开支的50%。

---

① 谢焕忠．高校科技创新体系建设与人才培养［N］．中国教育报，2005-03-18.

1. 发行教育彩票

美国加利福尼亚州是美国第一大州，人口众多，经济实力雄厚，自 1985 年以来，该州在利用发行彩票支持公立教育方面建立了一套比较成熟的机制和做法，公立教育提留占彩票销售收入的比例年平均高达 38.3%，其中 2000—2001 年度为 38.4%，金额达 11.11 亿美元。① 彩票提留的 80% ~90% 用于吸引教师或留住教师，改善办学条件，为高等教育的发展起到了积极作用。我国曾发行过体育彩票，在规范运作机制的基础上，这种方式同样是可行的。

2. 发行教育券

发行教育券是在芝加哥货币经济学派代表人物弗里德曼于 1955 年提出的教育券理论指导下的一种教育投入方式。即政府把本该投入到教育中的资金经过折算发给每一位学生，学生凭券可以进行自主选择，到任何一所政府认可的学校，包括公立学校或私立学校就读。其好处在于一方面能保持政府对教育的投入，把看得见的福利发到家长或学生手中；另一方面，又可以通过增加学生对学校的选择权利，促使学校教育在竞争中提高。可喜的是我国浙江长兴县对此进行了大胆尝试，不仅保留了其理论精华，又带上了鲜明的中国特色，引来一些地区竞相效仿，成为了一项具有生命力的实践活动，收到较好的效果。但目前我国这一实践多限于基础教育，把它运用于高等教育，即把本该投入到高等教育的资金以教育券形式发给接受高等学历教育人口，规定在一定时段的有效期，让其根据自己的特点和基础条件自主选择普通或成人、职前或职后的高等教育，这种方式同样是可以借鉴和推广的。

---

① 驻洛杉矶总领事馆教育组．美国加州发行彩票兴办教育［N］．中国教育报，2003-03-15.

（八）充分利用外资

WTO 鼓励所有成员国到海外办学，允许外国教育机构（企业）在所在国颁发证书或学历证明。届时一些国家将到我国高等教育领域“抢滩”，占领中国这一巨大市场。对此，我们不仅要积极应对，还要主动出击，充分利用加入 WTO，激活外资投入资源，解决我国高教投入不足的问题。还可以积极争取国际银行组织教育贷款，用国外的钱办中国的事。

总之，树立终身教育观念，构建学习型社会，最大限度地满足人们受教育的普遍权利和广泛需求，使社会每一个公民在一生中的任何年龄段都可以根据自己的需要、爱好和时间精力及财力来安排高等教育的学习，它赋予高等学校以更大的灵活性和包容性。采取多种融资方式，调动所有教育资源，面向所有人，在所有地方和一切时间里，实施终身教育，这是一个很大的课题。它要求我国高等学校要与时俱进，走改革之路，解放思想，努力尊重教育规律和经济规律，在探索中不断取得新的成效，使我国高等教育在构建学习型社会中不断发展壮大。

第二部分

城市综合大学发展战略与历史使命

地方综合大学战略管理对策研究*

所谓战略管理是一个组织寻求成长和发展机会及识别威胁的过程，包括战略规划、战略实施、战略评估等环节。高校战略管理是围绕高等学校战略制定、战略实施和战略评估三个阶段所展开的管理活动。① 进入21世纪以来，全球经济越来越受知识驱动，创新已成为经济增长和社会发展的基本驱动力，成为保持和提高国家长期竞争力的关键因素。地方综合性大学作为区域创新人才培养和知识生产、创新、传播、整合与转化的重要基地，技术创新的生力军，它对区域发展的影响尤为突出。现实中地方综合大学战略管理存在诸多问题，其未来发展亟需科学规划的引领，因此，如何紧扣区域经济社会发展需要实施战略管理就显得尤为重要，必须予以高度关注并切实加以解决。

一、地方综合大学战略规划向战略管理转变的重要性

在我国高等教育宏观管理体制改革基本完成后，地方大学已经成为我国高等教育的主体部分，其中副省级以上综合大学②作为这

---

* 本文原载《决策与咨询》2011年第8期，2011年9月20日湖北省人民政府政研网全文转载。

① 刘献君．高等学校战略管理［M］．北京：人民出版社，2008：24.

② 副省级城市综合大学是指改革开放以来我国副省级中心城市主办或省市共建、以市为主的普通本科院校。这类新型大学以广州大学、深圳大学、青岛大学、江汉大学、大连大学等为代表，它们主要依托中心城市办学，为中心城市服务，是我国普通高等教育发展的新模式。

类大学的代表已成为我国地方大学的核心，其发展状况如何关系到能否为我国和谐社会建设提供不同层次、不同类型的人才保障和对应性强的智力支持。地方综合大学战略规划向战略管理转变的重要性在于：

（一）提升区域创新和协调发展水平的需要

改革开放30多年来，我国经济以年均9.8%的速度持续快速发展起来，创造出世界经济发展史上持续时间最长、增长最高的“经济奇迹”，这种奇迹是通过区域联动在一个个行政区域内实现的。我国有学者依据2007年国内31个省、市、自治区高等教育发展水平与创新水平关系的研究发现：我国高等教育发展水平与创新水平具有相似的区域分布特征，我国东部绝大多数省份和中部湖南、湖北、陕西、四川等几省的高等教育发展水平和创新水平都相对较高，其他省市则相对较低；高等教育发展水平对区域创新水平具有显著的正效应。① 而相对较高的我国东部绝大多数省份和中部湖南、湖北、陕西、四川几省，正好与我国15个副省级城市综合大学分布区域相吻合。“十二五”是全面建设小康社会的关键时期，是深化改革开放、加快转变经济发展方式的攻坚时期。我国城市特别是副省级中心城市正面临着非常严峻的挑战：一方面，工业化、信息化、城镇化、市场化、国际化深入发展。与此同时，空间匮乏、能源短缺、环境污染等都有可能把城市变为文化、社会和精神的荒地。另一方面，地区发展不平衡长期、普遍存在，区域协调发展的压力仍然很大，与此同时，出现城乡利益关系不断出现新的不协调问题。② 提升区域创新水平、促进区域协调发展是我国的一项长期战略方针。“十二五”时期，为推动区域协调发展，我国将

① 吕艳，胡娟．我国区域高等教育发展水平对区域创新的影响分析——基于我国31个省市自治区数据的分析［J］．中国高教研究，2010(10).

② 张平．“十二五”规划战略研究（上）［M］．北京：人民出版社，2011：158.

制定实施一系列政策措施，这些政策的实施和问题的解决都离不开城市综合性大学至关重要的作用，需要它们通过运用创新的观点和思维，寻找综合性的解决方案，不仅使大学本身得到快速发展，而且更有力地促使城市乃至区域经济社会获得可持续发展。大学战略管理是高等学校宏观管理中具有先导作用的关键环节，实施战略规划向战略管理转变，是高等学校为使教育更加有效地满足学生与社会需要而进行的宏观管理和决策的过程，能有效提升地方综合大学教育质量和服务地方能力，对于提升区域创新和协调发展水平乃至全面建设小康社会任务的完成意义重大。

（二）参与国际国内竞争中立于不败之地的需要

高等教育作为一项公共事业，面对当前和未来全球挑战的复杂情况，肩负着增强人们对社会、经济、科学和文化各方面问题的理解及其应对能力的社会责任，成为在促进社会变革和发展中的新动力，由此也引发世界高等教育前所未有的竞争。北京大学人口研究所穆光宗教授指出："1991 年比 1990 年锐减 612 余万……可以预期，受到十几年前出生人口规模减小的刚性约束，近年出现的大学考生减少现象将进一步加剧，一直持续到 2017 至 2020 年左右。"① 实际上，我们看到，近十几年间，生源减少的"多米诺骨牌"逐渐从小学传导至高等院校。教育部《2011 年高招调查报告》显示，高考生源在 2008 年达到历史峰值 1050 万，2009 年开始全面下降，最近两年累计下降了 200 万，并呈现出持续加速下降趋势。在高考生源持续下降的情况下，一些高职和部分普通高校因生源锐减面临严峻生存挑战。不仅如此，近几年出现的"三放弃"（放弃高考、考上放弃填报高考志愿、录取放弃入学）学生队伍逐年扩大，2010 年蔓延到一本甚至名牌大学，当年有 63 名新生放弃了上武汉大学的机会，也造成了资源浪费。更加不可忽视的是，出国留学也成为造成高校生源"抽血效应"的重要原因。近 3 年出国留学人

---

① 报告显示部分大学将因生源锐减出现"存亡危机"[N]. 人民日报，2011-05-20.

数分别增长了24.4%、27.5%、24.1%，增长最多的正是高中毕业生。我国已成为美国、英国、澳大利亚及日本等发达国家高等教育最大的生源输出国。国内高校与国外高校、国内不同层次高校以及同类型高校之间对高等教育市场分割的竞争，已呈现出前所未有的激烈态势，高校对社会资源竞争的程度更加激烈。生源下降、扩大入学给高等教育的质量带来了挑战，而质量保障是当前高等教育至关重要的任务。① 我国高等教育在经历了十多年规模扩张之后，已经到了必须切实提升质量、走内涵发展之路的时刻。因此，不论是应对国内生源数量减少，还是参与国际竞争，地方高校特别是城市综合大学面对挑战的治本之策在于努力提高质量，办出自己的特色，关键是实施战略管理，把中国高等教育切实做“高”做强，这是在国际国内竞争中立于不败之地的首要条件。

（三）加速推进自身跨越式发展的需要

大学的跨越式发展是指大学抓住有利时机，在一定时间内以较快速度发展，使办学水平和学校地位迅速提升，实现对先进大学的超越。如果说以往高校的竞争表现为生源的争夺，科研项目、经费的争夺，今天的竞争更多来自因自身生存需要而进行的全面竞争。高等教育正变得更加个性化，并呈现出多样化发展趋势：竞争的自主性增强，在竞争中拥有更多自主权，竞争领域扩展，在这样的条件下，城市综合性大学唯有实施跨越式发展，才能在竞争中掌握主动权。而大学进入跨越式发展期后，在管理上也发生了一个重大转变，它要求其发展是可控的，其结果是可以预期的，其频率是可持续的，其积累是更有质量的。“知识社会要求高等教育系统和机构内部承担各种日益多样化的角色，这包括为促进研究卓越、鼓励教与学创新、开发服务社会的新途径等方面提供支柱和网络。”② 城

---

① 熊建辉. 2009年世界高等教育大会公报：高等教育与研究在促进社会变革和发展中的新动力［J］. 世界教育信息，2009（9）.

② 熊建辉. 2009年世界高等教育大会公报：高等教育与研究在促进社会变革和发展中的新动力［J］. 世界教育信息，2009（9）.

市综合大学跨越式发展的过程，是其自身核心竞争力持续增长的过程。只有运用现代战略管理理论和实践，才能促成具有竞争优势资源和能力的大学竞争力的提升，特别是大学竞争力中那些最为关键的、最能使大学获取和保持竞争优势的强势要素（组合）得到巩固和加强。现实中，副省级城市综合大学绝大多数是改革开放后兴起或合并组建的，在改革中不断发展壮大，但它们始终处于高教领域的边缘，积累了很多矛盾和问题。这类城市地方大学的发展方向在哪里？副省级城市综合大学作为我国高校格局中的一支重要力量，如何在外部环境不断变化和形势严峻的情况下求得更大生存和发展空间？如何结合地方发展实际需求在服务地方中办出特色，求得地方更大力度的支持，扩大其影响，提高自身办学实力和办学水平？只有制定和实施战略管理，才能有效解决这类大学的现实问题，促进大学内涵发展、自主发展，从而促进城市综合实力和办学水平的全面提升。制定和实施战略管理也是地方综合大学发展的内在需要。

二、地方综合大学战略管理存在的问题与发展机遇

我国地方综合大学在实施战略管理方面有值得称道之处，如规划的战略背景大体明确，战略思想及指标设定有一定合理性等，但也存在一些较突出的问题。主要是：

（一）战略管理缺乏深入的战略研究

大学发展规划研究是当今大学实施战略管理的重要组成部分和必要手段，其核心问题是要研究学校的发展现状，分析学校发展所面临的机遇和挑战，对学校发展中存在的问题做出诊断，正视其中的困难和实质性问题。由于战略管理意识淡漠，缺乏深入的战略研究，缺乏对其支撑的现代理论的较好掌握，有的大学虽制定了战略规划，但由于缺乏对国内外、主客观形势的深刻、准确的把握，对外部环境的适应性较差，具有一定的短期效应；有的大学战略规划不够清晰、准确，缺乏系统性；也有的大学把目标定得偏高或偏

低，缺乏导向性或形同虚设；有的学校在规划文本起草工作完成后，没有进行必要的民主决策、专家论证程序，不仅缺乏权威性，也有悖科学民主原则。

（二）战略管理缺乏战略规划引领，在实际工作中重规划编制，轻规划实施，甚至将规划“束之高阁”

实施计划是战略规划的重要组成部分，有的规划编制完成后，没有对规划制订分步实施计划，没有分解规划指标，总规划与专项规划、专项规划与子规划间不能很好地衔接、匹配，专项规划、子规划对总规划不能提供保障和有力的支撑，这样，规划便成为应景之作，纸上写写，墙上挂挂。一所没有战略规划和战略管理的大学，尽管办学很努力，也有可能长时期走不出原有的圈子，更难以实现突破性进展。国外普遍认为，战略规划是战略管理的先导。对于地方综合大学这样一个庞大、复杂而且承担着重要社会使命的机构来说，战略规划和战略管理是必不可少的。

（三）战略管理缺乏刚性约束，重规划指标设置，轻实施效果评估

评估是一种价值判断，战略评估是临近战略实施前对战略实施的绩效进行系统性评估的过程。战略评估的结果可以作为调整、修正甚至终止战略的合理依据。但实际工作中上级主管部门对学校、学校对内部没有进行规划实施效果评估，并不按照规划执行情况划拨经费等资源和考核任用干部。缺乏有效的控制、评估机制和手段，规划不能有效推动学校的改革和发展，推动管理科学化；不能有效指导年度日常工作，确保教学资源的充分利用，实现预期的战略目标，提高办学水平和社会效益。

（四）战略管理缺乏大学文化推动

规划是创造愿景、统一思想、动员资源、引导行动的重要途径和方式，但在规划实施和执行方面，既缺乏共同理念的引导，也没有氛围的营造；不清楚大学自身的历史，对学校文化不了解，如学

校的价值使命、办学理念、管理文化等；对学校主流文化不认同，如战略目标、战略重点、学科价值观等；对学校战略规划不重视，如认为战略规划只是应付上级的，没什么用，战略实施是领导的事，与己无关等。事实上，大学文化是大学生命的源泉，大学文化作为一种精神、一种理念表现在大学学术活动的方方面面，影响着大学的人才培养、科学研究、社会服务等，甚至对大学的生存与发展起着决定性作用。

副省级城市综合大学作为我国高校系统中的重要类型，其发展不仅对区域高等教育和经济社会发展有着重大影响，而且从整体上影响到国家高等教育布局以及国民经济和社会发展的进程。面对高等教育规模迅速扩大，影响高校发展的因素日益复杂的局面，副省级城市综合大学要办出特色，争创一流，简单的经验型管理已远远不能适应形势要求，必须科学定位，谋划学校发展，实施战略管理。《国家中长期教育改革和发展规划纲要（2010—2020年）》指出，要“促进高校办出特色。建立高校分类体系，实行分类管理”，“引导高校合理定位，克服同质化倾向，形成各自的办学理念和风格，在不同层次、不同领域办出特色，争创一流”。

进入21世纪以来，为了实现现代化，建设若干所具有世界先进水平的一流大学，我国“985”“211”重点大学纷纷研究欧美发达国家大学规划经验，制定自己的发展规划，战略管理越来越受到重视，一批高校通过实施战略管理，在较短时间内实现了跨越式发展。我国学者对欧美国家和国内研究型大学发展规划研究比较多。美国州立大学、英国城市大学的战略管理及其研究也对地方综合大学的战略管理有借鉴意义，但译文屈指可数。现有研究成果较多的是针对研究型大学或单个学校的个案研究，还有一些研究是对我国大学发展规划制定和实施效果的反思。副省级城市综合大学属于地方大学，战略管理工作起步较晚，规划研究滞后，战略管理大量现实问题亟待深入研究和解决。

三、地方综合大学实施战略管理的理性选择

副省级城市综合大学作为我国普通高等教育发展的新模式，已经显示出强大的生命力。通过对15个副省级城市综合大学实施战略管理的考察和评估，认真梳理各校“十一五”发展规划执行和“十二五”规划编制情况，各校在大学规划甚至在战略管理方面有不少成功之处。

（一）丰富延伸相关的理论

传统的高等学校战略管理理论有系统性理论、竞争战略理论等，15个副省级城市综合大学在实际工作中注重理论研究，在实践中不断丰富发展了一些理论，包括资源依赖理论、新制度组织理论等。如副省级城市综合大学要生存，资源依赖理论强调组织体的生存需要从周围环境中汲取资源，因而需要与周围环境及其因素相互依存、相互作用才能达到自身的目的；还强调积极主动改变环境，积极主动同它所处环境内的、控制着这些资源的其他组织化的实体之间进行互动，减少对市场的依赖和对技术化的机会的依赖。副省级城市大学要发展，新制度组织理论关注组织形式的制度同型性效应，并强调环境条件趋于一致，组织体适应环境的过程往往会导致同型化现象，运用新制度组织理论，将同类型的地方高校视为组织域，研究副省级城市大学的共性问题，以实现组织的效率。如宁波大学，它通过在实践中不断丰富和完善发展理论，并用以指导战略管理实践，拓展服务功能，服务地方经济社会，使学校获得了良好的发展。

（二）形成壮大竞争优势

高校战略管理的目的是推动学校快速发展和提升竞争力。青岛大学通过制定和实施发展战略规划，使学校发展的结果成为师生员工可以预期、可以感知的进程，提高了规划在学校发展中的有效性。从规划的制定、实施到评估都遵循了科学规范的要求，推动了

学校的快速发展。① 杭州师范大学积极与市政府沟通，将学校“十二五”规划列进了杭州市“十二五”的总体发展规划。在杭州师大百年校庆时中共杭州市委、杭州市政府出台了《关于支持杭州师范大学建设一流综合性大学的若干意见》，为学校未来的发展奠定了一个强有力的法律保障。“意见”明确对学校发展的支持方向，在建设资金、校园土地、编制等方面给予学校大手笔支持，并将支持和理解扩展到人大、政协等其他部门或体系，它们都把杭州师范大学列为重点支持对象。积极向省领导建言献策，促成了杭州师范大学的发展规划和理念能够最终融入省教育规划的大舞台，得到地方政府的可持续支持。

（三）健全完善现代大学制度

坚持和完善党委领导下的校长负责制是构建中国特色大学制度的核心和学校实现战略管理目标的前提。广州大学把大学规划内化为内部的一种制度设计，在思考和实践中不断探索完善党委领导下的校长负责制，把握制度张力，找准角色定位，校长同时扮演好党委成员的校长、行政班长的校长、书记拍档的校长、法人代表的校长、学生家长的校长等多种角色，将多种角色协调为一个有机整体，实施依法治校，落实民主集中，增强班子合力和发展动力，保证学校的办学行为在国家相关法律法规框架中进行，确保党委领导下的校长负责制落实到位，推动学校发展理念、战略目标的实现。大连大学实施战略管理的思路和举措就是调结构、建特色、上主题。根据市场需要调整学科结构、专业结构、生源结构、办学层次，培育打造综合性、地方性、应用性特色。杭州师范大学为实现战略发展目标，谋求超常规跨越式发展，实施综合考评，提高管理绩效，达到办学绩效的最大化，为学校的快速发展提供保障。江汉大学实施战略管理，推行学院评价制度，将涉及学校发展战略的诸如学科建设、科学研究等关键指标分解，纳入学院年度考核，学校

① 徐建培，李福华．实施战略管理 推进学校发展［J］．高等工程教育研究，2008（1）．

形成激励竞争机制，引导学院通过创新工作，有效提升了学院的核心竞争力。

（四）培育学校发展文化

文化的培育是办学的最高境界，优秀的大学文化是学校发展取之不尽、用之不竭的组织发展动力，因此，创建支持战略实施的组织文化至关重要。一个大学的最基本的活力必定存在于其各个学术院系，培育大学活力和文化的重要方面在于促进学校创新和发展的气氛，使新思想得到支持，主动性受到奖励。成功具有积累效应而且推动整个学校的事业。胡锦涛总书记在清华大学百年校庆大会上指出："全面提高高等教育质量，必须大力推进文化传承创新。""质量保障不仅要求建立质量保障体系和评价模式，而且要求促进机构内部质量文化的发展。"① 战略管理必须由院校的雄才大略所推动，由竞争的迫切性所推动，由意识到在竞争环境中必定有输家和赢家所推动；只有在非常开放的环境中运作，战略管理才能发挥最好的作用。沈阳大学战略管理注重"顶层设计"，在实践中凝练科学办学、民主办学、开放办学办学理念，坚持传承中创新，培育学校发展文化，为沈阳老工业基地振兴服务，培养面向基层，下得去、办得好、能创业、创好业的应用型高层次人才。

（五）构建合作交流平台

战略具有外向性、未来性、全局性、层次性等特点，其中外向性是主要特点。战略管理有一个基本的宗旨，即利用外部机会以化解和回避威胁。"高等教育机构应拓展研究和教学领域，找出与人口健康发展有关问题的解决方法，并为地方相关的科学和技术构建强大的基础。""应与社区和民间团体建立互惠合作的伙伴关系，

---

① 转引自熊建辉.2009年世界高等教育大会公报：高等教育与研究在促进社会变革和发展中的新动力［J］.世界教育信息，2009（9）.

促进相关知识的共享和传播。”① 地方综合大学实施战略管理的目的“是把院校的前途和可预见的环境变化联系起来，使资源的获得快于资源的消耗，从而能够成功地完成院校的使命”。现在国内外有很多的大学联盟，如研究型大学国际联盟、中国内地大学 C9 以及 C9 的升级版中国大学校长联谊会等，它们不仅通过定期召开联盟会议等探究同类大学发展的共性问题，还联合同类大学自身力量在联盟内部开展教学、研究、师生交流等多方合作，集中学术力量致力于科研攻关，共同解决人类目前面临的诸如气候变化、能源不足、城市化等问题。江汉大学近年来在设立理事会、校友会及与地方、社会良性互动机制的基础上，与广州大学、沈阳大学共同发起，成功承办了“全国十五城市综合大学联席会议”第一次会议，通过联合建立 15 个副省级城市综合大学合作交流机制，建设合作交流网站，加强同类大学合作研究共同面对挑战，有效处理学校与政府、社会之间的关系，化解各种不利因素，使学校能够在变化的环境中实现稳定持续的发展。

① 熊建辉. 2009 年世界高等教育大会公报：高等教育与研究在促进社会变革和发展中的新动力［J］. 世界教育信息，2009（9）.

全面建设小康社会与地方高校的历史使命*

经过20余年的改革开放和快速发展，我国社会总体上已进入小康社会。2002年11月，江泽民同志在十六大报告中庄严宣告：“我们要在本世纪头二十年，集中力量，全面建设惠及十几亿人口的更高水平的小康社会。”党的十六大确立的全面建设小康社会的新目标，是与人力资源开发密切相连的一个整体，要实现这一目标必须继续实施“科教兴国”战略，提高国民素质，“造就数以亿计的高素质劳动者、数以千万计的专门人才和一大批拔尖创新人才”。全面建设小康社会的奋斗目标对高等教育的发展提出了许多历史性的课题。地方高等学校作为人才的摇篮、产学研结合的基地和高新技术的“孵化器”，怎样担负起全面建设小康社会的伟大历史使命，这不仅是关系到地方高校自身改革和发展的问题，而且是关系到地方经济和社会发展的全局性、战略性问题，已经引起包括高等教育在内的社会各界的广泛关注。

一

何谓小康社会？它与高等教育的关系如何？尤其是面对全面建设小康社会的历史使命，地方高校的实际状况又是怎样的？这些都是需要认真思考的问题。

---

* 原载《江汉大学学报》（社会科学版）2003年第3期，获江汉大学一等奖，被CSSCI索引（林锋.地方高校学报自科版编辑为地方经济建设服务的途径.中国科技期刊研究，2006（4）.）。

“小康”一词出自战国时期的《礼记》，它是古代思想家描绘的诱人的社会理想，也表现了普通百姓对宽裕、殷实的理想生活的追求。邓小平同志赋予“小康社会”以全新的科学内涵，使其成为表述中国社会主义现代化建设阶段性目标的重要概念。邓小平在20世纪80年代提出的小康社会的内涵主要集中在经济建设方面，强调人民收入水平的提高。而在江泽民同志的报告中，小康社会已经初步形成了一个包括人民生活目标、经济发展目标、政治发展目标和社会发展目标等方面内容的十分完整的目标体系，它是一个经济发展、政治民主、文化繁荣、社会和谐、环境优美、生活殷实、人民安居乐业和综合国力强盛的经济、政治、文化全面协调发展的社会。全面建设小康社会，是中华民族实现伟大复兴的必由之路。①

全面建设小康社会的宏伟目标明确提出了高等教育的新使命。有人形象地比喻全面建设小康社会、实现中华民族腾飞需要两大翅膀：一个是“科教兴国”战略，一个是可持续发展战略。这两大战略缺一不可。教育特别是高等教育在实施“科教兴国”战略中扮演着非常重要的角色；可持续发展也需要教育作强有力的智力支撑。教育能够改变和决定一个人未来的命运，也能够改变和决定一个国家未来的发展。全面建设小康社会，教育是根本，人才是关键。因此，只有把教育放在全面建设小康社会的全局之中，把促进人的全面发展作为全面建设小康社会教育奋斗目标的有机组成部分，才能准确地把握教育的新使命。二战以后美国农业生产的增长率有20%是物力资本引起的，而80%是人力资本投资的结果。美国社会经济快速发展的实践昭示人们：将人力资源变为人力资本，是促进经济发展的捷径。

当今时代，如果没有更多的高素质劳动者和高水平的专门人才、拔尖创新人才，就跟不上国际发展步伐，人才的数量和质量直接决定着一个国家在国际竞争中的地位。相对于经济和社会发展的

---

① 江泽民．全面建设小康社会　开创中国特色社会主义事业新局面[J]．前线，2002（12）．

实际需要，我国目前人力资源开发严重不足：2003年《中国教育与人力资源问题报告》显示，我国15岁以上国民人均受教育年限不足8年，仅相当于美国20世纪初的水平，低于世界平均水平3年；2003年中国高等教育毛入学率为17%，①而1997年世界高等教育毛入学率平均为17.8%，发达国家平均在61.1%以上；劳动力知识结构重心偏低，2000年全国15岁以上的文盲人口仍高达8700万人，相当于德国的总人口；从业人口中50%具有初中及以下文化程度，具有高中以上学历的比例为18%，具有大专及以上学历的比例仅为5%，而1998年世界经合组织（OECD）国家对应指标的平均值分别为80%和26%②；人才状况不适应国际竞争和产业结构调整的要求，高新技术及懂得世界贸易规则的金融、管理、贸易、信息、法律、会计等高级经营管理人才更是供不应求。由于高素质劳动者特别是拔尖创新人才与发达国家的差距较大，一些专业领域缺乏高素质、高水平的“统领”人物和技术“帅才”，从而影响了这些领域的创新和快速发展。实现全面建设小康社会的奋斗目标，不仅可使我国在经济上进入中等或中等偏上收入国家，更重要的是使中国社会走向全面发展和进步，突出表现在以教育为基础、以人为核心的现代化进程加快，反映在人均受教育年限普遍提高，对于届时人口达到14亿多的中国来说，平均受教育年限将提高到10～11年，接近中等发达国家的平均水平，我国沉重的人口负担将大幅度地转化为具有一定国际竞争优势的人力资本，中国将对世界文明、人类社会进步作出更大的贡献。

党的十一届三中全会以来，伴随着我国经济体制、科技体制改革的日益深化，我国高等教育改革也取得了历史性进展。中心城市主办的地方高校的兴起，突破了以往“只有中央和省两级政府办学”的体制，至1991年，其规模占全国高校总数的三成左右，加

---

① 吕诺.2003年中国高等教育毛入学率达17%［EB/OL］.新华网，2004-05-07.

② 刘继安，储召生．两会视点：人大代表关注高等教育大众化［N］.中国教育报，2003-03-18.

上省属、地级市、地区主办的高校，地方高校已成为我国高等教育体制中的一支重要生力军。首先，地方高校由于办在地方，与地方政府及各厅局等部门有着天然的联系，更能直接参与并为地方经济建设与社会发展服务。如武汉市在“十五”期间加快建设光电子、钢铁及新材料、汽车及装备制造、生物医药、环保等“五大产业基地”和纺织、食品、造纸及包装印刷等“三大优势行业”，成为我国重要的现代制造业基地，迫切需要各类各层次专门人才作智力支持。尽管武汉地区重点高校林立，但它们主要为全国、全省的科研院所和大型厂矿企业培养人才，不能完全满足武汉市尤其是基层单位、中小企业对人才的需求。其热门专业人才更是“进不来”、“留不住”，而地方高校在这方面具有不可替代的作用。其次，随着我国高等教育的快速发展和物质文化生活水平的不断提高，广大人民群众和用人单位对高等教育的需求层次越来越高，不断满足这种需求，既是社会进步的要求，也是维护社会政治稳定的现实需要。再次，根据我国生产力发展不平衡的现状，地方高校能推进与之相应层次生产力的发展，使潜在的生产力转化为现实生产力，从而直接推动地方经济发展和社会进步。

地方高校多处于经济发达地区，作为高等教育办学多样化的主体，它的发展势头令人欣喜。然而由于地方高校办学在本质上还是政府办学，仍具有国家办学的色彩，除了投资渠道从国家转为地方，投资主体发生了变化之外，其他运作机制仍然体现着国家办学的基本特征。另一方面，我国高等学校特别是地方高校长期以来几乎是在相对封闭的环境中办学，不少高校的专业设置和课程建设还在沿用苏联五六十年代的模式，学制单一，教学内容陈旧，教学方式呆板，办学资金短缺。加上近几年高校扩招的影响，地方高校在办学水平、科学研究、学科建设等方面还存在一些薄弱环节，特别是面对全面建设小康社会的历史性任务，在高等教育已由精英教育向大众教育转变的新形势下，地方高校“不仅在人才培养的总量上无法满足社会发展的需求，而且人才培养的层次性结构的矛盾愈来愈明显凸现出来；本科教育质量也有待提高；科研课题，特别是有重要价值和重大影响的课题较少等，需要从根本上扭转这一状况”①。

纵观高等教育社会职能的形成发展，从中世纪大学到近现代大学，高等教育经历了漫长的历程，培养专门人才一直是它主要的社会职能。19 世纪初，德国的洪堡提出了“通过研究进行教学”和“教学与研究统一”的办学思想，并在他创办的柏林大学强调师生都要从事科学研究而大获成功，从此，科学研究就成了高等学校的第二种社会职能。社会服务是 19 世纪后期形成、20 世纪中期才盛行的高校职能，为实现高校的社会服务职能，美国威斯康星大学建立了推广教学中心，形成了“直接有利于促进农业，使工业效率更高，有利于州政府”的办学思想，即著名的“威斯康星思想”，从此开创了具有三项职能的现代大学新模式。② 在 20 世纪末 21 世纪初，文化的积累与传承、国际化——吸收国际先进的科技教育成果，加强国际学术交流，促进教育资源共享，均被认为是高等学校的职能。但对于地方高校来说，最主要的还是人才培养、科学研究、社会服务、传承文明这些职能，它们相互依存，相互渗透，促进了地方高等学校的快速发展。

二

全面建设小康社会的伟大事业、知识经济的全新时代，使工业经济时代赋予高等学校的职能发生了深刻的变革。在这样的背景下，地方高等学校要有所作为并不断发展，应切实担负起人才培养、学术研究、服务社会以及文化的积累与传承等四方面的历史使命。“社会经济发展既依靠大学，同时又推动了大学的发展。大学

---

① 李进才．实施跨越式发展战略 创建地方一流综合性大学［J］．中国大学教学，2001（3）．

② 潘懋元．新编高等教育［M］．北京：北京师范大学出版社，1996：28．

必须参与社会经济的发展，并成为社会经济发展的中心。"①

（一）造就高素质的创新人才

大学是为了实现高等教育自身而存在的，高等教育的自身就是培育合格的高质量高级专门人才。1998 年 10 月，联合国教科文组织首届世界高等教育大会制定的《21 世纪的高等教育：展望和行动》指出，高等教育要培养高素质的毕业生和负责任的公民。

第一，要转变观念，树立适应全面建设小康社会的新的教育思想和人才观、质量观、教育观。地方高校要树立多元化的人才观，在人才培养的规格上，着重培养两种类型的人才：一是创造型人才，主要从事科学研究和技术创新工作；二是创业型人才，即不仅是合格的就业者，更要成为成功的创业者。在质量观上要"考虑多样性和避免用统一的尺度来衡量高等教育质量"。必须将传统的单一的精英型、学术型的高等教育质量观，转变为包括精英教育在内的高等教育质量观。② 同时，要变继承性教育观为创新性教育观，变以发展智力为中心的教育观为智力与非智力协调发展的教育观，实现由专才教育向通才教育转变，由传授知识向注重能力培养、强调创新意识方向转变。

第二，创新办学体制，进行多种办学形式的试验和探索。如引入市场化、股份化、合作化等机制，与企业、科研院所联合办学，吸引社会各界投资或募捐办学等，积极稳妥地推进高等学校投资主体的多元化进程，改变高等学校"国有政办"、学校过于依赖政府投入的单一的教育体制和教育模式。如江汉大学与证券日报社合办的融智工商学院，招生异常火爆。通过实行投资主体多元化改革，加快地方高校的发展，使之成为地方高校的办学优势。

第三，适应加快经济结构的战略性调整和大力推进新型工业化

---

① 潘懋元. 21 世纪中国高等教育面临的新形势和新问题［J］. 临沂大学学报，2001（3）.

② 潘懋元. 新世纪高等教育思想的转变［J］. 中国高等教育，2001（Z1）.

进程的要求，加大学科专业建设力度，优化学科专业结构，创新人才培养模式。我国高等学校有研究型、教学主导型、技术培养型之分，地方高校多属教学主导型。地方高校不能盲目追求研究型大学的人才培养模式，而应科学定位，统筹规划，因势利导，培育特色。江汉大学以培养应用型人才为目标，积极探索出的“3+1”、“2+2”产学研结合模式，“2+2”五型合一模式，宽口径人才培养模式都是较为成功的例证，这些成功的经验必须在新的历史条件下进一步完善，从而走出一条适合自己的人才培养模式。

第四，根据社会发展的实际需要，调整地方高校的课程体系。为适应经济全球化，地方高校应加强双语教学，开设外语强化班，培养具有国际合作能力与竞争意识的高级专门人才。以培养学生创新能力为目的，开设自主（助）式的活动课程和研究性课程，增开开放性创新实验，在各门课程中注重学生创新精神和创造能力的培养。

第五，要加大“创业教育”的力度，转变大学生择业观念。2003 年我国已进入大学扩招后的首届毕业生就业高峰，并且这种就业的压力与日俱增。地方高校在进行专业教学的同时，要加强学生创业精神、创业能力的教育，使地方高校既是造就大批高水平专家和工程师的摇篮，也是不断地成长出具有雄才伟略的企业家的苗圃。

（二）进行高水平科学研究

美国教育家赫钦斯说过：“大学所能做的最大的服务，国家所仰赖于大学的最重要的服务，社会服务所不能做只有大学才能胜任的任务，是学术领域的领袖。”① 全面建设小康社会，要求地方高校面对当前国际经济、科技的激烈竞争，通过大力加强科学研究，更好地服务于地方经济建设的中心工作，迅速解放和发展生产力，显著增强为经济增长服务的能力，推进高新技术的产业化，创办和

① 外国教育丛书编写组．高等教育的发展与改革［M］．北京：人民教育出版社，1983.

衍生高新技术中小企业，全方位为社会服务，成为科教兴国的强大生力军。但就目前实际状况看，地方高校由于多属教学主导型院校，存在教师科研意识不强、立项选题创意不新、科研成果的成熟性和应用性不够、科研立项渠道不畅等问题，尤为重要的是缺乏高层次的优秀学科带头人。要进行高水平的学术研究，亟待加强以下几个方面的工作：

第一，必须从实施“科教兴国”的战略高度，切实增强学校及广大教师、科技工作者参与技术创新、促进科技成果转化的历史责任感、使命感和紧迫感。

第二，要坚持以创新为灵魂，制定有利于创新的制度，促进科研工作出人才、出成果、出效益。地方高校对教师应提出明确的科研工作量要求，引导广大教师把科研工作的立足点放在全面建设小康社会的主战场，鼓励他们以争取横向课题为主攻方向。通过大兴科学研究，争取有更多更好的适应性强、较成熟的科研成果走向市场。帮助地方企业在专业化竞争上下工夫，将有优势的传统产业注入新的技术。如 2002 年，神龙公司一年的销售产值达到 50 亿元左右，而武汉市的配套产值只有 3 亿元左右，配套率不足 7%。地方高校要帮助企业在提高配套率上下工夫，使其成为地方经济新的增长点。

第三，有效的科技成果转化能使地方高校与更多的企业结缘，从而改变传统封闭式的办学模式，促进产学研结合，更直接地参与和服务于经济建设。地方高校要在大力开展技术创新、加强科技成果转化的过程中，努力使教育与地方科技、经济更加融合，实现教、科、经一体化。

第四，大力兴办高新技术科教园，为高新技术产业化提供一个良好的软硬件环境和发展空间。让技术发明人带着项目入园，创办高新技术企业或通过园内企业进行成果转化。还可以接收校外企业入园，以高校的人才智力为依托，实现技术创新。同时，要大力鼓励学院、系等基层教学单位和广大教师发挥专业优势，自办或合办小型科技企业，并与行业主管部门、科研院所、企业单位实施产学研合作，使地方高校的科技成果更直接地产生经济效益，增强学校的办学活力。

第五，由于全面建设小康社会对地方高校科研工作提出更高的要求，科研工作仅靠传统的“单打独斗”、“散兵游勇”的方式是难以奏效的。地方高校要大力加强人才建设，努力培养出大批适应全面建设小康社会要求的新型科技人才。同时要努力创造良好的环境和条件，使杰出的科技骨干通过教学科研的实践茁壮成长。地方高校要加强对教师科学研究的协调、组织与指导，集中优势，合作攻关，变个人学术专长为学校科研优势，力争在重大科研项目攻关、科技成果转化等方面有重大突破，提高为地方经济建设和社会发展的支持贡献率。

（三）服务社会

在全面建设小康社会的过程中，地方高校面临着我国加入WTO以后国外教育机构冲击的新形势，相对于国内重点大学，地方高校在人才、信息、教学科研设施和资金等方面的弱势将变得更加突出。要改变这种状况，最根本的出路是在服务社会上下工夫，以服务求支持，以贡献求发展。

第一，地方高校要充分利用与地方政府部门和企事业单位千丝万缕的联系，参与地方人才需求预测，在专业设置与调整、招生计划的制订、人才培养规格的确定和人才模式的设计等方面，更加切合地方实际需要。

第二，作为政府的智囊团和思想库，地方高校要认真研究加入WTO、世界多极化、经济全球化等重大国际问题对地方经济和社会发展带来的机遇和挑战，主动联系地方政府的相关局委，贴紧地方需要开展对口合作，为地方政府高层决策提出可行的应对策略和建议。

第三，地方高校要加强与企业、乡镇的科技合作，帮助企业工程技术人员和管理人员提高开发能力、研究能力、创新能力和管理水平；组织师生开展多种形式的科技下乡、科技扶贫活动，以实现生产力的跨越式发展。

（四）传承文明

中华民族在五千年历史中创造了灿烂的文化，怎样发掘和继承我们民族以及整个人类历史文化中的精华，使之服务于今天的人类、服务于未来文明的创造，提高全民族的科学文化素质，是包括地方高校在内的所有高等学校的重要责任。江泽民同志在纪念北京师范大学建校一百周年大会上的讲话中明确要求我国的高等教育要“在继承中华民族优秀教育传统的基础上，积极吸收人类文明的一切优秀成果，提高我国教育的国际竞争力”。

高等学校在文化的积累与传承方面有两个重要任务：一是在理解前现代文明的基础上，把人类各地域、各族群包括本民族的语言、文学、伦理、道德、艺术、哲学、经济、政治、科学、技术等文化资源，通过重新翻译、理解、诠释、交流、沟通、融合，批判性地继承与创造性地转化，代代相传；二是培养具有自由人格，有理想、有教养，具有自我完善、自我批判和社会批判能力，自尊且尊重别人，敬业乐群又尊重自然的人，即“健全的国民”。① 文化的积累与传承包括社会主义的思想道德建设与精神文明建设，培育和弘扬民族精神，使广大人民在全面建设小康社会的征途上始终保持奋发有为、昂扬向上的精神状态。新时期思想道德建设需要地方高校通过提供高质量的教育，大力弘扬先进文化，使之与社会主义的内涵相适应，与社会与学生的实际需要相结合；需要地方高校为构建学习型社会开展多种形式的高等教育，不断满足社会全体成员接受终身教育的需求，全面提高国民的科学文化素质。因此，地方高校要努力传承、创造先进文化，推进社会主义的思想道德建设与精神文明建设，为民族复兴提供不竭动力。

与之相适应，随着高等教育由社会的边缘走向社会的中心，“大学现在不仅是教育的中心而且还是生活的中心，它仅次于政府成为社会的主要服务者和社会变革的主要工具……它是新思想的源

① 郭齐勇．大学的教育理念与目标［J］．中国大学教学，2002（10）．

泉、倡导者、推广者和交流中心。”① 因此，地方高校的实验室、图书馆、学术报告厅和体育设施等，除优先满足本校教学科研需要外，应尽可能地向社会开放，这样不仅能使学校资源得到充分利用，而且可使地方高校真正成为辐射本地区的人才、信息源和文化体育中心。

① 约翰.S. 布·贝克. 高等教育哲学［M］. 邓继伟，译. 杭州：浙江教育出版社，1987：58.

构建和谐社会中心城市高校发展对策的思考*

社会和谐是千百年来人们所向往的一种理想社会状态。构建和谐社会既是全面建设小康社会的重要内容之一，又是保障全面小康的重要手段；既是一个历史进程，也是一个庞大的系统工程，它涉及社会生活的方方面面，而教育的优先发展在构建和谐社会中起着基础性、先导性的推动作用。中心城市高校在构建和谐社会中责任重大，如何促进中心城市和谐社会的构建，并实现自身更好更快的发展，成为中心城市高校当前必须认真思考和解决的重大理论和实践课题。

一、中心城市高校在构建社会主义和谐社会中责任重大

城市是现代文明的标志，中心城市通常是一个国家或区域经济、政治、科技、文化、教育的中心。中心城市高校是指我国中心、特大中心城市所属或省市共建、以市为主的普通本科院校。由于人口和社会经济资源向城市集中，未来经济社会发展将在更大程度上依赖于城市特别是中心城市的发展。城市既是现代社会经济发展的策源地，同时也是包容科技进步、社会发展、经济腾飞的空间载体。在经济全球化和科学技术迅猛发展的形势下，中心城市高校在推动中心城市全面小康的建设、构建社会主义和谐社会中发挥着更加重要的作用。

---

* 原载《辽宁教育研究》2006 年第 6 期。

（一）提升城市竞争力的加速器

构建社会主义和谐社会，关键在于加快经济发展。近20年来，国民经济持续快速发展，同时伴随着中国新型工业化道路的进程，中国的城镇化进程也有一个迅速发展的过程。研究表明，中国经济增长模式正经历重大转变，即由同时依赖劳动力数量和质量型转向主要依靠劳动力质量型。① 经济的发展需要人才的支撑，也意味着对高等教育的需求加大。

众所周知，高等教育是分层次的。现代教育是现代生产的产物，教育与生产劳动相结合是现代教育的普遍规律。教育同生产劳动相结合就是整个教育事业必须同国民经济社会发展的要求相适应，对于中心城市高校而言，就必须与中心城市和区域经济社会发展的要求相适应。中心城市高校与中心城市经济社会发展之间存在千丝万缕的联系，为其互动发展提供了客观依据。首先，中心城市高校的建立发展与中心城市的经济社会发展密切相关，它是依托中心城市不断发展壮大的。其次，中心城市高校与中心城市各自所具有的不同优势，为双方的互动发展提供了现实可能性。中心城市高校人才培养具有较强的地域性，一些中心城市高校的生源80%来自中心城市，毕业生中又有70%留在本市。充分发挥中心城市高校人才培养、科技开发的优势，培养大批知识化的劳动者，实质是培育经济增长点，能有力地推动中心城市经济的加速发展。中心城市高校开展学科建设与地方经济建设和社会发展的对应连接，已有许多成功的范例，为中心城市竞争力的提升提供了一条健康发展的道路。

（二）高等教育大众化的助推器

社会和谐是社会文明程度的集中体现。长期以来，我国包括中心城市在内的广大地区普遍存在着社会经济和人民群众对高等教育

---

① 靳宝栓．高等教育大众化：规模与质量应协调发展［N］．光明日报，2004-12-08.

不断增长的需求与高等教育资源不足、教育能力不强的矛盾。一方面，中心城市经济社会发展迫切需要中心城市高校的人力和智力支持，人民群众热切盼望中心城市高校为其子女提供更多更好的接受优质高等教育的机会；另一方面，中心城市拿不出足够的经费支持中心城市高校，处在这些中心城市的高校责无旁贷地担负起解决这一矛盾的历史使命。①

以工业化、城镇化、市场化为基本特征的现代化，是现代社会文明发展的基本趋向，也是社会主义和谐社会建设的内在要求，而工业化、城镇化、市场化又无一不对提高市民素质提出了要求。中心城市高校通过不断整合教育资源，办学规模迅速扩大，综合实力明显增强，学科水平显著提升，办学层次得到提高，成为我国高等教育大众化的主力军。近几年在重点高校规模增长潜力挖尽的情况下，我国高等教育大众化的任务主要是由以中心城市高校为主的地方高校完成的。中心城市高校作为地方高校的重要组成部分，在增加高等教育机会、满足社会多样化教育需求方面发挥了重要的作用。

（三）社会和谐发展的调节器

我国目前正处在现代化发展的重要战略机遇期，同时又正处在社会矛盾的凸显期和社会风险的多发期。在各种社会矛盾和人际纠纷的背后，存在着不同社会主体之间的利益冲突，其核心是社会不同阶层收入巨大差距所致。2004 年虽然我国农民收入增速达近几年的最高点，但城乡居民收入差距的扩大势头却没有得到有效遏制，我国的收入分配差距继续拉大，已进入值得警惕“黄灯”区。② 中国社会科学院发布《2005 年社会蓝皮书》将“扩大社会中间层，减少低收入和贫困群体”作为构建和谐社会首选目标。

---

① 谢维和．区域高等教育发展的理论支撑——评《区域大学的使命》的区域高校发展观［J］．临沂师范学院学报，2004（4）．

② 曹滢．我国居民收入分配差距拉大 已进入“黄灯”区［N］．经济参考日报，2005-08-19．

只有公平分配利益，有效化解社会矛盾，最大限度地满足公众的愿望与要求，才能使社会达到协调平衡、健康向上、充满活力、良性互动的和谐状态。

社会主义和谐社会是安定有序的社会。稳定是和谐的前提，安居乐业是构建和谐社会的第一要件。实现社会成员充分就业，减少低收入，平衡社会结构，唯有坚信“教育是改变国运、改变家运和改变个人命运的根本之道，也是实现社会公平和谐的根本之道”①。改革开放的20多年来，我国中心城市高校发挥“新办”优势，坚持为地方、为基层培养“下得去、用得上、留得住、干得好”的应用型人才，开辟了人才通往乡企、社区和农村之路，也开辟了精神文明传播、促进社会和谐的发展之路。随着我国城镇化的推进，化解现实中的各种矛盾和冲突，客观上要求大力发展中心城市高校，通过其立足地方，面向基层，服务中心城市，更好地担负起调节社会不同阶层利益、保证社会公平进而促进社会和谐的重任。中心城市和区域经济社会的和谐发展越来越彰显出中心城市高校的重要作用。

二、实现学校教育与中心城市经济社会的和谐联动发展成为构建和谐社会中心城市高校的战略选择

中心城市能否快速而健康地发展，从根本上说，取决于它有没有良好的社会运行机制。中心城市应充分发挥中心城市高校这一重要的智力资源，使其服务社会，履行使命，实现自我价值，并赢得办学资源，开拓办学空间，增强办学能力，激发创造活力，从而在更大层面上为推动中心城市发展提供和传输社会运动、发展、变化的能量，实现中心城市和中心城市高校的双赢。

---

① 周飞．优先发展教育实现教育公平［N］．中国教育报，2005-03-14．

（一）着眼于中心城市以实现新型工业化目标、加快先进制造业基地建设，促进中心城市高校各学科的交叉与融合和新兴学科成长

快速扩大经济总量就必须加快工业的发展。研究表明，人类生存所依赖的财富80%来自于制造业。美国制造业对GDP的直接贡献率始终大于20%。当前，就我国一些中心城市和地区的情况看，工业产品带有明显的初级化、低级化特征，传统产品居多，高科技含量、高质量水平的很少。以湖北省为例，2004年新产品销售收入占全部产品销售收入的比重仅为11.94%，高新技术产品出口额占工业制成品出口额的比重仅为9.15%；工业装备水平和计量检测水平整体偏低，生产技术粗放，大中型企业技术开发费仅占销售收入的1.7%。① 要改变这种状况，中心城市高校必须顺应国际制造业中心向中国转移、沿海制造业向中西部转移的大趋势，更深层次、更有效地推进教育与科技、经济的紧密结合。要以学科群组建新型的学院，深入研究中心城市未来重点发展产业所需人才结构，根据中心城市产业结构调整和满足重点、优势产业发展的需要，寻找与学校教育的结合点、服务面、联系线，加大对传统专业的改造力度，大力发展新兴学科、交叉学科和应用学科。通过学科专业结构的调整，使中心城市高校的学科结构更加合理，办学内涵得到提升。

（二）着眼于中心城市成为区域优势产业集群的重要支撑点，加快产业结构优化升级，促进中心城市高校与地方产学研深度合作

当今社会产业集群已经成为一个城市、一个地区经济发展的命脉。没有产业集群的支撑，经济发展就会缺乏活力和后劲。以武汉市为例，在经济方面近年来推进九条产业链、三大产业集聚

① 湖北省人民政府研究室．“湖北制造”的竞争力分析［N］．湖北日报，2004-03-26.

带的建设。加强与周边城市的联合协作，共同打造光电子信息产业链、生物工程及新医药产业链、钢材制造及其深加工产业链、汽车及零部件制造产业链、纺织服装产业链、化工产业链、农产品加工产业链、物流产业链和旅游产业链。以东湖新技术开发区为核心区，大力推进以光电子信息、新材料、生物工程及新医药、环保等为重点的产业集聚带的发展；以武汉经济技术开发区为核心区，大力推进以汽车制造、IT设备、精细化工、轻工食品、出口加工等为重点的产业集聚带的发展；以吴家山海峡两岸科技产业园为核心区，大力推进以汽车零部件、食品工业、农产品加工、盐磷化工等为重点的产业集聚带的发展。① 产业集群的发展，使一个企业或单位自我封闭式地进行产品开发和技术创新已经难以适应竞争的形势，企业、单位之间的合作创新显得越来越重要，也使得中心城市现实的科学研究越来越呈现出综合化趋势，必须依靠多学科的资源调配。中心城市高校要思考和解决科研工作如何打破研究课题与科技成果产业化之间的壁垒，借鉴发达国家许多不同企业通过成立“战略联盟”共同开发一种或几种产品，并迅速地把共同开发的产品推向市场，各个加盟企业分担所有的开发成本，共同享有开发研制的高新技术的经验②，通过确定各学科建设、科学研究的共建单位和组建联合体，努力构建合作的高层平台，共同探索校区、校企、校校等合作模式，促进双方深层次、宽领域的合作。企业和中心城市高校还可以互相开放各自的实验室、仪器设备，各种人力、物力通过双方的调整发挥更大作用。中心城市高校经过与市场碰撞和企业交流，使学科建设、科学研究、人才培养更具针对性，产学研的结合将更加紧密，进而提升办学水平，实现互利双赢。

---

① 充分发挥中心城市辐射功能［EB/OL］. http：//www.cnhubei.com/200407/ca514987.htm，2004-07-19.

② 辜胜阻，李永周，黄永明等．新经济的制度创新与技术创新［M］.武汉：武汉出版社，2001：15～16.

（三）着眼于以中心城市为核心大物流体系的构建，大力发展现代服务业，促进中心城市高校新型复合人才的培养

现代制造业群带来巨大的物流需求，国际上普遍把物流称为降低成本的最后边界或“第三利润源泉”。当今时代，企业物流已呈现网络化、专业化和标准化的特征，成为新的经济增长点。目前我国中心城市人均 GDP 大多在 3000 美元以上，作为“中国经济引擎”的长三角地区 2004 年人均 GDP 为 4247 美元，已经超过了 3000 美元的底线。从世界发达国家的经济发展经验看，当一个国家人均 GDP 处于 3000 美元至 10000 美元之间，正是国民经济具备了相当实力，进入活跃、加速发展的重要阶段，社会经济形态会发生极大的变化，如上海市已成为以金融、保险、贸易等服务业和 IT 产业为主的经济社会，同时还面临着用高科技带动第三产业的快速发展，壮大金融、保险、信息服务、交通物流等现代服务业的现实需要。中心城市高校培养的人才是介于学科型、技能技艺型之间的第三种人才，中心城市经济社会发展客观上要求中心城市高校思考和解决如何抓好课程改革，将教学计划中的每一门课协同起来，形成体系，适应地方需要，体现办学特色。同时也要思考和解决如何在有限的时间内将最新的知识、技术教给学生，使学生在实践环境中加深对理论的理解，在专业学习过程中了解实际的工程环境，提高专业能力，通过各种途径使学生掌握随时随地再学习再创造的能力，成长为了解社会、熟悉企业、上岗即用的人才。

（四）着眼于中心城市文化事业、文化产业的做大做强，经济社会全面进步，促进中心城市高校校园文化和精神文明建设

文化是一个国家和民族在发展过程中沉淀、积累下来的精神财富，是社会发展的不竭动力。没有文化竞争力作为底蕴，城市的经济、社会生活等方面的发展必不能持久。城市文化内化为城

市精神，物化为城市的独具特色的文化。大学文化可以提升一个城市的品位和文化内涵，中心城市高校是城市的重要组成部分，为城市形象建设和凝聚城市精神发挥重要作用。中心城市高校通过高素质的人才、先进的理念影响升华城市形象，中心城市高校开展一些本城市相关的地理、历史、风土、人情问题的研究，诸如对武汉商贸文化、洋务文化、首义文化、城市史的研究，能以其先进文化、特有的智慧凝聚城市精神，彰显人文，构建和谐，努力营造文明健康、温馨和谐、诚信友善的人文环境。中心城市高校充分发挥文化对人的引导、教育功能，在提升城市品位和文化内涵的同时，必将促进自身的校园文化和精神文明建设，从而为营造健康、和谐、文明进步的校园氛围，培养具有创新精神和实践能力的高素质人才，为中心城市经济社会发展提供思想保证、精神动力和智力支持。

三、构建和谐社会中心城市高校要解决好自身和谐发展的主要问题

中心城市高校在构建和谐社会的过程中，不仅面临与外部经济社会和谐发展的问题，其自身也面临着和谐发展问题。比如：从民众到高教专家学者都十分忧虑的毕业生就业难问题；在办学中既苦于教育经费严重短缺又存在着使用效率不高、管理粗放经营、浪费严重的问题；单纯追求规模扩张导致粗放型教学，教育质量下降的问题；脱离本校的实际，追求高大全，与重点大学攀比，盲目升格，好高骛远……这些矛盾和问题，有些是高等教育发展阶段难以避免的，更多则是由于发展观的偏差所导致和加剧的。社会的和谐是以个人和各种组织的和谐为基础的，中心城市高校作为一个社会的特殊群体，它的和谐不和谐，影响力高于社会其他很多的社会组织。构建和谐社会首要的是以科学发展观为指导，推进中心城市高校自身全面、协调、可持续发展。

(一) 落实学校科学定位

1. 区域定位

中心城市高校要时刻牢记自己是地方政府办的大学，如果不能高质量地为地方经济和社会发展服务，学校不仅会失去地方政府的支持，也会失去社会及一大批优秀的生源。要凸显并发挥好地域性的特点，坚持把为中心城市服务作为学校生存和发展之路，人才培养上首先要满足所在中心城市的需要，科学研究首先要适合所在中心城市的企业和社区的需要，围绕中心城市经济社会发展服务，要与中心城市各个部门建立密切的联系。在服务地方经济社会发展方面，既要有新的战略规划，更要有得力的应对措施。除了为中心城市培养输送人才，还有义务加大高校知识贡献的力度，把研究成果转化为现实生产力，实现产业化，哺育新的知识型企业①，形成中心城市经济新的增长点。

2. 学科定位

中心城市高校所在城市大都重点高校林立，要在夹缝中求生存，进而为其作贡献，中心城市高校学科建设一定要“顶天立地”。所谓“顶天”，即当今社会最需要的东西，中心城市必须要有；所谓“立地”，即基础一定要扎实。要遵循合理分工、错位发展的思路，坚持有所为、有所不为的原则，寻找自己的比较优势和特色学科，通过学科结构调整，尽可能与中心城市支柱产业对应连接。如江汉大学目前学校学科面广，应用性较强，专业设置覆盖了武汉市的车、机、通信、商贸、旅游等主要支柱产业。本着为区域经济服务的出发点，近几年来学校主动适应武汉市经济结构调整、战略发展重点和加速新型工业化对人才培养的需求，调整专业方向和人才培养目标。各个专业从培养目标，到招生、到培养过程、到

---

① 杨福家. 高校科研应与企业互动 [J]. 中国高校科技与产业化，2004 (8).

毕业生流向，都突出了武汉市的地方特色，即在专业定位上强调适应武汉经济建设和社会发展的需要，要拓宽学科口径，不办过窄的专业性学科，并且要找到正确、合理的学科方向和侧重点，以扬长避短，办出特色。鼓励教师出高水平的学术成果，同时更鼓励教师把论文写在产品上，把研究成果直接转化为现实生产力。

（二）统筹协调三个关系

1. 统筹规模、结构、质量、效益协调发展

一所高校的科学发展，必须是规模、结构、质量和效益辩证统一的发展。而要保持其良好的办学效益，必须首先协调好规模和质量的关系，在确保质量的前提下，保持规模增长的适度。中心城市高校要特别重视新形势下所需人才结构及成长规律的探索和研究，以应用理论研究为基础，以中心城市所需人才特征为导向，精心设计课程内容，优化人才培养模式，如设置有一定开放度的教学内容，根据中心城市经济社会的发展设置既包括系统和成熟的知识，也可适当引进一些正处于研究探索阶段尚无定论的内容，及反映各个专业及其相关领域新知识的课程。构建与学校学科定位相适应的新型实习教学体系，将社会实践纳入人才培养计划的系统，使大学生社会实践活动效果在有效整合的基础上得到进一步提高。

2. 统筹办学层次和教学、科研协调发展

在办学层次上坚持以本科教育为主，积极发展研究生教育，适当发展高职高专教育。到2020年，本科生仍是中心城市人力市场需求的主体，而且高质量的本科生教育是办好各类大学包括研究型大学的基础和关键。同时要通过改革，不仅促使高等教育由单纯的课堂教学向课堂教学和实践相结合转变，培养学生分析问题和解决问题的能力，更要在教学活动中逐渐增加更多的科技活动来培养人才，使中心城市高校培养的大批人才毕业后甚至于在校期间能够直接进行创新活动，为地方经济社会发展作出更大的贡献。

3. 统筹规模增长与毕业生就业相协调

积极调整并探索出中心城市高校毕业生就业与经济协调的战略思路，由于中心城市各个产业内部、生产单位的技术水平提高是一个逐步发展的过程，都有一定的要求和约束条件，因此中心城市高校应根据中心城市产业结构变动规律，积极利用劳动力资源的比较优势，努力开发一些市场前景好的劳动密集型项目，从而创造更多的就业机会。要与用人单位建立长期合作关系，请用人单位到学校介绍用人需求，还可聘请企业参与学校调整课程设置、专业设置等人才培养过程，给学生提供充分的创业机会等，结合学分制改革，以更加灵活的教学组织模式，更好地促进人才结构的优化和学生个性的全面发展。

第三部分

城市综合大学向应用型大学转型与实现路径

地方本科院校向应用型大学转型的难点探析与路径选择*

2002年，我国高等教育经过高校连续多年扩招，以毛入学率达到15%为标志，进入国际公认的高等教育大众化发展阶段。近几年，地方本科高校在发展过程中出现了一些新情况、新问题，如何引导这类大学面对高等教育大提高的新形势，进一步明确在高等教育体系中的办学定位，不断推进应用型大学建设，成为当前亟待解决的问题。

一、问题提出

应用型大学是伴随着我国高等教育大众化而兴起和发展的新型大学。地方本科院校实施向应用型大学转型的紧迫性主要源于：

（一）地方本科院校发展面临前所未有的问题

我国现有600余所地方本科院校，是我国高等教育的主体，占的分量最重。近几年的突出问题是高校办学与地方经济社会发展出现“错位”，反映在人才培养质量方面，院系与学科设置同地方经济发展脱钩，课程内容离实际太远，很多学生毕业求职不成功，有的甚至毕业就业后重返高职高专学习，而用人单位却苦于寻找合适的人才。由于我国人口总数多，大学生的数量并未过量。表现在科研与服务地方方面，高校与地方经济社会相互间的支撑力度不够，互动机制不畅，高校办学难以融入地方经济社会。由此带来地方高

---

* 原载《理论月刊》2008年第10期。

校造血功能弱，对地方依存度大，缺乏可持续发展能力。

（二）应用型大学尚有很大发展空间

按照联合国教科文组织《国际教育标准分类法》（1997 年修订稿），将幼儿教育至博士研究生教育按 0 至 6 顺序排列。中学后教育相当于高等教育，主要部分是 5，包括大专、本科、硕士。5 又分为 A、B，5A 是理论型，5B 是实用性、技能型，适用于具体职业。5A 相当于我们的大学本科教育，它包含地方本科院校；5B 相当于我们高职高专教育。5A 又可分为 5A1 与 5A2，5A1 是按学科分类，一般是为研究做准备的，5A2 主要按行业分类，一般是从事高科技要求的专业教育。① 国外发达国家如美国，实施应用教育的本科院校和就读的学生占到 90% 以上，我国现有地方本科院校中真正实施应用教育的为数不多，按照高等教育分层错位发展要求，我国现有的 600 多所普通本科院校中，除少量以培养创新型、研究型人才为主以外，大多数应该培养应用型人才。

（三）地方经济社会发展客观上要求加快应用型大学建设

现代产业结构决定城市人才的层次规格和种类，以武汉市为例，2008—2012 年工业产业将在结构优化、布局合理、区域协调的基础上，形成以大型企业和优势产品为龙头，中小企业和配套产品为基础，产业链完整，企业集群发展的新格局，大量需要的是应用型的人才。教育的发展必须与社会政治、经济、文化相适应，作为地方举办的本科高校，应当首先面向地方培养应用型专门人才。应用型教育是一个比较宽泛的概念，这一类型的教育不是以认识世界为主要目的，而是以改造世界为主要目的。② 地方本科院校向应

---

① 潘懋元．新建本科院校的办学定位与特色发展［J］．荆门职业技术学院学报，2007（7）．

② 潘懋元．新建本科院校的办学定位与特色发展［J］．荆门职业技术学院学报，2007（7）．

用型大学转型，通过教育理念、范畴层次、院系设置、教师队伍、专业类型、培养模式和课程模式的创新，协调大学与新兴产业和行业的关系，确立大学在地方经济社会发展中的定位和地位，寻求内涵上的突破和提升，可以有效地协调教育与经济社会发展的关系。因而，建设应用型大学，培养应用型人才，不仅是高等教育由精英教育向大众化教育转变的需要，更是地方本科高校应对地方社会经济发展的客观需要。

当前，地方本科院校在建设创新型国家中肩负着繁重的任务，为当地经济建设服务方面还有很大的发展潜力。据调查，有 50% 的高教专家包括地方本科高校领导认为，地方本科院校“目前在为当地经济建设方面所起的作用应该很大，但尚未完全发挥”，绝大多数本科院校面临着如何实现这种转型的问题，即由过去精英教育时期培养学术型本科人才进而转向培养应用型本科人才。否则，地方经济建设和社会发展将在很大程度上受到影响，我国整个高等教育质量的大提高就没有保障。

二、难点探究

普通教学型本科院校通过向应用型大学转型，有利于这类高校走出传统的“精英教育”办学理念、“研究型”办学模式和“学术性”人才培养模式，更好地培养面向地方、服务基层的应用型人才。现实中相当多的地方本科院校还不能顺利实施这种转型。从主客观因素分析，其难点主要有以下方面：

（一）办学基础薄弱

与国家直属院校相比，地方本科高校在自身发展和实现大学功能方面受到一些限制。如本身资源不足，教育投入存在局限性，科研经费偏少等，部分高校设置专业时应市场的时髦，做了一些专业设置的调整，新开了一些所谓的热门专业，但这些专业往往是在师资条件不具备、学科建设不完整、课程体系不健全的情况下匆忙上马的。

（二）办学定位不准

地方本科高校的形成与发展多与高校扩招相伴随，大量的专科学校升格为本科以后，都想摆脱原来专科的特点，认为升本后就要努力成为综合型、研究型大学，进而想通过评估、评审逐步拿下硕士点、博士点，走以北大、清华为首的研究型、学术型道路。也有的是有着几十年办学历史又经过合并组建的高校，这类大学是在精英教育基础上建立和发展起来的，其管理干部和教师很多本身就是精英教育的“产品”，加之这批学校建校或合并组建之初，经过某所或多所重点大学对口援建，不可避免地带有精英教育、重点大学学术型人才培养的烙印和痕迹，重理论轻应用，缺乏对地方人才市场了解，设置专业、上硕士点带有一定的盲目性。

（三）人才培养模式单一

地方本科高校实施人才培养模式改革多年，其拓展主要是“工学交替”形式，模式相对较为单一。“十一五”期间我国专业人才缺口在高新技术、信息技术、机电一体化、农业科技、环保技术、物流、金融服务、律师、体育事业管理、生物工程研发等方面，从规格和类型上看，用人单位急需一专多能、有很强适应性的复合型、应用型人才。由于定位不准，人才培养模式单一，实习、实训、实践性教育体制机制介入、产学研合作等存在诸多问题，毕业生缺乏工作岗位所需要的职业技能，成为应用型人才培养的“瓶颈”制约。

（四）教师素质和能力提高问题突出

且不说重点大学往往在地方大学“抢人才”、“挖教师”，由于办学条件所限，学校无法吸引高素质师资，现有师资职前、职后培训受到影响。在高生师比情况下，有的新教师昨天还是学生，今天就和老教师一样承担繁重的教学任务，缺少必要的岗前、在职培训。另外，我国大学教师评价制度过多地注重科研考核及教师的学位层次，发展性指标缺失，弱化了大学教师的发展后劲。生师比急剧增加，教师忙于教学，无暇科研，又使在岗培训缺失，教师素质和能力问题已成为高等教育质量大提高的突出障碍。

（五）教材建设问题日益凸显

现在学校的培养目标变了，是培养应用型本科人才，但大部分地方本科高校在教材建设上并没有质的改变，仍在沿用学术型课本，顶多在原来课本上稍作修改。老师在教学中经常抱怨学校在教材选订上有问题，指明相关内容与实际需求脱节，编排又不合理，对于学生接受新知识和老师传授新知识带来很大困难，成为教师课件更新缓慢、教学内容与课本不符的重要原因。因此，如果不注意教材改革更新，地方本科高校教学质量保证就无法实现。

从外部环境看，地方本科高校发展的外部环境亟待完善。如：我国大学的考核评价制度桎梏了地方高校向应用型大学发展；经费投入保障体制和考试招生录取制度的不完善、不正确的社会用人观等，也制约了地方高校向应用型大学发展。探究地方本科高校向应用型大学转型的思路与举措，不断彰显其办学特色，才能更为有效地促进地方经济社会可持续发展。

三、路径选择

（一）按照错位发展思路实施科学定位

地方本科高校在办学定位上与其他类型的学校有着本质不同，在高校分层分类发展形势下，地方本科高校必须与老牌本科高校及高等职业技术院校错位发展。从目标定位来看，应用型大学是以培养面向生产、管理、服务第一线工程技术及管理的应用型人才为主要培养目标；从学校类型定位来看，应用型大学多为教学型大学，它不以学术研究能力和学术型本科人才培养作为学校类型的主要衡量指标，其学科结构更多地体现适应当地经济社会发展和学生应用型能力培养的需要；从层次定位来看，应用型大学以本科为主体，适当承担应用型的研究生教育和少量的专科教育；从学科专业定位来看，应用型大学强调学科建设，重心放在学科建设对专业建设的支撑上；从服务面向定位来看，应用型大学以地方经济建设和社会发展为主要服务对象，培养地方所需的各种技术、管理等应用型人才。由于学科是专业建设的依托和基础，地方本科高校实现向应用型大学转型，关键的是调整学科专业结构，处理好学科与专业的关系，依托学科，面向应用，增强专业的适应能力，即在教学、科研、服务诸方面都以应用为导向，坚持为地方或区域社会经济发展服务，面向行业和人才市场需求设置并办好专业，防止因突出应用使专业设置缺乏学科支撑而发展后劲不足，也要与研究型大学重视学术性和基础性很强的学科教育有所区别。① 同时重视课程的实用性，增开综合课，把自然学科和人文学科、理工科和社会学科融合起来，根据新兴产业开设新的专业，通过科学定位努力办出自己的特色。

（二）改革人才培养模式

高等学校人才培养可分为三种类型：第一种是学科型的人才培养，这类人才的主要任务是研究探索新原理和客观规律，并将其转化为科学原理和学科体系。这类人才培养要求是具有深厚的基础理论和宽广的专业口径。第二种是技能技艺型人才培养，这类人才的主要任务是将设计方案与图纸转化为产品，把决策、设计、方案等变为现实。这类人才培养要求是基础理论以够用为度，实践动手能力则要求很强。第三种是介于两者之间的应用型人才培养，这类人才则主要从事将科学原理及学科体系知识转化为设计方案或设计图纸，“它主要以各行各业的专门知识为主，培养应用型高级专门人才，将高新科技转化为生产能力（包括管理能力、服务能力）”。

① 赵艳玲．应用型大学：普通教学型大学的发展方向［EB/OL］．http：//theory.people.com.cn/GB/49157/49166/3470925.html，2008-06-06.

地方本科院校培养应用型人才培养属此类，所培养人才既有较深厚的基础理论，较宽广的专业口径，又有较强的实践动手能力，它比以就业为目标的高职高专教育专业基础深、知识面宽。

目前地方本科高校人才培养模式拓展主要是诸如“3+1”、“2+2”等“工学交替”人才培养模式，其特点是学生以在校学习为主，教学实习为辅，高校是人才培养的主体，企业等是学生教学实习的主要基地。学校要吸收行业专家组成专业委员会，共同参与地方高校人才培养，使社会人才需求及时反馈到人才培养过程，进一步修订人才培养方案，把创业教育纳入其中，积极构建应用学科的课程体系和以培养应用型、创新型人才为目标的实践教学体系。要依据第二种人才培养的特殊要求，紧贴地方需要和学校实际，将以高校独立人才培养主体向以他方、多方参与为主，以企业为主体等多种模式转变，如针对地方需要应用型人才的实际，举办类似于“工程硕士”的本科教育，其人才培养过程更多地在企业进行，企业提供人才科研的设备、场所，共同成为人才培养的主体，学生毕业直接为企业所用。探索校企双方为共同主体的“合作办学”模式、以产学研联合体为主体的“工程研究中心”模式等，学生毕业论文选题由企业提出，加强基础理论教学与实践应用的相互融合，通过实践项目提高学生解决实际问题的能力，引导学生在“深入学习中国特色社会主义理论体系、提高综合素质、提高实践本领上狠下工夫”①。促进理论学习与工作实践相结合，提高人才培养质量，为区域经济社会发展提供合格人才。

（三）加强应用型师资队伍建设

教师的发展具有发动机功能的内生增长机制。由于应用型人才培养具有较强的职业性特征，它要求教师不仅要有较高的学术水准，具备扎实的理论素养和较高的教学水平，还要具备较强的专业实践能力和丰富的实际工作经验。因此，地方大学应建立系统的针

① 胡锦涛．在北京大学师生代表座谈会上的讲话（2008 年 5 月 3 日）[EB/OL]．http：//politics. people. com. cn/GB/7190532. html，2008-06-14.

对应用型大学不同教师群体的发展项目与评价机制，以建设应用型大学为目标，积极构建有利于引进和造就名师，有利于加快引进和培养硕士点建设学科、重点学科、优势学科、特色学科带头人的机制；加强学科带头人引进、选拔和培养，探索“学科带头人+创新团队”的组织模式，努力造就高水平学术团队；健全与应用型大学类型特征相匹配的大学教师评价制度，进一步建立完善兼职教授、客座教授、项目教授和访问学者制度，优化激励竞争机制，激发创造潜能，聘请校外具有丰富实践经验的人员为兼职教师，同时制定对“双师型”教师的激励措施，使“双师型”标准成为专业教师的努力方向之一，并不断加强教师的教育培训，增强其应用能力，在实践中促进“双师型”教师队伍的成长，内外结合，落实应用型人才培养目标。还要通过开展区域经济社会发展、产业结构调整、企业科研需求调研，找准切入点，努力推动学校科研与地方社会、企业需求之间的良性互动，采取激励措施，加大对新材料、新工艺、新设备、新产品的推广转化，努力把学校建设成为地方高层次应用型人才的培养基地、科技创新基地和人文社会科学研究基地，在实践中努力建设一支与应用型大学学科专业发展相适应，素质优良、结构合理、富有活力的教师队伍。

（四）健全应用型教材选用机制

应用型教材是根据应用型教育培养目标和地方需求，按照一定教育规律编写的体现教学内容和教学要求的知识载体，是培养应用型人才、开展教学活动的基本工具。因此，要完善应用型教材评价指标体系，改革地方本科高校现行教材选用模式，在教学上“打破一门课程使用一本教材的传统做法，倡导大学课程教学用书的多样化和精品化”①。

建立应用型教材选用机制要着重抓好以下环节：（1）要成立地方本科高校应用型教材建设指导委员会，加强地方本科高校高质

① 李进才．更新教材机制 推进教材建设［M］．北京：高等教育出版社，2003：152.

量、高水平系列教材建设规划，协调解决应用型教材建设中的突出问题，发挥市场导向作用，使教材更好地满足其应用型人才培养需要。(2) 在教材的编写上，教材内容、知识体系以及编写构架的选择，要充分依据地方经济社会发展对应用型人才素质的要求，充分吸收当今经济社会最新科技成果。当前要鼓励高等学校、科技领域教学科研人员在出科研成果的同时，积极参与相应专业教材的编写，同时邀请企事业单位科研生产一线具有丰富实践经验的专家、工程技术人员参与或独立为地方本科高校编写应用型教材，通过开展优秀企业家进校园、高校专任教师下基层，建立双方密切的专业联系，将企业创新理念、最新科技成果、优秀企业文化、先进管理方法直接引入课堂，新知识、新技术在更新教材内容中占有相当的比重，解决当前应用型教育教材短缺的问题。(3) 在课本的选定上，要充分听取任课教师、企事业单位科研生产一线专家、工程技术人员的意见和建议，尽量选择他们心仪或比较满意的课本，有助于教师提高教学质量水平，更有利于学生接受新知识，成长为创新型人才。

(五) 加大办学机制创新

办学机制创新是应用型大学建设的一项系统工程，就地方本科高校内部而言，要有重点地稳步实施以下改革：着眼于人才培养质量，以创新人才培养模式、优化专业结构和人才培养方案为重点，推行教育教学改革；着眼于服务地方经济和社会发展，以健全科研管理机制、提升科研规模水平和促进产学研结合为重点，大力推行科研体制机制改革；着眼于提升办学实力，以培植学术团队和特色优势学科，健全学科建设与管理机制为重点，实施学科建设改革；着眼于提高管理效益，以强化分配激励机制、优化岗位设置用人机制及高层次人才引进机制为重点，实施人事分配制度改革；着眼于优化资源配置，提高办学效益，以经费管理方式改革为重点，推进财务管理改革；着眼于转变经营管理模式，以提高服务质量、创建“两型校园”为重点，实施后勤改革。就学校外部而言，要坚持开放办学，一方面是按照应用型办学定位，适应地方的发展需要，采取多种形式沟通社会，大力加强应用性的产学研合作，利用学校和社会两种教育环境和教育资源，紧密依托行业、企事业单位，共同建立教学实习实训基地，建立产学研密切合作的运行机制，在互动中保持学校教育与经济建设的同步，通过课堂教学、实践教学和科学研究的有机结合，实现应用型人才教育的重要模式。选择与学校学科专业设置相适应、科研成果丰硕的科研院所，实行资源实质性整合，迅速提升科研创新水平。另一方面要大力开展国际合作与交流，吸收各种优质教育资源，借鉴国际成功经验，寻找学校新的办学增长点，提升国际化水平。

（六）加强宏观政策引导

一是国家要改革完善对地方本科高校办学和教学的评价体系。对其发展性评价，必须以大学原有发展基础和条件为基点，根据所处发展阶段来进行评价，引导它们朝确立办学特色、办出特色和水平、增强社会适应性方面发展。① 在我国五年一轮的高等学校本科教学工作水平评估、部分学科水平的评估、高等学校学位授予单位评审以及对大学科研的评估中，应将学科与经济结合、科研成果产业化等作为重要依据；设立与国家重点大学和高职高专院校不同的，或加大某些观测点权重来考察地方本科高校服务地方的情况，并将评估结果与所拨经费挂钩。二是用政策引导社会资源支持地方高等教育，促进二者良性互动发展。国际及国内成熟经验表明，仅仅依靠地方高校建设自身力量发展是有限的，伴随着高等教育大众化和普及化，各产业部门、企业组织应主动承担协助发展地方高校发展的义务，使社会组织的参与越来越成为推动高等教育的重要力量。地方高校也要主动融入地方，为地方经济社会发展提供人才和智力支持。三是实施配套政策，在教师评定职称、任职、调薪、晋级工作中，对普通本科高校教师水平、素质、能力采用不同于重点大学和高职高专的衡量标准，包括对其动手能力、实践能力、创新

---

① 张应强，肖起清．中国地方大学：发展、评价与问题［J］．现代大学教育，2006（6）．

能力的考核标准等，从制度上保证应用型教师队伍素质的稳步提高，同时有效解决人才市场、创业环境等问题，引导地方高校毕业生转变就业观念，使应用型人才在融入社会后茁壮成长。

在教育创新中推进学校跨越式建设和发展*

江泽民同志在党的十六大报告中指出："创新是一个民族进步的灵魂，是一个国家兴旺发达的不竭动力。"党的十六大报告以全面建设小康社会为高等教育发展的时代背景，更加突出了"教育要创新"的重要思想，强调要坚持教育创新，深化教育改革，全面推行素质教育，造就数以亿计的高素质劳动者、数以千万计的专门人才和一大批拔尖创新人才。这是高瞻远瞩、立足于中国现代化建设全局为我国高等教育提出的历史性任务，为我国新时期包括高等教育在内的整个教育事业发展指明了方向。本文结合江汉大学建设、发展的实际，谈些粗浅认识。

一

为什么要坚持教育创新，努力推进学校跨越式建设和发展，这是我们首先遇到的问题。

历史的进步，时代的变迁，具有变革意义的实践活动往往以思想的转变和观念的更新为先导。处于知识经济时代的教育事业要取得长足的发展，必须打破旧的教育思想、教育观念的束缚，"坚持和发展适应国家和社会发展要求的教育思想"①，才能使关乎民族

---

* 原载《辽宁教育研究》2003 年第 3 期，作者：李进才、张丽萍、邓传德。

① 江泽民在庆祝北京师范大学建校一百周年大会上的讲话 [EB/OL]. 人民网，2002-09-08.

兴衰的教育事业代表最先进的生产力和最先进的文化发展方向，才能培养出具有创新精神和实践能力的拔尖人才。创新与与时俱进在本质上是一致的，教育创新是教育事业跨越式发展的灵魂和动力。

教育与人才培养是实现人的全面发展目标的根本途径。正如江泽民同志所说，人的全面发展是马克思主义关于建设社会主义新社会的本质要求。实现人的全面发展是建设小康社会的重要目标和任务之一。反思我国传统的教育思想、观念，有为世人所称道的人类文明的精华，也有制约教育事业进步发展的糟粕。旧的思想与教育现代化要求存在悖论。如：传统教育思想中维持性思想与突飞猛进的时代特征相矛盾，计划经济体制模式下以“包”和“统”为特征思想的思维定势与社会主义市场经济体制的建立相抵触。这种状况迫切需要我们对传统的教育思想采取扬弃的态度，吸取其精华，剔除其糟粕，使我们的教育思想与时俱进，跟上时代潮流。江汉大学由于历史的原因，步入综合大学行列起步较晚，基础相对较弱，而她服务的这个特大中心城市——武汉市将要建成我国的“五大产业基地”、“五大功能中心”，成为现代化的国际性城市；加上武汉市重点高校林立，在这样的背景下，学校如何在夹缝中求生存，进而为地方经济和社会发展服务作贡献，争取有更大的作为，是其面临的一个十分现实的重大问题。是“循规蹈矩”、“按部就班”地前行，还是转变思想探索一条快捷的发展新路？这是我们在办学中必须做出的重要抉择。

当今时代，人的创新能力不仅表现为对知识的摄取、改组和运用，也不仅表现为新思想、新技术的发明，还表现为一种追求创新的意识，一种发现问题、积极探索的心理取向，一种善于把握机会的敏锐性，以及一种积极改变自己并改变环境的应变能力。地方高等学校要培养具备这些素质和能力的拔尖人才，其“本身就应该具有创造性，应该具有自我革新的内在活力”①，通过教育创新使学校的管理体制、办学模式诸方面与地方的科技、经济、文化的战略性调整相适应，推进学校跨越式建设和发展。从客观上讲，当今

① 顾明远．新世纪呼唤创造性人才［J］．中国教育学刊，2001（4）．

世界科技革命的迅猛发展，经济全球化趋势增强，机遇和挑战并存，为学校跨越式发展提供了历史性机遇。实施跨越式发展既顺应了国际国内经济、科技发展实际的要求，也是优化地方高等教育格局和布局调整的一项战略性任务。因此，在办学过程中，江汉大学始终抓住教育创新，直面挑战，努力推进学校跨越式建设与发展，在谋求新的发展思路建设学校方面取得了比较明显的成效。

二

何谓创新，在办学过程中怎样坚持教育创新？这是我们遇到的另一重要问题。

所谓创新，是指在某个范围内首创前所未有的新事物及新效益。教育创新是指教育部门、学校为了适应建设、发展的需要，在教育观念和体制、培养目标和模式、教学内容和方法、教学手段和环节等方面所进行的创新。由于21世纪经济、科技的发展变化使教育的观念、内容和形式同过去有很大不同，高等学校教育创新的内涵更丰富。对于2001年新组建且百事待举的江汉大学来说，在教育创新中推进学校跨越式建设和发展，任务十分繁重，面临着前所未有的困难。学校从实际出发，着重从五个方面进行了创新的尝试，走出了一条可喜的成功之路。

（一）推进教育体制创新，将原有四校实质性合并，创建一所多科性现代化新型大学

“社会主义市场经济体制的建立，将从根本上改变我国人才培养模式与人才需求结构；我国产业结构和技术结构正在新形势下进行战略性调整，人才结构与教育结构必须进行相应的调整。”① 江汉大学的前身原江汉大学、华中理工大学汉口分校、武汉教育学院、武汉市职工医学院分别隶属于武汉市四个不同的部门主管，条

① 郝克明．构造适应新世纪社会发展要求的教育结构体系［J］．教育研究，2001（6）．

块分割，大量的专业低水平重复设置，资源浪费严重，一些有识之士曾多次提出市属高校调整方案，但终因各种原因，均未获得成功。其后，在中央高教体制改革精神的推动下，在市委、市政府领导和正确决策下，学校高举教育体制创新的旗帜，动员全校师生员工，上下团结一心，将原四校合并。1999 年 4 月经教育部批准筹建，2001 年 10 月 17 日教育部正式批准成立新的江汉大学。学校紧紧抓住合并这一契机，贯彻教育创新精神，对原四校的学科专业进行了调整，按照同类合并、理工结合、学科渗透的原则，科学设置了学校院系、学科专业。将原四校设置的 43 个系、部合并为 13 个学院、1 个部，为促进文理渗透，体现应用型人才培养目标，将理科和工科结合建立学院，分别建有数学与计算机科学学院、物理与信息工程学院、化学与环境工程学院、医学与生命科学学院等；将 55 个本科专业调整为 34 个本科专业，同时根据社会的需求和学校的条件增设了 4 个本科专业，使本科专业达 38 个。学科专业涵盖了经、法、文、史、教育、理、工、农、医、管理等 10 个学科门类。集中有限财力重点建设特色和优势学科，其中工学、人文、理学、商科等 4 个学科已成为学校主要学科门类。学科门类的整合，带动了学校其他各方面的整合，促进了学校的统一和融合。

在社会主义市场经济条件下，高校体制创新还面临着一项艰巨的任务，即进行办学机制转换的尝试与实践，打破单一的政府拨款渠道和计划经济体制下的运行机制，使学校成为面向社会、面向市场、相对独立的办学实体，将“国有化”的办学实体向“一主多元”的办学实体转变，变学院式的办学实体为开放式经营型的办学实体。经过多方面努力，江汉大学与证券日报集团合作，创办了融智工商学院，共同培养投资经济、期货、经纪人等方面的人才。学校以土地和无形资产作为投入，对方投入现金建教学设施，将适度的市场机制和民营机制引入学院。经省教育厅批准，2002 年首届招生，出现了生源异常爆满的喜人景象。此外，江汉大学还与团结激光集团联合筹建光电子学院，将团结激光集团光电子研究成果移入学校，实行教学、科研、生产三结合，共同培养、培训光电子专业方面的应用型人才。下一步，学校将按照上述思路、机制、模式，在市政府预留我校的2000亩土地中，与武汉经济技术开发区和有关部门、企事业单位合作，兴建高新科技园。多渠道地筹措资金，启动以多功能体育馆、学术交流中心等大型基建项目为主的二期建设工程。采取社会化运作方式，实施学生公寓建设，加速后勤社会化进程。

（二）推进学校建设模式的创新，创造“江大速度”

为了给江汉大学未来的建设和发展创造一个良好的条件和空间，武汉市委、市政府果断决策，将原分散的四校区置换，易地建新校。选择了武汉经济技术开发区三角湖畔为新校校址，第一期工程投资8亿元。怎样建新校，是投入大量人力、精力去抓基本建设，还是另辟蹊径，走创新之路？学校选择了建设项目法人制的“交钥匙工程”建设模式。由市统建办代表学校实施基本建设，并对学校工程质量终生负责，把资金、责任落实到单位，具体到人。而此期学校领导的主要精力集中抓教学、科研、队伍建设和实质性合并等重要工作，做到新校建设与学校其他工作相得益彰。从2000年7月28日破土动工到2001年11月底新校主要教学设施建成，只用了16个月，一个占地1626亩、校舍面积36.8万平方米的现代化校园拔地而起。专家评估，学校总体布局科学，功能分区合理，建筑风格鲜明，体现了现代科学与人文精神的融合，在全国同类高校中处于领先水平，被媒体和社会誉为“江大速度”，教育部专家认为应在新的高等教育史上写上一笔。

（三）推进人才培养模式的创新，全面提高教育质量

江泽民同志指出：“进行教育创新，根本的目的是要推进素质教育，全面提高教育质量。”① 高等学校的人才培养质量，既要接受学校自身对高等教育内部质量特征的评价，又要接受社会对高等教育外显质量特征的评价。因此，以提高人才培养质量为核心的高

---

① 江泽民在庆祝北京师范大学建校一百周年大会上的讲话［EB/OL］. 人民网，2002-09-08.

等学校人才培养模式改革，必须遵循教育的外部关系和内部关系的规律，进行多种形式的探索。在实施学校跨越式发展战略进程中，学校始终坚持以人为本、育才创新的办学观念。在人才培养上，强调全面实施素质教育，十分重视对学生的创造、创新、创业能力的培养，近几年积极探索出“3+1”、“2+2”产学研结合模式，“2+2”五型（复合型、应用型、创新型、市场型、国际型）合一模式等，通过学校与科研院所、企业集团的广泛合作，发挥双方育人优势，共同培养学生，为学生提供了实现自主设计和创造的物质技术条件，既解决了高校人才培养过程中实践性教学环节薄弱的问题，更为重要的是让学生较早进入发现、研究和创造领域，从而搭建了培养学生创新精神和实践能力的新型教学平台，取得了良好效果。如与维豪公司合作，以我校学生为主要技术力量共同研发的“卡式公用多媒体终端”等技术成果，1999 年 10 月在深圳举办的中国首届高新技术成果交易会上引起了强烈反响，产生了可观的经济效益和社会效益。《光明日报》、《湖北日报》以“2+2 模式造就应用人才”为主题作了专门报道。

为了探索人才培养模式的新机制和新模式，努力营造高素质创新人才成长环境，积极构建创新教育体系，经学校申报，湖北省教育厅批准，2002 年江汉大学还举办了“工商管理类”、“机械类”、“电气信息类”、“临床医学与医学技术类”、“中国语言文学类”等 5 个大科类专业人才培养模式改革试验班，努力适应培养基础扎实、知识面宽、能力强、素质高的具有创新精神和实践能力的高级专门人才的总体要求，推进教学内容和课程体系的改革，部分课程引进外文原版教材，实行双语教学，适用现代教育技术，实施启发式、讨论式、研究式等生动活泼的教学方法，积极构建起注重素质教育，融传授知识、培养能力与提高素质为一体，富有时代特征的人才培养模式。

在教学管理上，从 2000 级开始，全面实施学分制、主辅修制、双学位制等教学管理制度。以课堂教学为重点，抓教风、学风建设，加强教学检查，进行科学管理。在教师配备上，要求并鼓励正副教授走上教学第一线，绝大多数教授为本科生开设基础课，充分调动广大师生教与学两个积极性。2001—2003 年，江汉大学学生参加全国大学生电子设计竞赛、数学建模竞赛、英语竞赛、“挑战杯”科技竞赛等获各种奖励 188 项，科研论文和作品获全国、省、市级奖励近百项。

（四）推进科研模式创新，努力提升科研水平

知识经济时代既是一个知识高速增长和迅速传播的社会，也是一个知识对经济增长起决定性作用的社会。知识不再藏在幕后以无形资产或某种附庸而出现，而是以一种有形资产的形式登上经济舞台。知识在国民经济增长和劳动生产力的提高中起着决定作用。高等学校以拥有高科技、新知识和人才这些知识经济的基本因素，“逐步从社会的边缘走向社会的中心”①。已经成为国家创新体系的重要力量和基础研究的主力军。在科学研究方面，江汉大学实行科教联手的新举措，与武汉市科技局和市社科院等单位合作，既接受其科研方面的指导，又联手组织申报科研课题，构筑了科学研究的新平台。同时鼓励教师瞄准地方经济建设、社会发展的主战场，寻找课题，力争更多的国家级课题；促进科技成果的转化，提高科技成果的社会、经济效益；充分发挥特聘教授的作用，安排中青年教师在其指导下开展课题研究，这些都有力地推动了科研工作的发展。2001—2003 年，学校在科研方面取得了一些创新成果，所获科研项目、获奖数量、规格，都超过原四校历史上总和的最高水平。学校还先后发起并与有关高校和管理部门联合承办了“生态环境和可持续发展国际研讨会”，“全国信息化、工业化、数字化城市研讨会”，“全国高等教育发展战略研讨会”，“家族企业国际研讨会”等大型学术研讨会，这些学术会议就有关学科领域前沿课题和重大现实问题进行了研讨，既活跃了学术氛围，促进了学校学术水平的提高，又为政府提出了很多好的建议，产生了较好的影响。

---

① 潘懋元.21 世纪初中国高等教育面临的新情况和新问题［J］. 临沂大学学报，2001（3）.

（五）推进师资队伍建设模式的创新，建设一支结构合理、高素质的教师队伍

创新教育需要一支在教学和科研中严谨治学且创新意识、创新精神和创新能力强，学术水平高的教师队伍，有了这样一支队伍，才能培养高素质人才，创造高水平的科研成果，提供高质量的社会服务。师资队伍状况在任何时候都是学校队伍建设的核心，教师队伍素质如何对学校教学质量、科研水平起着决定性的作用。江汉大学始终将师资队伍建设作为学校的头等大事列入重要日程，制定实施了学校高层次人才建设工程，结合学科专业建设和教学工作需要，2002 年投入 1000 多万元，采取“聘请一批、引进一批、培养一批”的措施加强这一工作，通过与名校联手的方式，先后从武汉大学、华中科技大学、华中师范大学等高校特聘了 14 位博士生导师担任相关学院名誉院长或首席教授，指导学科建设和青年教师的培养和提高；引进了省级学科带头人、博士生导师和具有博士学位的高层次拔尖人才等 30 余名充实教师队伍；选派了 200 余名优秀中青年教师攻读博士、硕士学位，遴选了 10 余名教师作为高级访问学者到国内外大学深造，从而使这方面工作上了新水平、新台阶。

三

坚持教育创新，努力推进学校跨越式建设和发展，需要注意和把握好几个重要问题。

时代在发展，创新无止境。从实施教育创新推进学校跨越式发展的实践效果中我们可以看出：第一，以教育创新推进学校跨越式建设和发展的根本问题是要与时俱进，转变教育思想和教育观念，这是学校实现跨越式发展的重要前提。人的认识是有限的，而观念的创新是无限的。要创新，必须坚持解放思想、实事求是的思想路线，必须坚持与时俱进的马克思主义理论品质，只有这样才能自觉地把思想认识从那些不合时宜的观念、做法和体制中解放出来，才

能获得开拓大好事业的眼界和气度，形成强劲的创造力和旺盛的生命力。如果教育思想、观念不更新，思想认识是旧的，就不可能创新，学校也就不可能实现跨越式建设和发展。第二，必须紧紧围绕学校的定位以办出特色。教育创新不仅是个理论问题，更是个实践问题，理论创新的源泉在实践，必须努力在实践上下工夫。江汉大学作为省市共建、以市为主的地方院校，要始终抓住立足武汉、服务武汉、面向湖北，为地方经济建设和社会发展服务的宗旨，凸显学校教育的地方性、综合性和应用性，并逐步形成特色。如果偏离学校定位和特色，教育创新就不能真正落到实处，更不可能促进学校跨越式建设和发展。第三，跨越式发展不能只注重规模、数量，发展是规模、质量、结构、效益的统一。要把进一步探索提高学校教学质量的有效机制作为学校发展的第一要务，把改革教学、提高质量放在各项改革的核心位置。因此，2002 年 9 月，迁入新校的新学年伊始，学校便响亮地提出“团结奋斗，提高质量”，并把新学年定为“江汉大学教学质量年”。第四，教育创新要有开阔的视野和战略眼光。尽管江汉大学是地方院校，但眼光却不能局限于一时一地一事，要把学校放在经济全球化、知识经济和高新技术迅猛发展的大背景下来思考问题，制订计划，落实措施，从而使学校跨越式发展保持应有的高度和不竭的动力。

影响我国中心城市高校办学与城市良性互动发展的原因及对策*

改革开放以来，随着我国经济和社会持续稳定快速发展以及城市化进程的加快，中心城市高校迅速崛起，它们主要依托中心城市办学，为中心城市服务，成为我国普通高等教育发展的新模式，日益显示出强大的生命力。办好这类高校是贯彻落实科教兴国、科教立市战略，服务好中心城市并促其区域经济社会持续健康发展的必然要求，也是建设创新型城市、创新型国家的重大紧迫任务。当前这类高校在发展中遇到了诸多问题，解决的关键是必须促进其办学与所在中心城市之间的良性互动发展。

一、实现中心城市高校与城市良性互动发展的重要性

要使我国进入创新型国家行列，必须加速中心城市高校的发展。当今社会，城市在一个国家和地区的国民经济和社会发展中起着举足轻重的作用。我国工业总产出的50%、国内生产总值的70%、国家税收的80%、第三产业增加值的85%、高等教育和科研力量的90%以上都集中在城市。① 而中心城市一般是指在经济上有着重要地位、在政治和文化生活中起着关键作用的城市，它是先进生产力的聚集地和区域人才、技术、科研、设备以及科研交流

---

* 原载《理论月刊》2007年第7期，2007年在全国地方本科院校改革发展高端论坛交流并获中国高等教育学会优秀论文一等奖。

① “十五”城镇化发展重点专项规划［EB/OL］. 人民网，2001-08-08.

集约化程度最高的城市，具有很强的创新和吸纳创新能力，许多创新都是在中心城市当中发生的。中心城市高校与中心城市相互依存，一方面，中心城市高校应城市发展而生，同时它的繁荣离不开中心城市的繁荣，它同所在中心城市及地区越来越紧密地融合在一起。另一方面，中心城市的发展在很大程度上有赖于中心城市高校支持、服务的力度和水平。中心城市高校人才培养具有很强的地域性，它的生源的80%来自中心城市，其毕业生的70%又流向中心城市；中心城市高校还是近几年高校扩招的主力军，重点大学研究生的生源越来越多地依赖地方院校所培养的本科毕业生。① 发展包括中心城市高校在内的地方高校不仅能够直接而有力地推动高等教育的大众化，提高劳动人口的文化科学技术素质，为中心城市产业结构高级化和职业结构高技术化提供人才和智力支持，进而促进中心城市及区域经济发展，而且能有力促进市民文明素养的提高，满足社会主义和谐社会构建的要求。尽管在中心城市国家重点高校林立，但中心城市高校发挥的不可替代作用是显而易见的。加速中心城市高校的发展是建设创新型城市、创新型国家的一个重要突破口和切入点。

实现中心城市高校与中心城市的良性互动发展是推动中心城市高校发展的根本之策。现代科学越来越趋向于复杂和综合，现实重大科学成就的取得，往往都来自于交叉和边缘学科，来自科学与技术、自然科学与社会科学的相互渗透，来自高等教育与地方经济社会的良性互动。在过去的一千多年当中，全球各地的大学创造了很多不同的大学与城市之间互动的模式。哈佛大学和麻省理工大学等的出现带动了周边的产业；具有划时代意义的斯坦福大学工业园的建立、斯坦福大学与其中的近8000家大大小小公司的相互合作与促进，不仅使斯坦福大学工业园成为世界著名的“硅谷”②，而且

① 衣俊卿．关注地方院校在本科教育中的地位和作用［N］．光明日报，2007-02-28.

② 程晓强，陆晓武．地方高等教育与区域经济的科学发展——以南通为例的实证简析［J］．南通大学学报（教育科学版），2006（1）.

使该校由不起眼的二流大学一跃成为世界一流大学，引领了周围一群城市产业的发展。地方高校在服务地方中既出人才，又出技术，还出产品，而就是在这样的互动和服务中，地方高校自身的功能、创造力在知识经济的发展中得到扩大。可见，促进大学与城市的互动发展，既是当今发达国家的成功之道，也是促进地方高等学校发展的根本之策。就我国现实而言，中心城市高校不仅在国家兴衰和社会转型的过程中、在城市创新体系的建设中居于举足轻重的地位，更在推动地方经济社会发展进程中有着巨大的发展潜力。目前我国经济社会包括高等教育都处在一个重要的发展阶段，社会对高等教育的需求迅速增长，各项教育教学改革正在中心城市高校蓬勃深入展开，我国中心城市高校既然要依托中心城市办学，为中心城市服务，就必须要把办学与中心城市经济社会发展紧密结合起来，努力实现二者之间的良性互动。

二、影响二者良性互动发展的成因探究

中心城市高校对城市经济社会发展的作用是巨大的，但在实际生活中由于受到诸多因素的制约和影响，使二者的良性互动发展产生障碍。我国中心城市高校与中心城市的合作大多是短期的、间断式的，没有形成广泛深入、持续的机制和模式；也有的双方出于实用主义的考虑，预期很高却收效甚微；更有甚者，合作的最佳伙伴就在身边，本可以充分地就地取材，却视而不见……现实存在的这种“两张皮”的互动主体相互支撑力度不够、互动机制不畅、互动制度不健全等问题，严重阻碍了中心城市高校与城市互动发展，不利于中心城市综合实力和中心城市高校办学水平的全面提升。究其原因，主要有以下几个方面：

（一）观念误区

传统观念往往将高校参与社会经济活动视同放弃了高等教育的学术标准，加之长期小生产思想观念的影响，我国学术界闭塞现象、封闭办学的情形比较严重。另外，由于长期处在计划经济体制

下，国家或政府部门将高等学校特别是中心城市高校视同国家行政机构的一部分，致使少数中心城市高校在长期办学实践中自觉不自觉地养成被动地全盘接受、执行政府主管部门的全盘设计和指令，缺乏主动适应地方经济社会发展的积极性和创造性意识，其办学具有很浓的政府办学色彩。

（二）体制障碍

我国中心城市普遍存在“科技经济两张皮”和“科技强、经济弱”的问题，二者之间缺少产学研合作及技术转移的中介机制和中介机构，产学研究计划忽略了跨领域及跨学科之间的交流合作。科研力量主要集中在高校和专门的科研机构，他们的研究兴趣、选题乃至研究成果与企业生产需要有很大的不同。据不完全统计，我国每年省部级的科研成果大约有 3 万项，但是真正转化成产品的只有 15% ~20%，真正形成产业的恐怕还不到 5%。① 中心城市高校都有一定数量的科研机构和专业人才，每年都产生一些科技成果，但由于缺少对市场需求的了解，缺乏转化资金和经营管理经验，每年科技成果转化为现实生产力的很少。另外，中心城市许多企业资金雄厚，熟悉生产经营管理，了解市场需求，但缺乏具有一定市场竞争力的新产品，经济效益欠佳。发达国家从事科研开发的科学家、工程师如美国有八成以上、英国有六成以上在企业，企业成为科研特别是应用性科研的主要推动力量。在我国，产业的技术源头与需求终端脱节，科技链与产业链缺乏有机结合，这直接影响了企业乃至中心城市自主创新能力的全面提升。因而，中心城市高校在研发的模式上需要更进一步贴近市场，以企业为主来确定研发目标。

（三）导向偏差

众所周知，高等教育是分层次的，由于博士点、硕士点的多少

---

① 郭璐璐，云洁．依托科技查新工作 大力开展企业专利信息服务．江苏科技信息，2009（2）.

是衡量一所高等学校档次和水平的全部标准，而国家批博士、硕士点时对中心城市高校科研成果的考核又自然要求世界级、国家级，至少也是省、部级，导致这些高校不得不将有限的科研经费、精力投向争取几个博士、硕士点的评审上，投到与国家和省属高校的竞争中，而放弃对中心城市重大和现实经济社会发展问题的研究和解决。另外，科研论文的发表并不表明整个科研活动的结束，恰恰相反，只有将其转化为先进的生产力，为经济社会发展作出贡献，才是科研的根本目的。然而这类政策导向往往更注重教师论文发表的数量和刊物级别，而忽略科技成果在现实生产中的转化和产业化，不重视教师的技术成果应用、产品开发、管理咨询。

（四）制度缺陷

由于职称是决定教师一切待遇的关键，而市场经济条件下的教师也是“经济人”，他们自然将“搏职称”作为自己职业生涯的最高价值取向。在我国现行人事制度的职称评审中，不论你是哪类高校的专业技术人员，均考核你承担了多少国家、省部级科研项目，获得了多少国家、省部级科研成果奖，在国家级、省部级出版社及权威、重要期刊出版、发表了多少著作、论文，有的甚至要求在世界和国家最权威的刊物上发表多少论文，要求多少篇被 SCI、EI、ISTP 或 SSCI、AHCI 收录。而中心城市急需的经济社会发展问题，由于难以在国家、省、部级立项，即便是研究取得了有价值的成果也往往不被看重，致使中心城市高校教师不得不“舍下求上”、“舍近求远”，造成中心城市经济社会发展中一些重大和现实问题无人或少人研究解决，直接影响了中心城市功能的发挥和经济社会的全面发展。

三、解决二者良性互动发展“瓶颈”的对策

西方发达国家的发展历程表明，地方高等学校与区域社会建立良性的互动发展关系，是促进二者共同发展的必由之路。中心城市高校怎样才能起到引领、支撑、促进中心城市经济社会快速、可持

续发展的作用，这是当前中心城市高校必须思考和解决的重要问题。

（一）转变观念

要用科学发展观统领高等教育和社会发展的全局，把二者的互动看做是中心城市高等学校实现全面、协调、可持续发展的过程，地方高校、地方政府和企业都要建立同生共荣的互动新理念。作为中心城市高校更应把这种理念贯穿于整个办学实践，在指导思想和实际工作中既注重教育发展的全面性，又注重教育发展的协调性。必须拥有为区域经济和建设创新型国家服务的战略眼光，克服仅仅考虑学校自身需要与利益的实用主义旧观念，致力于发挥学校的优势和潜力，努力为中心城市解决建设和发展的重大现实问题。通过观念的转变，促使中心城市高校学科的核心竞争力明显提高，产学研结合，不断产生适应中心城市经济社会发展需要的新科研成果，并将成果引入教学促其教学质量、科研水平明显提高，中青年领军人物在产业和学术界的地位、知名度不断提升，促进教育更好地支撑区域经济社会协调发展。

（二）健全机制

要着眼于建立持续的创新服务利益共享模式，积极整合校内外各方资源，健全完善五种机制：一是沟通协调共赢机制。中心城市要建立以旨在促进二者良性互动、利益共赢的产学研合作协调委员会，中心城市高校内部要组建相应的部门，加强对高校服务地方工作的协调与统一领导，制定相关政策，推动建立学校与企业协作网络，创造二者互动良好的外部环境和良性互动平台，促进产学研等联合开发模式快速有效运作。二是双向合作育人机制。要着眼于中心城市实现新型工业化目标，以产业发展、企业需求为导向，调整学科专业结构，促进学科的交叉融合和新兴学科的成长，建设科技创新平台；鼓励企业与学校共同研究制定学校事业发展规划、人才培养方案，改革人才培养模式，全方位参与人才培养工作，使中心城市高校的人才培养、科学研究能够适应中心城市近期和远期发展的需要；同时，通过一定方式将学校课程带到企业中，帮助企业的工程师们及时掌握新技术，解决实践难题，建立专业联系。三是资源交流成果共享机制。着眼于使中心城市成为区域优势产业集群的重要支撑点，加快产业结构优化升级，促进学校与地方产学研深度合作，建设一批与企业共建的实验室和产学研基地；发挥学科交叉优势组建学科群和科研团队，把人才、基地和项目捆绑起来，对接中心城市支柱行业的产业群；邀请公司或企业参与学校科研计划的实施，开放实验室资源，支持企业开展科技研发。四是师资互换互用互训机制。通过互换、互聘、联聘、兼职等多种形式，聘请社会、企业的高级技术与管理人才到高校任教，不断扩大“双师型”教师队伍，同时允许高校教授到企业、公司兼职，培养地方急需的大量高技术人才，双方互为对方培训师资队伍；还可以结合地方对紧缺人才的需求，与企业及相关部门合作，构建面向地方的教育培训服务体系，将经济社会发展需要以及实践中总结的新知识、新理论、新技术及时引入教学，促进中心城市高校新型复合人才的培养。五是信息和知识交流共享机制。充分发挥文化对人的引导、教育功能，着眼于中心城市文化事业、文化产业的做大做强，经济社会全面进步，促进学校校园文化与企业文化建设，提升城市的品位和文化内涵；加速信息与知识的双向交流，形成创新源头和需求终端之间不断互动的教学创新体系、科研创新体系和完善的人才流动体系和彼此信任的合作关系，从而使中心城市高校与城市相互依存、彼此推动，共同拥有可持续发展的能力。

（三）深化改革

首先，中心城市高校要在为城市和区域经济社会发展提供咨询服务的过程中努力寻找地方经济社会发展现状和需求的第一手资料，为学校今后明确办学方向、创新教学和促进科研提供准确可靠的依据，在增强办学适应性中彰显学校办学特色。把人才定位在高素质应用型，并以这个定位的质量标准来构建专业、安排课程和实践环节。不断深化学校内部教育教学各个层面的改革，积极构建服务型教育教学体系，解决学校教育与地方经济社会发展相脱节的问题，使其走出教育体系自身循环的小系统，进入经济全球化带来的人才国际化循环、建立完善社会主义市场经济体制循环的大系统。

其次，要建立通用的学科。因为中心城市是一个经济、社会、文化的综合实体，也是人工建设与自然相结合的物质实体，它所面临的问题是不能够通过一个城市或者某一个学科、一个专业的自身努力来解决的，而需要具备文理渗透较全面科学知识的人来驾驭。中心城市高校要努力拓展通才教育之路，采取一种整体的、跨学科的方式，重组知识结构，包括自然科学、人文科学和社会科学等。同时，理解社会和文化的多样性，将通用学科和文化多样性结合起来。①

再次，要强化对教师的创造力教育，支持和鼓励教师面向社会和生产第一线承接科研课题，为地方经济建设和社会发展服务。

最后，积极探索弹性学制、分段式、多证制以及“工学交替”产学合作等教育模式改革，鼓励学生参加教师承担的研究课题，进一步打通、拓展毕业生就业的新渠道。

（四）增加投入

科技成果转化是中心城市高校服务所在城市的一个关键问题，也常常成为中心城市高校发展的一个“瓶颈”。破解这一难题的关键是积极争取政府和社会资金，引进高层次人才，加快建设与企业进行产学研合作重要平台的科研基地，这必然需要高成本、大资金。国外学者的研究表明，如果对大学进行研究投资，它对于周边的社会和社区产生的经济回报是投资额的7倍。② 中心城市应将其一定时期经济社会发展的重大而紧迫的问题转化为若干个研究项目，着眼于这些问题的解决而建设相应的研究基地，加大对科研、学科、实验室等资源方面的扶持力度，加大对中心城市高校与城市

① 章佩銮．校长眼中的“大学与城市”［N］．中国教育报，2005-10-25．

② 章佩銮．校长眼中的“大学与城市”［N］．中国教育报，2005-10-25．

经济特别是中小企业结合的经费投入。同时通过政府部门发放研究课题、教师竞争申请等方式整合中心城市高校和社会的智力资源，支持其开展上述研究。还可以采取一系列促进企业向中心城市高校投资的鼓励性措施，拓宽多元投资渠道，支持中心城市高校与企业合作并将研究成果迅速转化为现实生产力；争取合作科研经费，重点扶持在社会影响或经济效益上有潜力的项目，促进企业成为自主创新的主体，逐步改变其在技术创新和技术成果转化过程中“模仿的多，独创的少；引进吸收多，自主创新少”的局面。

（五）完善导向

目前我国高等教育的评估工作，就其本质而言就是评估主体——评估者以一定的价值标准去衡量、对照高等学校部分的或整体的办学情况，并在此基础上对高等学校的办学情况进行价值判断的过程。① 高等教育质量评估的目的，主要不在于证明已经取得的“质量”，而在于引导高校通过改革不断满足社会和学生对高等学校人才培养活动的期望。社会需求、学校类别、学科门类、学生规格、学生个性是多样化的，因此不能用一个模式、一套标准去评估所有的高等学校。当前要进一步完善对中心城市高校的教学评价体系。评判这类大学的标准，不光是看它的学术，而应该重点看这些大学如何帮助中心城市及区域经济发展，如何在文化迅速变化的环境下帮助社会应对这些挑战，进而提供解决问题的方案。② 具体来讲，要通过政策导向解决以下问题：

一是对我国五年一轮的高等学校本科教学工作水平评估、部分学科水平评估、高等学校学位授予单位评审以及对大学科研作评估，应将学科与经济结合、科研成果产业化作为重要依据，设立与国家重点大学和高职高专等其他院校不同的观测点或加大某些观测点权重来考察中心城市高校服务地方的情况，并将评估结果与所拨

---

① 纪良．高等教育评估的价值取向［N］．光明日报，2007-03-02.

② 沈祖芸．大学该如何与城市互动发展——全球知名大学校长复旦“论剑”［N］．中国教育报，2005-09-26.

经费挂钩。二是在中心城市高校内部，明确教师科研成果的取得不仅满足于发表论文，更要强调向中心城市及区域企业转让技术、提供管理咨询，提高科研投入—产出比等，只有将其转化为先进的生产力，为地方经济社会发展作出贡献，才是科研工作的根本目的，并在教师职称评审等落实相关待遇方面予以体现。三是规定学生毕业论文尽可能与经济直接相关，鼓励学生参加教师与中心城市及区域企业相关的合作研究开发项目，通过政策引导使中心城市高校安于学校所属层次，努力办出本层次的高水平，在与中心城市良性互动中实现快速、可持续发展。

中心城市高校对失地农民实施新型农民教育培训的对策研究*

目前，我国社会经济面临的一个突出问题就是失地农民流向城镇的数量骤增，其素质却不能适应城镇化以及城市产业结构升级的需要。我国工业化、城市化、农业现代化，不仅是物质现代化的过程，也是不断提高产品科技含量和农民不断适应社会变革需要的过程，中心城市高校是对失地农民实施培训教育的主体之一，如何深化教育教学改革，加强教育培训的针对性，大力提高失地农民的科学文化素质，成为当前推进城乡经济发展和社会稳定亟待破解的重要课题。

一、中心城市发展凸显失地农民问题

所谓失地农民，是指那些因城镇建设、经济发展、公益性事业需依法征用土地后，由于土地所有权改变而不再以土地作为基本生活保障的社会群体。当今社会，城市在一个国家和地区的经济社会发展中起着举足轻重的作用。中心城市一般是指在经济上有着重要地位、在政治和文化生活中起着关键作用的城市。中心城市本科高校地处我国中心城市乃至特大中心城市，是省市共建、市管为主，直接为所在城市服务的地方性大学。

近 10 年来，随着工业化、城市化进程加快，我国中心城市及其他地级市、城镇周边被征用土地面积呈快速增长趋势。对中部某省的调查显示，1999—2007 年该省被征用土地面积达几十万公顷

---

* 原载《华中农业大学学报（社会科学版）》2012 年第 2 期。

还多。其中2006、2007两年中征地面积为近10年征用土地面积的47.68%。随着土地的不断征用，失地农民队伍不断壮大，尤其是中心城市近郊区或各经济技术开发区被征地的农民数量大、比重高，失地给农民带来很大的生存发展问题，日益成为中心城市周边乃至社会不稳定因素。该省正处于经济快速发展和社会转型期，未来征用土地仍将呈现大幅上升趋势。中心城市本科高校多位于中心城市的经济技术开发区，实施以培养新型农民为目标的各种教育培训是义不容辞的社会责任，在工作实际中却发现失地农民问题涉及诸多层面，具体归纳为以下四个方面。

（一）教育培训对象的“两高一低”状况

失地农民所占比重过高，年龄偏高，文化素质偏低。据对该省三市五县调查，近10年被征地农民已达42.25万人。其中，年龄在45岁以上约占45%；文化水平在初中以下、缺乏劳动专业技能的约占40%。农民工本是我国各个劳动力群体中最具年龄优势和劳动能力的群体，但由于失地农民年龄偏高，文化素质低，他们比一般农民工更难适应工业、商业就业岗位要求，而学习文化和实用技能技术也很困难。

（二）失地农民面临经济、就业双重压力

农民失去土地这一重要的生产资料，意味着土地对他们所具有的生产等功能将失去效用，他们失去的不仅仅是土地，还包括依附在土地上的一切权益，生活水平大幅下降，而征地补偿金标准过低，多则每亩几万元，大部分为每亩几千元，地方政府为完成招商任务，有的将土地以最低价格出让给投资者，甚至出现土地出让“零价格”现象。绝大多数农民失地后面临着经济、就业双重压力，也失去了接受良好教育的经济条件。

（三）失地农民聚集地社会问题增多

传统农民自给自足的生产方式，日出而作、日落而息的生存方式，养成了传统农民的特点，他们既有勤劳、朴实、善良，忍辱负

重的特性，也产生了逆来顺受、保守与短视、拒绝冒险、散漫、缺乏组织性等问题，这与社会主义市场经济、工业化、城镇化、现代化格格不入，加之农民工群体长期游离于城市政治生活之外，利益诉求难以在城市公共政策的制定中得到充分反映，文化需求长期处于一种饥渴状态，引发了不少社会矛盾和纠纷，甚至中心城市本科高校周边失地农民聚集区域，往往成为社会犯罪多发之地，城市贫民窟成为巨大的“社会疤痕”①，严重影响了社会治安和政治稳定。

（四）失地农民教育培训有效性缺失

农民工基本没有接受过职业培训，即便接受了培训，一般教育机构不同程度地存在走形式问题，对农民工进城务工、返乡创业需求的现代创业知识、技能培训不足，培训效果不理想。中心城市本科高校现有的教育不能满足失地青壮年农民就业及发展所需。中心城市本科高校作为应用型大学，其办学宗旨应是面向行业和社会，以就业为导向，培养包括农业在内社会各行各业需要的应用型人才。但由于这类高校目前还没有很好地实现由学术型本科向应用型大学的转型，从教育形式、专业设置、人才培养模式等方面都不能很好地适应对失地农民教育培训的需要。

美国、澳大利亚农业发达，主要是实行了以州立大学为中心的研究—教育—推广“三位一体”的体制，通过发展农业教育提高劳动者素质，使农场主基本达到大学文化程度，培育了世界一流的新型农民，形成与农业生产、农村中小企业及农民转移就业结合的科研开发、咨询、职业教育和培训系统，促进农民知识化。国际经验表明，一个国家高等教育体系应与其社会体系相适应，即便是城市化水平很高且经济发达的世界强国，也重视农村高等教育，并将其作为维护城乡居民教育权利、实现教育公平的手段和目标，把帮助农民致富作为衡量科研、培训的标尺。发达国家的经验值得我们

---

① 胡鞍钢．“十二五”：如何跨越中等收入陷阱［J］．财经界，2011（8）．

借鉴和学习。

二、培育新型农民对于破解难题意义重大

我国由于人口众多、资源有限而造成的劳动力绝对过剩，决定了我国农村劳动力向城镇和非农产业转移是一项长期、艰巨的任务。① 随着我国城市化进程的推进，中部崛起政策的深入实施，以及沿海地区劳动密集型产业向中西部转移，农民工流向中西部地区、中心城市，流向非农产业，就地、就近转移逐步加快，其已经成为城乡乃至中心城市经济社会发展一支不可忽视的力量。新时期加强新型农民培育的重大意义在于以下四个方面：

（一）根本性解决农业、农村问题的迫切要求

农业、农村、农民（“三农”）问题关系我国现代化建设全局，其核心是农民问题，解决农业、农村问题的关键在于引导农民提升素质，走向市场。因为从社会主义现代化建设需要来看，无论城乡基础设施建设、产业发展，还是社会事业发展、精神文明建设；无论是立足当前，还是着眼长远，都需要更多的智力支持和人才保障，都需要千方百计提高农民素质，把农民培养成为有文化、懂技术、会经营、善管理的新型农民。尤其是进入信息化和知识经济时代，更要求进一步引导农民走近知识、走向文明，提高思想和科学文化素质，提高获取、吸收各种知识和信息的能力，提高转岗的专业技能和产业生产的实用技术。大力培育新型农民，是实现城乡可持续发展，将人口压力转化为人力资源优势的重要途径，是从根本上解决“三农”问题的关键所在。

（二）加速推进我国城镇化的客观需要

城市化是人类文明进步的大趋势，是衡量一个国家现代化水平

① 张平．“十二五”规划战略研究（上）［M］．北京：人民出版社，2011：25.

的重要标志。目前我国城镇化水平为47.5%，与小康社会要求差距大，低于世界平均水平。① 城镇化与工业化之间是一种相互联系、相互促进的关系，工业化是城镇化的加速器，但我国工业化水平不高。人力资本理论认为，迁移行为是能够提高一个人人力资本的活动。城镇化的过程就是劳动力等生产要素从生产率较低的传统农业向生产率较高的现代非农产业转移的过程，是生产方式转变、人口素质提高的过程。我国农民素质低下，且所占比例过大，这制约了我国城镇化进程和农业人口的控制、转移。大力推进城镇化进程，必须努力培育新型农民，从而使农民改变传统落后的观念，融于工业化、城镇化的生活，这对于推进我国城镇化尤为重要。

（三）实现全面建设小康社会的前提条件

我国是一个农业大国，13亿总人口中农民占1/2以上，全面建设小康社会的根本性标志是开始跨入上中等收入国家，但目前我国人均国民收入还在世界100位左右徘徊，早在2005年，由中国社会科学院经济研究所经过数年跟踪得出的一项全国性调查结果显示，如果把医疗、教育、失业保障等非货币因素考虑进去，我国的城乡收入差距世界最高。“北京师范大学收入分配与贫困研究中心”的调研数据证明：城乡收入差距还在进一步扩大。② 我国是世界上劳动力资源最丰富的国家，目前全国有2.25亿农村劳动力外出务工，大量农村富余劳动力转移到城市。③ 技能型人才总量严重不足，且其中高级技能人才更为短缺，劳动力总体素质不能适应产业结构调整和提升的需要，“有人没活干和有活没人干”的就业结构性矛盾突出，成为制约扩大就业的一个主要原因。大力培育新型农民，可以使更多的农民适应城乡专业化、规模化和科技化生产要

① 翁阳．中国城市化低于世界平均水平 严重滞后于工业化［EB/OL］. http://news.cntv.cn/20110305/109263.shtml，2011-03-05.

② 李强．为什么农民工“有技术无地位”［J］．江苏社会科学，2010(6).

③ 张平．“十二五”规划战略研究（上）［M］．北京：人民出版社，2011：18.

求，不仅能有效提高既定的知识和技能储备在劳动力市场上获得的价格，促使农民增收，而且能有效推进全面建设小康社会的实现。

（四）保持社会长治久安的根本措施

我国农民工分布在国民经济各个行业，在加工制造业、建筑业、采掘业及环卫、家政、餐饮等服务业中已占从业人员半数以上，是推动我国中心城市经济社会发展的重要力量，为城乡发展注入了活力，为城市创造了财富。由于多数农民不懂法律，缺乏正确引导自己行为的法律准则，加之其在培训就业、子女上学、生活居住等方面存在诸多困难，经济、政治、文化权益得不到有效保障，一些人片面理解国家保护农民权益等政策规定，只讲个人利益，主张绝对自由，阻挠基层政府依法行政，引发了各种社会矛盾，影响社会政治稳定。只有快速提升农民的文化素质，培育适应现代化建设需要的新型农民，才能尽快缩小城乡差距，构建新型工农、城乡关系，促进工农、城乡协调与融合发展，实现社会政治稳定。因此，培育新型农民对于有效推进我国城乡乃至经济社会协调发展意义重大，影响深远，刻不容缓。

三、中心城市高校培育新型农民的政策和体制建议

中心城市高校加强新型农民培育，要贯彻落实科学发展观，把对失地农民教育培训作为统筹城乡发展、加快新农村建设步伐的根本大计，采取有效措施加以解决。

（一）进一步明确学校办学和人才培育目标定位

中心城市高校要确立为本地区经济社会发展服务的办学方针，明确应用型大学人才培养目标定位，把服务城镇化、新农村建设纳入学校教育目标，使其专业设置与城市周边及其他地区、乡镇的产业结构保持较好的对应、符合关系。将培养经济社会发展实际所需要的适用人才作为学校的追求目标，让失地农民、进城农民工、农村广大适龄青年接受不同层次的高等教育和培训，全面开发农业人

力资源。

（二）科学设置新型农民培养模式

所谓应用型人才泛指诸如园艺师、医师、工程师等一切从事非学术研究性工作的实际操作者，他们的使命是在一定的理论规范指导下，进行社会化的操作运用，将新知识应用于实践。中心城市高校要建立一个内容多样、管理灵活的新型农科教体系，加强与企业联合、合作，改革人才培养模式，通过实施对新型农民的应用教育，大力发展农村适用技术，更好地实现学校由学术型本科高校向应用型大学的转型。

（三）构建社会人才规格需求多样化的人才质量标准

由于失地农民与中心城市高校学生的素质有着较大差异，中心城市高校在人才质量标准控制方面要更加注重社会评价，健全应对社会人才规格需求多样化的质量标准，实施“三教统筹”，通过大力开展普通教育、职业教育和成人教育，针对农村劳动力转移教育、农村实用技术培训，推进农业产业化、农村现代化和城镇化协调发展，培养农民企业家和城乡科技开发人才，同时解决好新型农民的知识更新问题。

（四）探索农科教结合的新途径

要组织中心城市高校专业教师作为科技特派员等进入城镇、乡村，制定和落实城镇、乡村发展规划，加快农业产业结构调整，发展高效生态农业，促进农业产业化进程。结合自身专业优势和入驻城镇、乡村农民的实际，积极开展多层次、多渠道的科技培训和科技推广，通过形式多样的农技服务、科普宣传，有针对性地进行增强农民致富本领的先进适用技术培训，形成农民增收致富的长效机制，促进农业产业化经营，形成龙头企业、专业市场、合作经营组织、中介组织、公司、专业农户等，有效服务城乡建设。

（五）建立城市支持农村的长效机制

要争取各级政府对培育新型农民的支持，加大失地农民培训的经费投入，从郊区、乡镇转让土地受益中提取一定比例的基金，专门用于扶持农民进行生产结构调整和转岗。新增农民出让土地转让补贴，专门用于失地农民接受高等教育和转岗技能培训等，同时实行对提供失地农民教育的教育补贴政策，中心城市每年在财政收入中提取部分经费专门作为失地农民的教育经费，在全社会树立公平观，调动全社会力量来提高农业劳动者素质。①

（六）推进国有土地管理法制化建设

要切实加强对农业、农村、农民的支持力度，大力推进国有土地管理法制化，建立和完善土地流转机制，协调城镇建设与农地占用冲突，对郊区、乡镇转让土地的经济补偿严格按市场化运作，提高土地转让补偿标准，合理安置失地农民，协调城镇建设与农地占用冲突，防止地方政府通过征地剥削农民，提升农民可持续发展能力。

（七）创新社会人力资源评价及管理机制

实施农民工专业技术证书制度，畅通农民工向社会专业人才转变的成长路径和使用通道，对已经具有一定和较高技术水平的农民工，在技术职称方面给予认定，纳入城市或农村专业技术人员管理。不断实施专业继续教育，鼓励和促进失地农民通过不断学习专业科技知识和技能，努力成为本领域、行业或岗位的行家里手，为城乡经济发展和社会建设作出应有的贡献。

---

① 胡鞍钢．防止弱势群体停留在发展边缘［J］．学习月刊，2011（3）．

第四部分

城市综合大学提高人才培养质量与科学研究方法论

本科教学工作评估的实践研究*

周济部长在2004年10月教育部高等教育教学评估中心成立大会上强调指出，教育部启动五年一轮的高等学校教学质量评估制度，是教育部高度重视教学工作、狠抓教学质量的重要举措，是促进高等学校建立自我发展、自我约束的内部质量保障机制。要积极引导和培育社会评估中介机构，形成国家、地方、高校和社会相结合的立体化的高等教育质量监控体系，努力办好人民满意的高等教育。① 怎样以科学发展观统领学校工作全局，指导教学评估工作，已成为大学非常关注的问题。江汉大学在2003—2004年迎接教育部教学工作水平评估中，努力落实科学发展观，有力地促进了教学工作并取得一定成效。

一、坚持科学发展的观念，搞好学校的“顶层设计”

温家宝同志指出：“发展观的第一要务是发展。离开发展，就无所谓发展观。坚持科学发展观，其根本着眼点是要用新的发展思路实现更快更好的发展。”② 运用科学的理论、系统的方法、求实的态度指导学校发展规划的制定和实施，是一个多层面、多视角的

---

* 原载《辽宁教育研究》2005年第9期，作者：张丽萍、邓传德、李进才。

① 周济．大力推进高等学校教学评估工作 全面提高高等教育教学质量［J］．中国大学教学，2004（11）．

② 温家宝．牢固和认真落实科学发展观［EB/OL］．http：//news.xinhuanet.com，2005-08-01．

概念，但就整体而言，坚持科学发展，首先需要看学校的办学指导思想、定位、发展规划等“顶层设计”是否符合科学发展的要求。只有“顶层设计”符合科学发展的要求，其他具体方面才谈得上是否科学发展。在审视和坚持“顶层设计”的科学发展方面，我们主要抓了以下几项工作：

（一）抓先进教育思想观念

探究从牛津、剑桥到哈佛、斯坦福、加州大学伯克利分校等世界著名大学的成功之道，其关键时刻办学思想观念的创新决定着这些学校具有重大意义的跨越式发展。“办学思想、宏观的战略，从来都是决定性的，决定着前进的方向，决定着学校的发展。”① 只有以先进教育思想观念指导办学，学校这一航船才能朝着正确的航向前进。我们在迎评促建中，先后两次召开教学工作会议，开展教育思想大讨论，在一系列重要教育思想观念上达成共识：一是坚持树立学校一切工作都要以人为本的观念。学校的目的是培养人，让师生员工、学生家长、用人单位乃至全社会都享受高等教育发展带来的成果，是高等学校的最高价值取向。二是坚持树立科学的人才观。要树立成才与成人教育完美统一的人才观，“把既‘成人’又‘成才’作为高等学校人才培养的基本标准。”② 做到一切为了学生的发展，一切为了学生的成人成才，一切都着眼于调动和依靠学生内在的积极性。三是坚持树立科学的质量观。教学质量是学校的生命线，没有质量的数量是无益甚至有害的。在新的历史条件下的质量，是知识、能力、素质的统一，要把提高素质和提高质量有机地结合起来。在高等教育大众化进程中，对不同类型学校的教学质量有着不同的标准和要求。四是坚持科学的办学特色观。学校应敢于打破“千校一面、千人一面”的陈腐观念，努力办出不同特色，对学生在达到基本要求的同时，努力培养其具有鲜明的个性特征。

---

① 周济．谋划发展 规划未来．中国高等教育［J］．2003（2）．

② 周济．大力加强教学工作 切实提高教学质量．周济部长在第二次全国普遍高等学校本科教学工作会议上的讲话［J］．中国高教研究，2005（1）．

（二）抓学校的科学定位

科学定位是决定发展的大事，不仅关系到学校的教育质量、结构和效益，而且关系到学校如何促进区域经济和社会发展。科学发展观的提出既为高等教育改革提供了新的机遇，需要我们在科学发展观指导下进一步改革；又对高等学校改革发展建立了一个新的参照系，提出了一个新的评价标准，需要我们用新的眼光和视角来审视学校过去的定位。在迎评促建期间，学校通过开展教育思想、学校定位大讨论，认真分析了当前高等教育领域存在的某些单纯追求“教育 GDP 现象”、不顾办学条件盲目拔高或任意压低办学层次等违背教育规律的现象，并撰写《略论中心城市本科高校的科学定位与分类指导》论文参加学术讨论，更加明确了学校自身也要认清自己的条件与环境，按教育规律办学，从而既加深了对这一问题的统一认识和理解，同时也把学校原定位中的某些不妥之处作了必要的调整。有关学校服务面向定位，办学功能及发展目标定位，本专科生、研究生、成人学生的近期、远期、终极发展规模的发展速度定位，办学层次结构及专业布局定位，人才培养规格定位等，已通过几上几下反复征求意见和讨论，基本达成共识。

（三）抓学校的科学发展规划

制定学校发展规划首先需要正确分析和把握时代背景、社会环境和高等教育科技发展的前沿，贴紧地方经济和社会发展的脉络，努力遵循教育发展的规律，同时注意借鉴国内外高校的经验。江汉大学通过召开专门的论证会，认真听取省内外高水平专家的意见，对学校原制定的“十五”及中长期发展规划以及学校学科建设与发展规划、师资队伍建设规划、校园建设规划、校园网建设规划等子规划进行了扩充和修订，使之更加科学合理，更具前瞻性、先进性和可操作性。通过对学科专业发展方向进行凝聚和锤炼，使学科专业结构更加优化，定位更加准确，重点更加突出，在服务地方经济和社会发展方面特色更加鲜明。

二、坚持全面协调和可持续发展，搞好学校迎评促建和其他各项工作

纵观当今高等教育和高等学校，都是一个个内涵丰富、子系统众多的系统工程。因此，只有坚持全面协调和可持续发展，才能使高等教育和高等学校运转正常，得到科学发展。我们所面临的迎评促建工作，从某种意义上说，就是对学校教学工作本身、教学工作与其他各项工作全面协调和可持续发展的一次检验。对此，我们在迎评促建中主要抓了以下几方面的工作：

（一）统筹规模、结构、质量和效益四者协调发展

一所高校的科学发展，必须是规模、质量、结构和效益辩证统一的发展。而要保持其良好的办学效益，必须首先协调好规模和质量的关系，在确保质量的前提下，保持规模的适度。在评建过程中，我们在认真分析了学校资源、教学现状之后，果断提出适当控制数量，确保质量，向全校发出“团结奋斗、提高质量”的号召，并开展了“教学质量年”活动，围绕教育教学质量的提高采取了一系列措施，收到了明显的效果。教风、学风，毕业生考研录取率，可比性专业竞赛获奖数都得到了显著提高。

（二）硬件、软件两项齐建

学校的可持续发展离不开办学硬件和软件的支撑，我们按“硬件从实、软件从严”的要求有针对性地开展建设。2003 年学校全面启动了二期基础设施建设，投资 4000 万元，兴建了 1 幢教学楼和 3 栋学生公寓，引进社会资金 1 亿多元兴建了独立的二级学院——文理学院和现代艺术学院的教学基本设施，拟投资 8000 万元的多功能体育馆即将动工。还投入 6250 万元用于实验室建设，仪器设备总值近亿元，投入 4000 万元用于校园网和图书馆藏建设，构建了先进的数字化校园基础平台。2003、2004 两年共投资近 2 亿元使学校硬件条件上升到了一个新台阶。与此同时，还以前所未

有的工作力度加强以教学管理为重点的各项管理规范建设和校园文化建设，加强学风、校风等人才培养环境的建设，学校 2001 年合并组建以来两次被授予湖北省“文明单位”称号。

（三）学院、部门两轮驱动

迎评促建工作学院是基础，部门是关键，必须两轮驱动，任何一方面的削弱都会导致评建工作的失误。2003 年上半年，学校进一步调整和充实了评建领导小组成员和工作班子，确定了“统一部署、先点后面、整体推进、全面提升”的工作思路，2004 年，学校评建工作在前段试点工作的基础上正在全面推进。在工作过程中，我们一方面组织各学院对照评估标准摸清现状，找出差距，提出建设目标和任务，抓好基础性工作；另一方面将评估方案的各项指标进行分解，组织有关职能部门进行分析、研究、总结，提出整体建设的意见和方案。学院和部门相互配合，促进了评建工作的顺利进行。

（四）中心、服务两手共抓

学校定位于教学型大学，本科教学是学校一切工作的中心，学校其他工作都必须服从和服务于教学这一中心。但教学的中心地位是依赖于其他工作的开展而得以充分体现的，离开了其他工作创造的条件，其中心地位会受到削弱。我们在实践中一手抓教学这一中心，一手抓科学研究、队伍建设等其他工作，围绕中心工作抓其他工作。我们以教学工作要求抓师资队伍建设，以教学工作的需要抓基础设施建设和办学条件改善，以教学工作的开展抓管理工作的促进，以教学工作难点大力开展教育教学研究工作，取得了一批研究成果，如“中心城市本科高校教育教学改革研究与实践”课题研究成果达到国内领先水平，并努力将研究成果运用于学校教育教学改革的实践，被省教育厅组织的专家组评定为“在推动学校实施跨越式建设和发展方面发挥了重要作用”。在以本科教学为主体的同时，抓高职高专、成人教育等工作，努力使学校各项工作中心突出，统筹兼顾，协调发展。

(五) 建设、改革两面兼顾

评估工作既是促进学校建设的过程，也是促进学校改革的过程。评建过程中，我们在对照评估标准抓好硬件建设和规范管理的同时，还结合学校实际不断推进学校改革和工作创新。2003—2004年以来，我们积极探索投资主体多元化的办学新路，在办学体制上大胆尝试，引进社会资金创办了文理学院和现代艺术学院，以四校合并整合为契机，先后进行了两轮机构人事制度的改革，结合学校的实际积极稳妥地推进后勤社会化改革等，有力地促进了学校的建设和发展。

三、坚持以人为本，形成迎评促建的合力

马克思、恩格斯在《共产党宣言》中指出："代替那存在着阶级和阶级对立的资产阶级旧社会的，将是这样一个联合体，在那里，每个人的自由发展是一切人的自由发展的条件。"① 可见，在马克思、恩格斯对未来社会的构想中，每个人自由而全面的发展，是社会全面发展的基本内容和根本要求。一方面，人的全面发展是社会发展的归宿，经济的增长、社会的进步、生活水平的提高，最终都要落实和体现在人的全面发展上。另一方面，人的全面发展，又以经济、社会、文化的发展为基础；科学技术的发展，物质产品的丰富，为人的全面发展创造了条件。以人为本是科学发展观的本质和核心。高等学校坚持以人为本，就是坚持办学以教学为本，以不断满足人的全面需求、促进人的全面发展作为发展的根本目的和根本动力。学校一切工作都是为了师生，一切工作也必须依靠师生。我们在评建工作中，始终坚持以人为本，充分调动广大师生员工的积极性。

---

① 马克思恩格斯选集［M］. 第1卷. 北京：人民出版社，1995：294.

（一）坚持办学以人才为本、以教师为主体

克服过去在教育管理上行政干预过多，更加落实教授在治学中的重要依靠作用。实施学校“151”人才工程，以高度热情、前所未有的投入和扎实有效的措施，抓紧人才工作，建设一支政治业务素质精良的教师队伍。建立有领导联系师生、联系基层制度，领导干部通过校长信箱、校领导接待日、校情发布会掌握师生关注的热点问题，了解师生对学校工作的意见和建议，集思广益，积极引导广大师生参与学校迎评促建的建设和改革，充分体现师生的主人翁地位。学校“十五”及中长期发展规划的制定，重要规章的出台，机构、干部人事制度改革等方案的实施，我们都认真听取教授、各级干部及广大师生的意见。同时注重及时发现、总结和推广师生在实践中创造的成功经验，把包括教授在内的广大师生的积极性和创造精神引导好、保护好。

（二）坚持教育以育人为本、以学生为主体

克服教学中的教师中心观念，更加重视发挥学生的主体作用。我们以“全面发展的人”为培养宗旨，不断拓展新的思路和注入新的内涵，要求学生努力做到“爱国诚信，笃学业精，体强心健，善勇奋进”，认真落实德育在诸育中的首要地位。不断创新人才培养模式，推出并全面实施以“思想引导、事业辅导、生活指导、心理疏导”的综合导师制，在教学各环节、育人全过程扎扎实实推进质量工作，为学生的成人成才创造条件。我们两次修订和完善人才培养方案，启动了6个本科品牌专业建设项目和40门校级精品课程的建设工程，推行了双语教学和使用原版教材的试点工作，积极鼓励教师采用多媒体等先进教学手段，在教学上通过课程建设带动教材建设，鼓励使用优秀教材，打破“一门课程一本教科书”的旧模式，逐步实施“一门课程多种教材及教学参考书”的新模式。并建立创新实验室，对全校38个实验室实行全天候开放，鼓励学生带着企业生产实际问题和感兴趣的课题进入实验室开展研究，加强学生的技能培训，培养学生的创新精神和解决实际问题的

能力，让学生在学校就能掌握与所学专业相对应的技能技术，提前了解和掌握该专业在当前生产中的技术要求，缩短就业后的适应期，也为复合型人才的脱颖而出创造条件。

（三）坚持管理以服务为本、以满足师生的需求为学校工作的出发点和归宿

克服“重控制轻服务”的落后管理理念，用人、理财、管物——学校管理的整体运作均以是否有利于育人活动的开展为标准，努力创造教职员工各尽所能、各得其所而又和谐相处的环境。学校整体搬迁至武汉经济技术开发区以后，教学、工作、生活面临诸多困难。学校把为师生解决实际困难作为以人为本的重要体现，每年都把师生最需要解决的问题作为必办的实事列入工作计划，千方百计筹措资金，先后对教职工普遍反映的上下班乘车难、就餐难问题，午休问题，住宅建设问题，学生中存在的饮水、洗澡、贫困生生活困难等问题作为实事逐一加以解决，努力营造“齐心协力促发展、人人为评估作贡献”的良好氛围。

在几年的评建工作实践中，我们深深体会到用科学发展观指导评建工作必须坚持理论联系实际，确立先进教育理念作灵魂的思想，加强学校的“顶层建设”；确立以人为本的思想，加强队伍建设、提高人才培养质量；确立物质是发展的基础的思想，加强办学条件建设；确立管理出质量的思想，加强办学软件建设等，从而把评建工作纳入学校的全局、从长远加以考虑，促进学校健康、协调和可持续发展。

围绕教育教学改革重点难点开展研究促进学校跨越式发展*

一、研究背景和依据

中心城市本科高校是指我国中心、特大中心城市所属或省市共建、以市为主的普通本科院校。早在20世纪80年代初，为适应全党全国工作重心的转移，一些中心城市积极投资高等教育，以培养地方经济建设和社会发展的急需人才。一时间，各中心城市举办的以专科层次为主的高等学校如雨后春笋，迅猛崛起，在社会上引起广泛关注，为我国高等教育事业的发展，为地方人才培养作出了积极贡献，产生了较大影响。随着我国改革开放的深入发展和社会主义市场经济体制的逐步形成，一些中心城市对人才类型、层次的需求发生了很大的变化。为了适应这一变化，伴随我国高等教育体制的改革，中心城市本科高校又应运而生，大有异军突起之势。然而，这些中心城市的本科高校在建设和发展中遇到了许多新情况、新问题，诸如究竟如何科学定位并在众多的本科院校中凸显出自身的办学特色；在办学历史和经验、办学实力和基础条件等方面处于相对劣势的情况下，怎样确立和实施科学的发展战略，以便在夹缝中求生存、求发展；如何科学地确定人才培养类型，怎样突破传统的培养模式，以提高质量、培养合格人才等。教育界虽就广泛意义

---

* 本文是“中心城市本科高校教育教学改革研究与实践”课题研究报告，著作者为执笔人，与李进才、朱现平、邓传德、范雄飞共同完成，该项目获2005年武汉市科技进步奖三等奖。

的上述问题有所涉猎，但对中心城市本科高校的特殊状况的研究尚未引起足够的重视，少量的研究也往往停留在具体、浅层次和零散的状态，不够系统和深入。基于此，本课题组研究人员自江汉大学筹建以来，特别是2000年10月至2005年的4年多时间里，紧紧抓住中心城市本科高校为研究对象，针对其存在的突出问题进行了较为深入的科学研究，并结合江汉大学的办学实践加以探索。

二、指导思想和研究方法

本课题以马列主义、毛泽东思想、邓小平理论为指导，全面贯彻“三个代表”重要思想，坚持科学发展观，坚持教育为社会主义现代化建设服务、社会主义现代化依靠教育的方向和理论联系实际的原则，以中心城市本科高校教育教学改革发展中的重大现实和理论问题为主攻方向，注意在不同阶段抓住主要矛盾解决关键问题，在注重成果学术水平的同时注重成果的使用价值，努力使研究成果能够在中心城市高校的改革、发展的宏观决策和教育管理中实际应用，为科学咨询决策提供依据，为学校跨越式发展、提高中心城市的综合竞争力服务。

本课题根据研究内容的性质、特点和要求，主要采用了调查法、系统分析法、归纳法、访谈法、研讨会等方法。特别是2001年4月举办了“全国高等教育发展战略研讨会”，就有关重大问题展开讨论，与会者各抒己见，畅所欲言，使研究不断引向深入。

本课题研究的最大特点是始终关注并致力于解决中心城市本科高校教育教学改革中的重大现实问题。课题组主要成员既有长期从事高教理论研究和管理的专家，又有长期从事高等学校管理的实际工作者，既有处于学校决策层的领导干部，又有处于学校管理层的执行者，他们对解决中心城市本科高校教育教学改革问题的紧迫性有切肤之感，大家坚持深入钻研，努力实践，配合默契，保证了研究工作有条不紊地推进。

三、研究的主要内容及取得的新进展

本课题研究的主要问题及成果主要反映在公开发表的20篇系列论文之中。可概括为：

（一）关于中心城市本科高校如何科学定位，怎样办出特色问题的研究

本课题分析了在中心城市本科高校定位问题上存在的既有在层次上盲目求“高”，也有在层次上任意压低的认识误区。前者表现为不顾条件的“升格热”，后者表现为贬低这类高校现有的办学水准，怀疑是否应办本科，甚至认为只能办成以高职为主的社区学院。课题组据此阐述了中心城市本科高校需要加强科学定位与分类指导的重要性，阐明了随着我国社会主义市场经济体制的建立和完善，社会、经济、科技、教育的不断发展，需要真正实现大学各居其所、各安其位的客观必然性。指出了中心城市本科高校就整体而言，要坚持以本科教育为主，积极发展或积极创造条件发展研究生教育，适当发展专科和高职教育。努力坚持并维护了教育部对这类高校定位的批示，并深刻指出：不顾条件盲目追求升格，脱离实际固不可取，而任意贬低不仅不符合事实，而且有可能造成可贵教育资源的浪费，同样会造成危害。同时本课题又强调要在高校如林、强手如云的竞争之中发挥自己的优势，走“特色立校，特色治校，特色取胜”之路，进而提出明确服务宗旨是形成办学特色的前提，科学定位是形成办学特色的基础，构建新的人才培养模式是形成办学特色的核心，努力发挥学校的优势形成办学特色，并对中心城市本科高校除各自办学特点外，已逐步形成的地方性、综合性、应用性、开放性特色进行了初步的总结和论证。

（二）关于中心城市本科高校如何确定发展战略以及怎样实施发展战略的研究

本课题认真分析了中心城市本科高校大都办学历史较短、办学

基础较差、处于相对劣势的状况和中心城市重点高校、科研院所林立的特殊环境，而中心城市本身经济、科技、社会发展迅速，故要求提高人才培养质量、获得智力支撑，以及迅速提高市民综合素质，以彰显城市魅力，提高城市竞争力。明确了中心城市本科高校要肩负的历史重任，指出务必确定并实施跨越式发展战略，逐步形成跨越式发展风格，进而提出了中心城市高校实施跨越式发展战略的必然性、紧迫性，跨越式发展的方向、目标和措施等若干战略思考。

对于中心城市本科高校的学科建设，本课题强调，中心城市本科高校尤其是合并高校要大力推进学科的融合和优化，按照“同类合并，理工结合，学科渗透”的学科调整思路，重点扶持地方急需的学科专业；要面向地方经济和社会发展，扬长避短，积极发展应用学科；要变竞争强手为合作伙伴，在人才培养、科研平台建立等方面，实施“高位嫁接”、“借船出海”战略，聘请重点高校知名教授指导学科建设和科学研究以迅速提升学科建设和科研水平；没有硕士学位授予权的学校，要以硕士点立项建设学科为重点，形成重点学科建设和硕士点立项学科建设的良性互动；开展学科建设与地方经济建设和社会发展的对应连接。

（三）关于中心城市本科高校如何确定人才培养类型，怎样改革人才培养模式问题的研究

中心城市本科高校培养什么样的人才及如何创新人才培养模式的探索，已成为中心城市本科高校面临的一个共同难点。本课题研究提出，中心城市本科高校应面向地方经济建设和社会发展，以培养具有创新精神和实践能力的应用型人才为己任，培养介于学科型、技能技艺型之间，既具有较深厚的理论基础，又具有较强实践动手能力的第三种类型人才。强调指出中心城市本科高校既不能盲目追求研究型大学人才培养的目标，也不能满足于高职高专技艺型人才培养的要求，而应沿着第三种人才培养类型和目标进行不懈的实践探索。在教学单位的构建上要有利于理工结合、文理渗透，在人才培养模式上要大力推进产学研结合，倡导通识教育，科学构建

学生的知识能力结构。强调加强大学生文化素质教育，提出人文教育与科学教育的融合是创新人才培养的内在要求，要彻底改变大学课程设置的过分专门化、大学课程内容过分单一化、大学情商（EQ）教育的旁落化的现象以及综合大学人文教育与科学教育天然融合论的观点等。本课题还试图从融合的误区分析中积极探求人文教育与科学教育融合的最佳切入点，避免实践的盲目性。

（四）关于中心城市本科高校治校理念、加强管理的研究

提出中心城市本科高校要抢抓机遇，积极吸纳国内外先进的办学理念和管理模式，壮大自己、发展自己。坚持以人为本，以创新为灵魂，以改革为动力，促进学校规模、结构、质量与效益的协调发展；坚持以教学为中心，以科研为龙头，以服务社会为己任，大力培养具有创新精神和实践能力的高素质人才；坚持以德立校，以学兴校，依法治校。提出在教育创新中要切实解决好创新与继承、创新与规范管理、创新与加强基础、创新与跨越式发展战略的关系，以创新精神解决合并组建的中心城市本科高校存在的观念性差距、体制性缺陷、结构性矛盾、历史性包袱等问题。

（五）关于中心城市本科高校教育教学改革中存在某些共性问题的研究

本研究阐述了当前高等教育必须切实解决好四个方面事实上而非口头上的思想观念和认识误区的问题。即：关于高等教育是崇高的社会事业与产业属性事实上的界限不清、定位不准；在高等教育非义务教育与义务教育事实上的界限不清、定位不准；关于在高等教育公平与否问题事实上的界限不清、定位不准；关于高校毕业生就业的责任主要在学校还是主要在政府和社会，也存在着事实上的界限不清、定位不准问题，并指出应当如何辩证地认识这些问题以及怎样解决这些问题。而产生对这些问题认识偏颇的最深刻的根源，在于“左”的思想观念影响。另外，本研究还探讨了如何优化人才培养途径问题，提出高等学校人才的培养主要是通过教学，

也就是通过课程设置和教学内容来实现的，并分析了我国高校教学内容改革、优化的主要障碍：第一，受传统维持性教育思想和计划经济某种思维定势的消极影响，导致思想观念的陈旧，对于要不要深化改革、优化教学内容缺乏思想准备和应有的认识。这是教学内容改革、优化的最大障碍。第二，缺乏深化改革、优化教学内容的管理制度和激励机制，这是教学内容改革的又一障碍。第三，高等学校教材建设工作相对滞后，修订更新速度太慢，这是教学内容改革、优化的另一障碍。提出优化教学内容首先要更新教育观念，辩证地处理好现代内容与经典内容、教学内容统一性与多样性、教学内容的复合化和专业化、教学内容改革与教材改革、加强领导与调动广大教师积极性等五个关系。

四、研究成果的应用及影响

本课题研究成果得到国内专家的肯定，在高校领域产生较大影响，对促进中心城市本科高校教育教学改革以及学校的建设与发展起到了积极作用。

（一）研究成果应用于江汉大学办学实践取得显著成效

本课题研究的一些主要成果得到江汉大学党委、行政的高度重视和肯定，在办学实践中得到采纳。由于省委省政府、市委市政府的正确领导和全校师生员工的共同努力，江汉大学在教育教学改革中不断取得新的成绩，成效显著。

一是坚持科学定位，明确学校发展的方向。江汉大学确定学校定位为以本科教育为主，积极创造条件承担研究生培养任务，适当发展专科和高职教育。同时将“立足武汉，面向省内外，为国家培养和输送具有创新精神和实践能力的应用型人才”写在了自己的旗帜上。进而明确要瞄准世界教育和科技发展的前沿，紧贴地方经济和社会发展的脉络，坚持规模、质量、结构、效益协调统一，努力把江汉大学办成地方一流综合性大学。

二是坚持跨越式发展战略，促进了学校事业的发展。学校在短短几年中完成了由四校分散办学到集中办学的历史性转变；实现了以专科教育为主向以本科教育为主的实质性跨越：至2005年，学校占地由600余亩扩大到2100余亩，学生由8000余人发展到17200余人。由没有重点学科发展到有11个学科列为湖北省硕士点立项建设学科，5个学科被确定为市级重点学科。教学质量不断提高，学校所获科研项目，获奖数量、规格，都超过了原四校历史上总和的最高水平。2003年学校被评为“湖北省文明单位”。

三是坚持培养模式的创新，致力于培养应用型人才。学校按照“同类合并、理工结合、学科渗透”的原则，科学设置了学校院系、学科专业。特别是将理科和工科结合建立学院，分别建有数学与计算机科学学院、物理与信息工程学院、化学与环境工程学院等。学校积极开办由教育厅批准的5个创新培养模式试点班，还积极探索“3+1”、“2+2”产学研结合模式，“2+2”五型合一模式，全面推行学分制，取得了较好成效。2002—2004年，江大学生在全国大学生数学建模、电子设计、英语等学科竞赛中先后获得国家一、二、三等奖25项，省特、一、二等奖12项。毕业生就业率2005年9月底已达90%以上。

四是坚持科学的治校理念，加强学校的建设和管理。学校仅用16个月时间，完成了新校建设，一座现代化的校园在美丽的三角湖畔拔地而起，创造了被媒体和社会称道的“江大速度”。专家评价在全国同类高校中处于领先水平，教育部专家组认为，应在新的高等教育史上写上一笔。著名教育家潘懋元教授参观新校后致信学校：“对江汉大学的定位明确与擘划宏图，十分赞赏；尤其是新校区基建的规模速度，叹为观止。”

近几年江汉大学的建设发展受到社会广泛关注和赞许，李岚清、吴官正等中央领导来校视察，几百所大学和部门的领导和同志们来校参观指导工作，全国数十家媒体对学校改革、建设发展情况进行了报道。江大的教育教学改革中实践，从某种意义上说，是对研究成果的检验。

（二）研究成果丰硕

课题组成员发表的近20篇科研论文，有一半以上发表于《中国高等教育》、《高等教育研究》、《中国高教研究》等核心刊物上。其中有些论文还应邀参加学术会议交流，有的还获了奖。比如关于中心城市高校定位问题论文发表在《中国大学教学》2004年第5期，参加了全国高校教学中心在广州召开的专题会议并作会议交流。又如，《略论我国人文教育与科学教育融合的误区及其对策》2002年应邀参加了由两岸三地联合主办、在香港召开的“大学生文化素质教育与通识教育学术研讨会”并作会议交流，2002年7月25日《科技时报》全文转载，2003年被收入由清华大学主编的《人文教育与科学教育的融合》一书，2004年被评为“湖北省第四届教育科学研究成果二等奖”。再如，《当前发展高等教育亟待解决的几个认识误区》在《高等教育研究》2004年第2期上发表，课题组组长李进才应邀参加2003年11月武汉大学110周年校庆期间召开的有国内外许多著名学校参加的大学校长论坛并作大会发言。2004年4月我国著名高等教育专家潘懋元教授在“高等教育与资本市场国际研讨会——大学校长高峰论坛”上的主题发言中还引用了该论文的主要观点。又如，《中心城市高校人才培养创新模式探索》，在大连主办的“新建本科高校教学改革研讨会”上进行了交流，并由中央电视台摘要播发。又如，由李进才同志任主编的《高等教育世纪观》一书，于2001年6月由武汉出版社出版，《中国教育报》发了出版书讯，《中国高教研究》发了书评，2003年获“武汉市科技进步二等奖”。

上述多篇论文发表和专著的出版，在包括中心城市本科高校在内的全国高教理论界产生了较大影响和好评。

（三）组织召开“全国高等教育发展战略研讨会”，在高教界和高教研究领域产生了较大影响

2001年4月14—15日，由江汉大学（筹）联合有关单位主办的“全国高等教育发展战略研讨会”，有来自北京、上海、天津、

广州、河北、浙江、厦门、海南、贵州、武汉等地的100余名专家、学者和教育科研机构的领导参加。著名高等教育专家厦门大学教授潘懋元，武汉大学博士生导师、武汉市副市长辜胜阻，上海教育科学研究院院长胡瑞文，中央教育科学研究所高等教育研究中心主任李志仁等教育专家在会上作了报告，与会的专家学者围绕着我国高等教育的发展战略问题，从高等教育思想及观念变革，高等学校的定位及如何办出特色、高等学校办学模式、人才培养模式、高等教育与经济发展关系等方面，进行了热烈的讨论，特别是紧扣素质教育、创新教育与创新人才培养模式，高校合并，高等教育现代化、信息化、大众化，高等教育适度超前发展，高等教育管理等热点、难点问题，进行了深入的探讨和研究，为高等教育改革和发展提供了新的思路。

在坚持教育创新中大力提高教育教学质量*

自党的十五大以来，江泽民同志从中国国情出发，顺应世界变革大趋势，反复强调创新的思想，提出了一系列著名的论断。在进入世纪之交的关键时刻，他又十分强调教育创新，在第三次全国教育工作会议上指出，“教育是知识创新、传播和应用的主要基地，也是培养创新精神和创新人才的重要摇篮”①。2002 年 9 月，他在北师大建校一百周年庆祝大会上，从完成中华民族伟大复兴历史任务的高度，提出“必须不断推进教育创新”②。指出“教育创新，与理论创新、制度创新和科技创新一样，是非常重要的，而教育还要为各方面的创新工作提供知识和人才基础”③，并系统地论述了“教育要创新”的思想，科学地阐述了教育创新的内容、途径、原则和方法。特别是在党的十六大报告中，又深刻指出：“坚持教育创新，深化教育改革，优化教育结构，合理配置教育资源，提高教育质量和管理水平，全面推进素质教育，造就数以亿计的高素质劳动者、数以千万计的专门人才和一大批拔尖创新人才。”它不仅指

---

* 原载《江汉大学学报》2003 年第 1 期，被收入《高教改革与创新——江汉大学教育教学改革与研究论文集》（上册），作者：李进才、邓传德、张丽萍、范雄飞。

① 江泽民在全国教育工作会议上发表重要讲话强调：国运兴衰系于教育，教育振兴全民有责［N］. 人民日报，1999-06-16.

② 实施科教兴国战略，大力推进教育创新［N］. 人民日报，2002-09-08.

③ 实施科教兴国战略，大力推进教育创新［N］. 人民日报，2002-09-08.

明了我国教育事业发展的前进方向，也是新世纪实现教育现代化的进军号角和动员令。

一、教育创新已成为推进高等教育建设和发展的国际潮流与时代精神

所谓教育创新，就是在宏观领域构建学习化社会的终身教育体系，为社会成员的终身学习提供制度化保证；在微观领域最大限度地开发人的创造力潜能，形成适合人的充分发展的教育模式。因此，教育创新，就是指用新的思想、新的技术和新的手段使教育得到发展，产生新的效益，建立培养人们终身受用的素质和不断更新自身知识的新的教育机制。其目标是使一个人在未来社会中学会生存，学会关心，学会创造，而其核心是学会创造。

（一）坚持教育创新是源于并且主动适应知识经济严峻挑战的迫切需要

自20世纪60年代以来，人类社会的发展速度空前加快，知识在经济发展中的地位和作用日益凸显。计算机和因特网的诞生使世界变成了一个巨大的信息交流场，全球经济一体化打破了各国的经济疆域，产业结构发生了根本性变化，低文化层次和“功能性文盲”面临着愈来愈大的失业危机……这一切表明，人类社会的经济形态正在悄然地发生变革，世界已进入一个崭新的知识经济时代。知识经济是“以知识为基础的经济”的简称，权威的观点是世界经合组织提出的界定，即“知识经济是建立在知识和信息的生产、分配和使用基础上的经济”。知识经济作为一种新的经济形态，与农业经济和工业经济相比，最大的区别在于：它的繁荣不是直接取决于资源、资本，硬件技术的数量、规模和增量，而是直接依赖于知识或有效信息的积累和利用。有人对此形象地说：农业社会，谁拥有土地，谁就拥有财富；工业社会，谁拥有资金，谁就拥有财富；知识经济时代，谁拥有知识，谁就能占领经济发展的制高点。据有关研究，世界经合组织主要成员国GDP的50%以上是以

知识为基础的，技术和知识的增长占美国全部要素生产率增长的80%。可见，在知识经济中，知识对经济发展的驱动力已超过了传统经济中的任何要素，成为生产力的第一要素。我国不少企业家已经意识到“物力资本已经退居次要地位，人力资本已经成为企业发展的决定因素”①。知识经济是以高科技为核心，以创新为灵魂的经济，离开了创新，一个民族或国家的经济发展将失去动力之源。因此，教育既是知识经济的基础和动力源，也成了知识经济时代的主导行业，而拥有高科技、新知识和人才这些知识经济基本要素的大学，已从社会的边缘走向了社会的中心，在知识经济社会中无疑处于全面性、先导性和基础性的地位。知识经济时代是终身教育时代，知识经济社会是学习化社会。教育和学习已成为人们生存于知识经济社会的先决条件。为适应知识经济的挑战，教育创新的历史责任摆在了教育管理部门和教育机构、特别是高等学校的面前。

（二）坚持教育创新是主动适应世界教育发展趋势的迫切需要

20世纪80年代以来，面对知识经济浪潮的到来，世界各国尤其是发达国家在教育发展战略中积极调整教育目标，主动进行适应知识经济发展的教育改革和创新。美国科学促进会于1989年发表了《普及科学——美国2061计划》，突出强调改革美国的科学、数学和技术教育，培养国民的创新能力，引起了美国政府的高度重视。1991年，美国总统布什发表《美国2000年教育战略》，提出了把美国建成世界最强大的国家的“六大教育目标”，其中充满了教育创新的内容；1997年，美国总统克林顿在谈及知识经济的《国情咨文》中强调，“美国政府今后的头等任务是确保每个人享有世界上最好的教育”。日本始于20世纪80年代的教育改革，也是围绕着如何培养“富有个性和创造能力”的人才而展开的。1994年开始的“终身学习（教育）运动”，其目的就在于人力资

① 高校大门向企业敞开［N］. 光明日报，2002-12-19.

源开发，培养人的创造能力。2001年，日本又制订了《21世纪教育新生行动计划》，尤其强调培养学生的创新精神和实践能力。韩国将“教育革命”作为“国家生存战略”的重要组成部分，于1995年发表了《为建立主导世界化、信息化时代的新教育体制》的教育改革方案，突出强调了教育要培养国民的学习能力和创造能力。要求中小学由实行以知识记忆为主的教育向以培养创造力为重点的教育转移；大学由传授现有的和外来的知识向成为科技、文化创造源的方向转移等。综观世界各国教育改革的实践可以发现，尽管不同国家有不同的改革重点和举措，但是，透过这种教育改革的多样性，我们也看到一种高度的一致性：就是要改革19世纪末20世纪初建立的现代教育制度，推进创新教育，从整体上彻底改变教育与生活、学校与社会、教师与学生的关系，创造出一种适合于个体、社会、国家和全人类未来生存和发展要求的新教育。着力培养学生的创新精神和创造能力，这已成为全球教育发展势不可当的客观趋势。

（三）坚持教育创新是适应我国高等教育发展的迫切需要

党的十一届三中全会以来，在邓小平理论的指引下，我国的教育事业通过不断改革取得了巨大成就。但是，我们也不得不承认，我国教育领域的改革与社会其他领域的改革相比，滞后现象已成为不争的事实。从教育宏观领域来看，适应社会主义市场经济、政治、科技体制的教育体制还有待建立和完善；在教育行政管理上，集权有余、分权不足的状况尚未根本改变，推进办学体制多元化，建立多渠道筹资的投入体制的步伐不大；教育评估在如何更加有利于培养创新人才的科学体系方面尚待继续探索。从教育微观领域来看，现行人才标准和培养目标与经济、社会发展的要求还不尽相适应；人才培养模式单一、缺乏创新；课程设置、教学内容对学生创新精神和创造能力的培养是一个薄弱环节；教学方法上依然是灌输式占主导地位，现代化教学手段的利用很不充分，等等。这一切都束缚了学生创新意识和创新能力的培养。

（四）坚持教育创新是适应全面建设小康社会要求的迫切需要

党的十六大明确提出了全面建设小康社会、开创中国特色社会主义事业新局面的奋斗目标。我们体会全面建设小康社会，既是一个集经济、政治、文化于一体的综合目标，又是一个尊重历史、立足现实、放眼未来的发展目标，这一目标既包含着发展教育事业，为人民提供良好的受教育的环境的内容，同时也包含着对教育特别是高等教育改革发展的更高要求。江泽民同志在十六大报告中强调教育“必须摆在优先发展的战略地位”的同时，又要求必须“坚持教育创新，深化教育改革，优化教育结构，合理配置教育资源”，“造就数以亿计的高素质劳动者、数以千万计的专门人才和一大批拔尖创新人才”。江泽民同志之所以如此强调教育的重要地位并提出殷切期望，是因为实现小康社会的建设目标关键在于人才和科技，这是实现中华民族伟大复兴的希望所在。

二、实施教育创新，努力培养具有创新精神和创造能力的拔尖人才

合校以来，我们围绕学校的筹建组建，在狠抓新校建设、学科专业建设和科学研究以及师资队伍建设等工作的过程中，始终强调以教学为中心，努力提高教学质量，特别是 2003 年提出了“团结奋斗，提高质量”的号召并采取了相应措施，与此同时，大家贯彻教育创新精神，试图突破传统的模式和做法，也作了一些有益的探索，取得了明显的成效。但是，教育创新是一种新的教育理念和机制，是一项复杂的系统工程，需要作长期艰苦的努力。教育创新内容十分丰富，既包括思想和观念创新、体制和机制创新，又包括模式和内容创新、方法和手段创新、学校管理创新等。抓教育创新，必须从以上各个方面入手，锐意改革，努力开拓进取。

（一）狠抓思想和观念创新，这是坚持教育创新的先导

从时代特征和国情出发，遵循教育规律和人才成长规律，切实转变和更新教育思想，要树立三个方面正确的教育观念。

首先，要树立正确的知识观。世界经合组织的专家们把当代人类全部知识分为四类，即关于事实和现象的知识、关于自然规律和原理方面的知识，这两种属于归类知识，可通过传授而获得；另两类是关于技能和诀窍方面的知识、关于人力资源方面的知识，属于沉默知识，主要靠实践获得。在应试教育环境下，我们过去更多地强调归类知识，并通过考试进行度量，归类知识不断强化，而沉默知识一再被忽视，导致学生在知识结构上存在严重缺陷，如“高分低能”、“知行不一”、“文不懂理，理不能文”等等，应试教育显然已不适应教育创新的要求。另外，一个不容回避的事实是知识总量急剧增加，知识更新的速度加快，目前知识更新的周期已缩短为2~5年，网络技术的更新周期更是从18个月缩短为8个月。《世界高等教育宣言》指出，现在有的专业的大学生，进校时学的知识到毕业时有些部分已陈旧了。因此，学校教育的重点要从传授知识转变为着重培养能力，特别是学习能力和思维能力，为终身学习打好基础。

其次，要树立科学的人才观、质量观。由于旧的教育思想、观念的影响，长期以来，我国学校教育简单把培养听话、考试得分高的学生作为优秀学生的标准，形成了重知识灌输、轻技能训练，重分数、轻素质，重死记硬背、轻实践能力的教育模式，严重影响了学生的动手能力、自己获取知识的能力和创造性能力的养成，限制了人的创造性。诺贝尔物理奖得主朱棣文教授曾一针见血地指出：中国的学生学习很刻苦，书本成绩很好，但是动手能力差，创新精神明显不足。这也是我国培养的学生无数次在国际数、理、化等学科竞赛获大奖，而至今无一人获诺贝尔奖的重要原因之一。在知识经济时代，创新教育就需要彻底改变这种落后的人才观、质量观，把创新意识、创新能力和创新精神的培养作为人才培养目标改革的

重点。知识经济的核心是创新，知识经济时代人才观、质量观最突出的特征，无疑是创新意识和创造能力。正如美国哈佛大学第24任校长普西所说：“一个人是否具有创造力，是一流人才与三流人才的分水岭。”①

最后，要树立创新的教育观。知识观、人才观、质量观的变化，势必影响到教育的变革；教育的变革，必然会引起教育观念的创新。知识经济时代对人才素质提出了新的更高的要求，这些素质的核心就是创新。加强对大学生创新意识、创新能力与创新素质的培养，造就适应知识经济时代和我国社会主义建设事业需要的创新人才，已成为高校的历史重任。正如有些教育专家所指出的，在20世纪80年代以前主要是强调传授知识，因此当时能传授给学生知识就算是好教师；到80年代中期则在强调传授知识的同时，又强调了能力的培养，这时教师如果只能传授知识，而不能培养学生的能力就可能是不合格的教师；到了80年代后期至90年代以来既强调知识、能力，又强调素质，教师如果只能传授知识，培养能力，而不能提高学生的素质，尤其是创新素质，就可能是不合格的教师。只有既能传授给学生以知识，同时又能培养学生的能力，并能提高学生素质、努力塑造学生创新精神的教师，才能称之为合格的好教师。因此，实施教育创新，首先必须打破继承性教育传统，进行教育观念的创新。

（二）狠抓体制和机制创新，这是坚持教育创新的关键

实践证明，如果不在体制和机制上走创新之路，完全等、靠政府投资办学，在新的历史条件下要办好学校是没有前途的。教育部批准组建新的江汉大学，应该说从根本上打破了条块分割、教育资源浪费、办学效益不高的管理体制，为学校的发展开辟了前进道路。但是，投资体制的单一性，又是阻碍教育发展的另一瓶颈。我们与证券日报社合办了融智工商学院，引进了民营机制，并且首届招生出现了火爆的势头，在打破办学主体、投资体制单一化格局方

① 朱国宏．哈佛帝国［M］．上海：上海人民出版社，2002：151.

面又迈出了新的步伐。当然，我们许多同志目前还习惯于把教育仅仅看成是崇高的社会公益事业，而忽视教育的产业属性。推进教育体制和机制创新的任务还十分繁重。下阶段，我们准备在这方面大做文章，力争创建多个二级学院，创建江汉大学科教园区，使学校的办学体制、运行机制尽快与社会主义市场经济体制相适应，让学校在未来的竞争中永葆蓬勃生机和活力。

（三）狠抓培养模式和内容创新，这是坚持教育创新的核心

江汉大学作为地方大学，要求我们必须从学校实际出发，为区域经济和社会发展服务，结合地方科技、经济、社会的实际需要培养大批的应用型人才。在这方面，我们一些院系实施了“3+1”、“2+2”产学研结合模式以及“2+2”五型合一模式等多种人才培养模式的有益探索，取得了明显成效，今后还要加大这方面改革的步伐。

教育内容创新要求讲授学科前沿知识、优化人才培养课程体系。目前西方发达国家如美国等多实行通识教育模式，我国台湾、香港地区近年来也大面积实施通识教育模式，北京大学在实施“元培计划”，不少大学实施文、史、哲基础打通，理工基础打通，文科基础打通，甚至举办大文大理强化班等多种改革的尝试。我校承担了省教育厅批准的“工商管理类”、“机械类”、“电器信息类”、“临床医学与医学技术类”、“中国语言文学类”等专业宽口径创新人才培养的试点。省教育主管部门要求加大改革力度，勇于探索，争取取得新的进展和某些突破。课程体系的改革和教学内容的更新最终要落实到教材上。改革教材工作要处理好传统内容与现代内容的关系，处理好传授知识与培养能力的关系，要使学生学习学科前沿的最新知识，让学生了解和掌握先进文化的发展方向。要创造条件，逐步打破一门课读一本教材的格局，打破单纯纸型教材，采用电子教材和其他种类教材，以培养学生的创新精神和能力。

（四）狠抓教育方法和手段创新，这是坚持教育创新的举措

我国高校传统的教育方法存在重教法轻学法，不少教师仍然习惯于注入式教学，学生亦缺乏独立思考。因此需要进一步强调启发式教学和因材施教，强调师生互动的双向交流，推行问题讨论式教学，加强对学生的个性化和创造力的培养等。信息技术进入教学领域所形成的现代教育网络无疑将更加有利于创新人才的培养，因此，在教学方法的设计和运用过程中，要充分利用各种现代化教学手段，使学生的学习多快好省和富有个性。此外，还要改革和创新考评方法，逐步改革以考试为中心，以知识掌握程度为基础的教学评价制度，学生学习成绩的评定方法还要因课而异。学生日常行为的评定，也应逐渐改革质量标准，充分吸纳现代教育思想，弱化约束、弱化强制、弱化按部就班，鼓励冒尖，鼓励发展个性，鼓励创新。

（五）狠抓教学管理创新，这是坚持教育创新的保证

党的十六大报告特别提出要提高教育质量和管理水平，这是很有针对性的。管理创新的目的，就是要在营造规范有序的管理秩序的同时，制定出科学的管理制度，鼓励和调动师生投入教与学的主动性、积极性，为教育创新营造良好环境。从而真正做到鼓励教师创造性地教，学生创造性地学，使学生努力发展个性、特长和潜能，尽快成长为社会主义事业所需要的创造性人才。高新科技的发展以及现代化管理手段在学校中的运用要求我们必须树立科学、规范、严格的管理创新观念，科学运用现代化管理手段，统一管理目标，融合管理过程，提高管理效率，优化管理结果，为实施教育创新、提高教学质量提供有利的环境和条件。

三、正确处理在教育创新中的几个辩证关系

教育创新涉及学校工作和教学工作自身的方方面面，是一项带

有全局性、综合性的改革，在实施的过程中，要特别注意处理好以下四个关系：

（一）创新与继承的关系

继承是创新之本，是创新之基，失去继承，创新也就成了无源之水，无本之木。当然继承绝不是守陈的代名词。如果说继承不在于墨守过去的具体做法，而在于坚持遵循科学规律，那么创新就是继承。教育创新是一种在遵循教育规律、继承教育成功经验基础上不断扬弃的过程，其本质是与时俱进。高等教育发展的客观形势要求我们对传统教育吸取其精华，剔除其糟粕，使我们的教育思想、教育内容、教育手段、教育方法与时俱进，跟上时代的步伐。江汉大学的特殊地位和现实条件，决定了我们既不能完全照搬重点大学的发展模式，也不能全盘沿袭四校原有的办学模式和做法，必须适应高等教育发展规律在继承中创新。我们在长期办学实践中积累了丰富的经验，如：在教学管理方面，我们推行了学分制、主辅修制、专升本等一系列有利于促进学生成才的制度；在人才培养模式方面，物理与信息工程学院、数学与计算机科学学院、商学院探索了“3+1”、“2+2”产学研结合模式，“2+2”五型合一模式以及前面提及的“工商管理”等5个大科类专业人才培养模式改革试验，部分课程引进原版教材，实行双语教学；适应现代教育技术，实施启发式、讨论式、研究式教学；少数专业已开设综合性、开放性实验；在办学机制上，打破了单一政府投资办学的格局，创办了融智工商学院等，对此，我们不能停留在原有的基础上裹足不前，需要很好地总结和完善，同时要结合当前高等教育发展的新形势、新任务、新要求，积极进行新的探索和尝试，逐步形成我们的办学特色，力争创出优势，形成品牌。

（二）创新与规范管理的关系

我们提倡创新，也强调规范管理，二者并不矛盾，规范管理为创新创造条件，创新促进规范管理。不可想象，一个缺乏规范管理的学校，能够在教育教学创新中有大的作为。创新当然重发明、创造，我们在这方面还要有新的举措、新的突破，但发明、创造在很大程度上是与规范管理时刻相伴随的，现实中的创新往往是在“如何把一件事做得更好”的理念下，通过对一个事物的完善过程而实现的。我们提出要把江汉大学办成一流地方大学的目标，这一目标是一个综合的、整体性的目标，其中无疑包含有一流管理的内容。一流管理就是规范管理。只有规范化管理才能最大限度地激活学校办学活力，最大限度地发挥资金使用效益。规范的管理是提高教学质量的前提，也是教育创新的保证，对新组建的江汉大学尤为重要。目前，学校管理包括教学管理中还存在许多问题，一些工作关系尚未理顺，有些工作职责还不明确，管理制度还很不健全，规范管理任重道远。对此，我们必须要有清醒的认识。一定将规范管理，尤其是教学领域的规范管理作为基础性的工作抓紧抓实，建立良好的教学、工作、生活秩序，为教育创新提供保障。

（三）创新与加强基础的关系

教育部于1961年制定颁布的“高教六十条”中，强调要加强学生基础理论、基本知识、基本技能，俗称“三基”，这是提高教学质量的一条基本原则，任何时候都只能加强而不能削弱。那么，创新与加强基础之间是否存在矛盾呢？回答是否定的。二者同样存在相互依存、相得益彰的关系。没有坚实的基础，就缺乏创新的能力，没有创新的能力，就难以形成坚实的基础。注重基础，是我国高等教育的传统和优势。纵观各国高等教育，在处理创新与加强基础的关系方面，各具特色。如美国特别强调创新教育，而在基础知识教育方面显得不足，不久前，美国国家专门委员会向美国总统提交的教育改革报告，标题很醒目——《暂时还不晚》。这份报告的结论是，美国面临威胁，不能应对现代挑战。主要是因为美国的数学和自然科学教育太弱，而美国的未来取决于数学和自然科学教育的质量。报告建议在美国自己的专家培养起来之前，应大量吸收世界各国科学家。相比之下，苏联非常强调基础知识教育，如莫斯科大学虽然历经10年动荡，至今仍保持了这一传统，这也是俄罗斯航天工业仍保持在世界领先水平的主要原因之一，但他们也发现在创新方面显得不足。前不久，莫斯科大学校长萨多夫尼契教授指出："目前世界各国都面临新技术新发明带来的挑战，要做好大学生的培养工作，首先要跟踪世界科技前沿的最新动向。"① 近年来，他们调整了教学大纲，开设了一些瞄准科技前沿的专业。就我们学校的现状来看，两者都需要加强。在加强基础知识教育方面，我们做得还不够，许多教学环节还有待加强。在教育创新方面，我们还仅仅只是起步。因此，我们坚持教育创新，决不能削弱基础，而是要在推进教育创新中促进学生基础知识的教育，夯实基础，强本固基，从而更有效地培养学生的创新能力。

（四）创新与实施跨越式发展战略的关系

创新是时代特征，也是学校跨越式发展的灵魂。高等学校包括我们这类高校要实施跨越式发展，必须以创新精神紧紧抓住重要战略机遇期。十六大报告指出，21 世纪头 20 年，是一个必须紧紧抓住并且可以大有作为的重要战略机遇期。现在"重要战略机遇期"的概念已被世界越来越多的国家所接受和重视。江汉大学由于历史的原因，基础相对薄弱，而服务的武汉市将要建成我国的"五大产业基地""五大功能中心"，成为现代化的国际性城市，加上武汉市重点高校林立，江汉大学要求生存，求发展，进而为社会主义现代化作贡献，不走创新之路，不办出自身的特色，就没有发展空间，就没有前途，就难以有所作为。纵观一些重点大学发展的历程，一般都经历了一个或几个形势有利、特点突出、速度加快的阶段，而在每一个发展阶段，其所以能取得成就，就在于它们较好地抓住了重要战略机遇期。历史的经验表明，以创新精神抓住机遇，奋发图强，就能够乘势而上，加快发展；反之，机遇来临而不觉，面临机遇而无为，就会延缓发展，甚至被历史淘汰。机遇具有稍纵即逝、不可复生的特性，机遇从来垂青于那些有准备的人、有准备的头脑。等待观望，畏首畏尾，被动应付，行动迟缓，是不能抓住

---

① "大学教育应注重基础理论"——访莫斯科大学校长萨多夫尼契教授[N]. 光明日报 . 2002-04-02.

机遇发展自己的。可见，高校的发展在于抢抓机遇，永无止境、永不停歇地创新。因此，我们要进一步增强紧迫感、使命感和忧患意识，以只争朝夕的精神，不放过有利于学校发展的每一次机遇，在抢抓机遇中推进学校的跨越式发展。

如何在高校志编纂中大力落实科学发展观*

编修一部具有鲜明时代性、较强科学性的高校志，全面、客观、真实地记载一定时期区域高等学校的历史和现实情况，对于更好地发挥其理论创新、资治育人、传承文明、服务社会的功能具有十分重要的意义。党的十七大报告指出："在新的发展阶段继续全面建设小康社会、发展中国特色社会主义，必须坚持以邓小平理论和'三个代表'重要思想为指导，深入贯彻落实科学发展观。"如何在高校志编纂过程中大力落实科学发展观，努力提升高校志的编纂质量，成为当前亟待解决的问题。

一、坚持科学发展的理念，搞好高校志的"顶层设计"

当今我国学术界对方志的"存史、资政、教化、兴利"四大功能多有论述，编纂高校志的重要意义在于它是一项事关区域高等教育和高等学校发展的重要基础工作。而要使高校志充分发挥这四大功能，体现高等教育科学发展，首先要解决的一个重要问题就是做好高校志的"顶层设计"。所谓顶层设计，是指自高端开始的总体构想。不言而喻，战略设计是所有设计的金字塔之顶。顶层设计是用系统论的方法审视全局，对系统中的各要素、各子系统统筹考虑，确定目标，制定正确的战略战术，选择正确的实施路径，并通过实践中的不断调整，规避各种风险，达到以最小成本获取最大效

---

* 原载《决策与咨询》2008年第11期，作者：张丽萍、王良楚。

益的目的。新一轮高校志断限一般是1985—2005年，即改革开放以来高等教育发展的历史和现状，编纂这样的高校志涉及很多方面，是一项浩繁工程。做好“顶层设计”，一要讲究体例，它能使著述条理化。二要设计好篇目，它是志书的框架和蓝图，是志书总体设计极其重要的组成部分和基础工作，同时还是反映志书质量和编纂者学识水平和驾驭资料能力的标尺。志书篇目犹如一座大厦的设计蓝图，精良科学的志书篇目是成就优秀志作的必要基础，它直接决定志书的质量。设计高校志篇目时要注重框架的创新，也就是用科学发展观统领高校志编纂工作全局，树立超前的修志理念，跳出狭隘的观念束缚，彻底摒除唯心史观的影响，从高校发展和读者需求的角度来超前思考，试写志书的篇目以及进行谋篇布局、取舍材料，最终达到志书篇目设计科学合理，命题清新醒目，特点突出，操作性强。这里，重要的是明确篇目设计的指导思想。即：围绕一条主线，突出两个特色，明确三个重点。

“一条主线”即改革发展，“发展是硬道理”，改革发展是促进高校发展的强大动力，也是形成更具活力、更加开放的体制机制的动因，是从根本上解决制约高校发展“瓶颈”的必由之路。高校志编纂不仅要将学校教育教学改革、人事机构改革等置于高校志的重要位置，而且由于改革发展是一项全局性、全方位的工作，内容涉及学校工作的方方面面，还应将其贯穿于高校志的字里行间。要转变教育增长方式，克服单纯追求“教育GDP”的现象，确保教育增长的效益和质量。同时，体现发展落脚点就是要保持高校平稳较快发展，提高高校发展的质量和效益。

“两个特色”，一是时代特色，即反映志书断限范围内时代发展的大势大局。新一轮高校志编纂时限恰逢我国高等教育处在快速发展时期，面临的挑战来自两个方面——世界性新科技革命和计划经济体制向社会主义市场经济体制转变。这些挑战对高等学校提出了新要求，既面临信息社会的到来、网络课程的开发等现代化教育手段与传统教学手段之间的融合与冲突，又要解决人民群众自身经济实力不断增强趋势下日益增长的充分享受优质高等教育的需要与现有高等学校规模偏小、办学条件供给不足和差别化的矛盾；既要面对高等学校发展壮大对办学资金日益增长的需要与多渠道配置办学资源的体制性、法规性、政策性约束之间的矛盾；也要解决高等教育大众化条件下毕业生的就业、创业等一系列困难。这些时代发展、变化的大势大局都是高校志记述时限内的时代特征，高校志篇目要反映这些要事、新事和热点问题，实事求是地加以记述，力求反映高等教育各个历史阶段发展的主要特征（成就、水平、特色、规模、效益和重要科技人物）；反映高等教育为经济社会发展服务中对于经济发展社会进步的突出贡献；反映党的十一届三中全会以来高等学校乃至高等教育事业取得的巨大成就；反映出改革开放与高等教育体制改革的历史必然，以及高等教育改革对科技乃至经济发展、社会进步的促进作用。在记述高等教育发展的过程中，可以事系人，将业绩与人物融为一体，为作出突出贡献的教育工作者树碑立传，体现尊重知识、尊重人才的时代精神和社会风貌。

二是学校特色，即学校的个性、特性，一校区别于其他高校的本质特性。学校特色是否鲜明是高校志的灵魂，是衡量高校志编纂质量水平的重要标志。高校志要力求反映本校、本学科高等教育的特有事物，即与同类比较是特早、特新、特快、特多、特优、特强，影响特别深远或地位特别突出的办学实力、教育教学改革成就；反映高等教育在发展演变过程中不同于其他地域、环境、条件下的特殊规律性；运用“详异略同”原则，通过微观记述优势和宏观横向类比，显现学校全貌和鲜明特色。具体而言，就是要走规模适度、内涵发展的道路，遵循比较优势原则，在坚持“有所为有所不为”中凸显学校特色。学校特色反映在学校定位、办学层次、学科等人才培养诸方面，应该抓住最主要的东西。

“三个重点”即突出全面、系统、完整的要求，做到“横不缺主项”、“纵不断主线”；突出科学精神与人文精神的结合，做到既不能用人文精神代替科学精神，也不能用科学精神去排斥人文精神，使二者相辅相成，相互促进；突出客观真实的原则，做到既客观反映成绩，又实事求是地阐述问题与不足，观点、论据客观真实，不夸大、不缩小。

二、坚持全面协调可持续发展，使高校志体现和谐社会建设的要求

党的十七大强调要在推进物质文明、精神文明、政治文明的历史进程中，扎扎实实做好构建社会主义和谐社会的各项工作。我们要建设的和谐社会应该是“民主法制、公平正义、诚信友爱、充满活力、安定有序、人与自然和谐相处的社会”。章学诚总结前人修志经验，将内容价值“是否有益于社会风尚，有补于政事”作为衡量方志价值高低的重要条件之一。① 高等学校承担着人才培养、科学研究、服务社会、传承人类文明等多种职能，高校志编纂不是高等学校的一般史料集成，而是对学校以往办学职能发挥情况的实录和再认识，以再现学校的办学传统、办学特色、文化底蕴、大师风采等，以达到传承先进教育思想理念、弘扬大学精神的目的，要求我们将科学发展观贯穿在校志编纂工作的全过程，群策群力推动进展。

（一）突出高等学校教育教学发展脉络

新一轮高校志对有些办学历史比较长的高校而言，时间跨度大，要记述的内容和过程纷繁复杂。以湖北为例，改革开放以来，湖北高等教育快速发展，实现了精英教育向大众化教育的历史性跨越，这一时期高等教育乃至社会发生的变革和发展是任何一个历史时期都无法比拟的，特别是近几年湖北省高等教育基本完成了管理体制和布局结构调整，很多本科院校合并、调整组建新的大学，一些高等专科学校升格为本科院校，中等专业学校、中等职业学校、民办高等教育机构（非学历）升格为高等职业学校，成人高等学校转制为普通高等学校，从而使得高等学校的建校基础、建校时间、建校过程更为复杂。与此相联系，几乎所有高校内部都经历了

① 仓修良．仓修良探方志［M］．上海：华东师范大学出版社，2005：128.

包括教学机构调整在内的管理体制、人事分配制度等系列改革。高校志要对这一时期兴建、发展、壮大的主线和轨迹进行真实完整的记录，其内容包括各高等学校建校以来办学理念、办学宗旨、教育教学改革、师资队伍建设、办学条件改善、人才培养质量、重要活动等发展过程，要求本着实事求是、尊重历史、尊重科学的精神，客观、真实、全面地反映高等学校各个时期的基本情况，通过对上述情况及问题收集、梳理、编纂，使其成为学校各方面工作成就浓缩的精华，成为一本生动的教科书，为学校管理、持续发展提供借鉴，为传承科学的教育思想、先进的教育理念，弘扬大学精神提供坚实基础。

（二）抓住学科建设这一高校发展核心

学科建设是办学指导思想、学校定位、发展战略在学校办学实践中的具体体现，在促进高校改革和发展中具有巨大带动作用。学科是人类在认识和研究活动中针对认识对象，将自己的知识划分出来的集合，是相对独立的知识体系。一个个相对独立的知识体系是高校的基本元素，也是一所高校发展水平的主要标志。只有把学科建设好，才能从根本上提升高等学校的办学质量和科研水平，培养具有创新精神和实践能力的高素质人才。学科建设主要包括学科的方向建设、学科梯队建设、基地建设和项目建设四个基本要素。在学科方向的建设上，要注重学科的本体部分建设，通过凝练学科方向，确立有特色的学科，特色学科也是凸显高校特色的主要载体。在项目建设上，要通过科研项目锻炼学科队伍对学科前沿发展的敏锐观察力，提高学科的整体科研水平。抓好学科交叉，推动学科发展，突出重点，构建一个合理、协调的学科结构。由于高校志是“资料性的著作，它的任务不是要阐述理论和探讨规律，而是要记载具体事实，它的内容记载都是‘微观’的”①，它是在一定科学规律指导下进行的写实工作。因此，要抓住学科建设这个学校发展

---

① 仓修良．仓修良探方志［M］．上海：华东师范大学出版社，2005：91．

的核心实事求是地展开编纂工作。

（三）统筹协调四个方面的关系

科学发展观是和谐的发展观、统一的发展观，同时也是平衡的发展观、系统的发展观。高校志编纂落实科学发展观，必须坚持全面协调可持续发展，客观辩证地分析、把握和处理各种关系，突出重点，统筹兼顾，反映高等教育的协调有序发展。

一是高等教育与社会经济、政治、文化的关系。要“按照中国特色社会主义事业总体布局，全面推进经济建设、政治建设、文化建设、社会建设，促进现代化建设各个环节、各个方面相协调，促进生产关系与生产力、上层建筑与经济基础相协调”① 的要求，处理好高等教育与经济、政治、文化诸方面的关系，与其他方面的发展相适应、相协调，为经济建设社会发展服务，在服务中求得高校更好更快发展。

二是规模、质量、结构、效益的关系。高等教育发展的内涵包括规模扩大、质量提高、结构优化、效益提高。一所高校的科学发展，必须是规模、质量、结构和效益辩证统一的发展。其中规模增长是高等教育发展的重要指标；提高教育教学质量和办学效益是高等学校永恒的主题；优化事物结构就是在更高层次上去探索事物的本质，把握事物发展的规律。高校志要反映高校以质量求生存、以效益求发展，走转变增长方式、提高增长效益的“内涵式”发展道路。

三是硬件、软件与潜件的关系。高等学校的“硬件”指的是校舍、设备等；“软件”指师资、制度等；“潜件”指的是思想与观念等。高校志既要真实记录高校硬件、软件建设发展情况，也要客观真实反映教育观念、教育思想的更新变革过程，因为我国高等教育20多年改革发展的实践证明，每一次高等教育大发展都是伴随着声势浩大、旷日持久的教育思想大讨论、教育观念大变革而

① 胡锦涛. 在中国共产党第十七次全国代表大会上的报告［EB/OL］. http://news.sina.com.cn/c/2007-10-24/205814157375.shtml，2008-08-08.

来，“观念改革是先导”。

四是共性发展与特色发展的关系。没有共性的发展，特色创新将成为空中楼阁。高校志要在体现高等学校各项常规工作的基础上创新，在常规工作中创新，在特色的基础上创新，体现如何在注重共性教育的同时，发展学生个性，培养创新人才等。

三、坚持“以人为本”，努力把高校志打造成精品良志

“以人为本”是科学发展观的本质和核心。科学发展观提出“以人为本”，要求“把人民的利益作为一切工作的出发点和落脚点，不断满足人们多方面的需求，促进人的全面发展”。“以人为本”体现在高校志编纂工作中，从本质上讲就是要在整个校志编纂工作中高度重视人的创造性，真正把人视为高校发展和校志编纂的中心和主体，树立“以人为本”的发展理念，突出人的发展，把高等教育与人的自由、尊严、幸福、终极价值紧密联系起来，使其真正成为人的教育，在高等教育中体现人文关怀和道德情怀。具体来讲，高校志编纂要突出反映以下几方面的内容：

（一）坚持教育以育人为本、以学生为主体

要全面地占有材料，用开放、发展的眼光研究校情，把大学生的成长看做是一个开放的发展系统，大学生是这个系统的主体，他们与外界环境有着不可分割、千丝万缕的联系，并随其发展变化而发展变化，以至逐步实现与周围环境的适应、协调和平衡。在选材和运笔上要牢固树立服务人的思想，把服务学生作为高等教育全部工作的出发点和落脚点，围绕学生的发展和成才做好全方位服务，切实尊重学生、理解学生、关心学生，使学生对教育有充分的参与性和选择性。这也是高等教育内部规律所要求的。

（二）坚持办学以人才为本、以教师为主体

高等教育要培养出创新型人才关键在教师，要求教师从传统传

授知识的角色转变为内化知识、培养受教育者创新精神和创造能力的角色；教师要从教育者的角色转变为学习者、创造者的角色。①高校志编纂要牢固树立依靠人的思想，记述好高校创新人才队伍机制和师资队伍建设成长过程，以师资队伍建设为根本，紧紧抓住吸引、培养、使用三个环节，努力建设好教师、干部、后勤三支队伍，充分依靠教职员工办好教育，以及高校在谋划发展、制订计划、研究工作等方面尊重、体现教师的创造精神，确立和落实教师的发展权、自主权等方面的情况。

（三）坚持管理以服务为本，构建和谐的人际关系

突出民主法治，着重记述和谐校园的政治保障和人文关怀。选用有价值材料以展现高校如何坚持管理以服务为本、克服“重控制轻服务”的落后管理理念，用人、理财、管物、管事、学校的整体运作均以是否有利于育人活动的开展为标准。坚持统筹兼顾，协调各方面的利益，正确处理学校与教师、学校与学生、教师与学生、领导与师生以及各个群体内部诸方面的关系，努力营造良好的育人环境和师生员工各尽所能、各得其所而又和谐相处的新型人际关系。

事物发展变化的轨迹与人的社会实践是一致的，历史的发展是人的社会实践的结果。高校志记载高等教育发展的历史和现状，是通过记述历史进程中的横断面资料来表现和反映高等教育的发展变化，它贯穿着“人民群众是历史的创造者”和“发展的根本目的是惠及全体人民”，即“以人为本”的思想。它应成为我们正确认识发展，准确把握记述主线的理论依据。另外，通过编史修志，读志用志，以史为鉴，开创未来，能推进学校各项工作、办人民满意的高等教育服务，本身也是坚持“以人为本”的具体体现。它要求有明确领导分管高校志工作，落实具体修志人员，保证修志工作正常有序进行；按照“保证必须”的原则配足编志经费，各有关

---

① 刘尧．科学发展观：大学应协调的十大关系［J］．教育发展研究，2005（16）．

部门密切配合，大力支持，积极为高校志编纂提供便利条件。特别要尊重高校志编纂人员的辛勤劳动，充分发挥他们的积极性、主动性和创造性，引导编纂人员认真学习前人科学的编纂方法，潜心钻研指导高校志编纂的高等教育理论，广泛涉猎档案学、方志学的相关知识。高校志编纂人员要牢固树立精品意识，严守志体，通过试写志稿不断创新思想和方法，在干中学，在学中干，把编和审的工作做深做细，努力提升高校志编纂水平，真正使高校志成为无愧于历史、无愧于我们伟大时代、无愧于广大师生的精品志作。

第五部分

城市综合大学加强学生素质培养与党的建设

大学生要增强节俭意识*

在2007年全国“两会”上，胡锦涛同志强调指出，各级干部特别是领导干部要进一步增强忧患意识，始终保持开拓进取的锐气；要进一步增强公仆意识，始终牢记全心全意为人民服务的宗旨；要进一步增强节俭意识，始终发扬艰苦奋斗的精神，团结带领广大群众不断夺取改革开放和社会主义现代化建设的新胜利。在我国改革发展的关键时期，胡锦涛同志“三种意识”的提出，对于当前高等学校全面贯彻党的教育方针，大力推进素质教育，具有很强的指导性和现实针对性。当代大学生要深刻领会胡锦涛同志这一讲话精神，努力在成才过程中不断增强节俭意识，自觉地以社会道德和价值规范约束自我，使自己成长为现代化建设需要的“四有”新人。

一、大学生增强节俭意识的必要性和紧迫性

对于节俭，自古以来历代政治家、思想家都有很多论述。节俭以其内在的经济价值、精神价值和社会价值而为古今中外倍加崇尚，被看做是持家立业的根本、安邦定国的保证、一种应该世代相传的美德。节俭作为一种操守、一种修养，有助于一个人修身养性，陶冶情操，也是一个人成就事业的重要因素，是大学生成人成才必修的德性。

---

* 原载《高校理论战线》2007年第7期。

（一）大学生增强节俭意识是高等学校全面贯彻党的教育方针的客观要求

培养什么人的问题，历来是教育的根本问题。教育作为培养人的一种实践活动，具有双重属性，既有上层建筑的属性，也有生产力的属性。从上层建筑的属性来说，教育具有鲜明的阶级性，即阶级的政治要求、思想观点和道德标准。这种阶级性主要是通过德育体现出来的。德育制约着智育、体育和美育的方向，并为其提供动力和保证，是教育方针的核心和根本，在育人规格中居于首位。古今中外，历代统治阶级无不把德育放在重要位置。基于德育所处的重要地位，党的教育方针明确提出，“坚持教育为社会主义现代化建设服务，为人民服务，与生产劳动和社会实践相结合，培养德智体美全面发展的社会主义建设者和接班人”。因此，高等学校必须牢固树立育人为本、德育为先的思想观念，切实有效地抓好大学生的思想政治教育和德育教育。

社会的发展、进步归根到底要落实到人的全面发展进步。从社会对人才的素质要求看，新世纪需要的人才是德才兼备的综合素质型人才，它必须具备三大基本素质：坚定的思想道德素质、扎实的科学文化素质及必备的创新精神和创造能力。思想道德素质包括世界观、人生观、价值观，它在形成人的综合素质中具有基础性、导向性的作用。这三大素质的培养，必须以思想道德素质的提升为核心和灵魂。高等学校是培养和造就数以千万计专门人才和一大批拔尖创新人才的重要基地，是综合国力的重要组成部分，在支撑经济社会发展，提高自主创新能力，建设创新型国家中具有不可替代的重要作用。要使大学生成长为中国特色社会主义事业的合格建设者和可靠接班人，同样也必须树立育人为本、德育为先的思想观念，不仅要努力提高他们的科学文化素质，更要大力提高他们的思想政治素质，使他们有高度的社会责任感，有为祖国和人民奉献的精神，有正确的世界观、人生观和价值观，有节俭意识等良好道德品质，实现全面发展。这是高等学校全面贯彻党的教育方针的客观要求，也是建设有中国特色社会主义所决定的。

（二）增强大学生节俭意识必须重视艰苦奋斗精神的培养

包括节俭意识在内的良好思想道德素质的形成有其自身规律。古人认为“外重者内轻，故保富则丧名节；内重者外轻，故守道义而乐贫贱”①。这就是说，过分看重外在的物欲，则对自身的修养就会放松，所以那些极力保守富贵的人就会丧失自己的声名和气节；注重自身修养的人，对外在的物质享受就会看得很轻，因此能够坚守道义而以贫贱为乐。而践行节俭会使人淡泊物质享乐，“夫俭则寡欲”②，其内心深处不为物欲所困扰，自然有利于修身，于宁静的心境之中潜心培养其优良品德，故“惟俭养德，惟侈荡心”③，“言有德者，皆由俭来也”④。因此，“俭，德之共也；侈，恶之大也”⑤，即节俭是善德中的大德。

古今中外在倡导“俭”、把节俭当做高尚的生活准则和品行美德的同时，亦倡导“勤”这样一种艰苦奋斗精神。节俭与艰苦奋斗，二者是一脉相承的。不懂得节俭之道，则为人必奢，不懂得艰苦奋斗，则为人必懒。增强节俭意识必须重视艰苦奋斗精神的培养。我们党的老一辈革命家勤俭节约的故事至今还脍炙人口。毛泽东的老师徐特立一生戒奢尚俭，不论是战争年代，还是中华人民共和国成立后经济好转，生活都十分节俭。他曾回忆说：“我的节俭作风自儿童时代养成至今，已成为天性。我一生节衣缩食，勤俭朴素，当时才能做些社会事业，后来参加革命就能艰苦奋斗，克己为公。”可见，节俭意识是一种实践动力，它可以使人始终发扬艰苦奋斗的精神。尽管时代在变，节俭意识和艰苦奋斗精神的内涵较之以往有所不同，但尊重劳动、物尽其用、自强不息、顽强拼搏仍是

① （宋）林逋．省心录·修身清言［M］．三秦出版社，1998：28.
② 《司马文正公传家集·训俭示康》。
③ 《明太祖实录·洪武九年五年丙寅》。
④ 《司马文正公传家集·训俭示康》。
⑤ 《左传·庄公二十四年》。

其要义，是必须始终坚持和弘扬的。大学生增强节俭意识，可促使其形成科学的人生观，培养勤奋好学的优良品质以及较强的自制力，有助于大学生成才和未来创业。节俭教育可以培养学生的社会责任感、环保意识、爱心和良好的行为习惯，以及尊重、理解、关心他人的意识。一个人养成的节俭的德性，将成为其终身受用的宝贵财富。大学生发扬艰苦奋斗精神，才能使其具有历心志之苦和筋骨之劳的勇气、将艰苦奋斗内化为自己的内心信念和行为准则。从这个层面看，发扬艰苦奋斗精神，增强大学生节俭意识，不是一般的生活习惯问题，而是关系国家、民族生存发展，关系到个人成人、成才的重大问题。

二、当前大学生节俭意识淡化的现状分析

当代大学生多为独生子女，从总体上讲是积极向上的。但由于我们处于信息时代，各种思想、文化相互激荡，受西方思想观念、生活方式和价值取向的影响，一些领域道德失范、诚信缺失、假冒伪劣、欺骗欺诈活动滋生蔓延，一些人价值观扭曲，拜金主义、享乐主义、极端个人主义滋长，以权谋私等消极腐败现象屡禁不止等等，加之我们在思想政治教育方面存在一些盲点和误区，大学生节俭意识缺失、淡化的情况较为普遍。他们认为，时代不同了，节俭的内涵也有所不同，节俭也应与时俱进；追求时尚，与节俭是不相悖的。甚至有学生提出，都什么年代了，还提发扬艰苦奋斗精神？于是大学校园中各种挥霍浪费现象屡见不鲜：稍微过时的衣服和没有吃完的饭菜信手扔掉早已是司空见惯；破费数百元大摆生日宴亦不足为奇；全身上下皆是名牌借以炫耀财力和身份成为某些大学生眼中的时尚。据报道，为了给招聘公司留下完美的第一印象，有学生花巨资进行从里到外全套豪华名牌服装的包装，引来其他同学“排队”借穿；学期开始高校里不少穿着时尚、出手大方的“贫困生”为不劳而获、坐享其成纷纷争抢贫困生资格；有的把享用高档生活、娱乐工具作为彰显个性和体现自我价值的方式，不顾自身需要和经济条件，盲目攀

比，甚至走上犯罪的道路。

节俭是一种美德，一种生活态度，更是一种奋斗进取的内在要求。节俭能培养和增进良好的思想品德，磨炼心志，促其成才。由于节俭意识淡漠，少数学生思想空虚，行为失范，表现为享受主义思想强、勤劳拼搏意识差、自立自强信念弱，学习上投机取巧，剽窃抄袭，考试作弊。有调查显示，就业是近几年大学生面临的最大压力。而与此同时，用人单位却反映越来越难招到适用的优秀人才。他们认为，与20世纪80年代的大学生比较，现在的大学生知识面宽、思维活跃，但他们个性强，献身精神较差，不愿意从事艰苦工作，少数人甚至胸无大志，贪图安逸，无所追求，所有这些已影响到大学生的发展和成才，甚至影响到国家未来的发展和安全。

应该看到，我国已进入改革开放和现代化建设的关键时期，提高我国自主创新能力，建设创新型国家，提升我国的国际竞争实力，是这一时期的重要任务。为构建社会主义和谐社会创造坚实的物质基础和科技支持，在很大程度上取决于我国人才，特别是创新人才的规模与质量。建设创新型国家迫切需要一大批献身科学，特别能吃苦、特别能拼搏、特别能创业、特别能奉献的新一代建设者和接班人，而当今大学生节俭意识和艰苦奋斗精神的缺失和淡化，与时代要求有较大的距离。美国教育家戴尔·卡耐基在调查了大量名人、巨商、军政要人之后认为，一个人事业上的成功，只有15%是由于他们的学识和专业技术，而85%要靠他们的良好的心理素质，善于处理各种矛盾、困难和人际关系。爱因斯坦曾说："优秀的性格和钢铁般的意志比智慧和博学更重要。"大学生处在青年期的中晚期，是品格完善与定型的关键期。对青年的教育不仅应传授知识，更重要的是赋予他们行为潜力、发展才能以及把握命运所需要的思维、判断、想象、创造能力。大学生增强节俭意识，发扬艰苦奋斗精神，既是个人身心健康成长和成才的需要，也关系到当前我国社会主义现代化建设事业的成败，成为当今时代赋予高等学校必须认真解决的重要课题。

三、增强大学生节俭意识贵在于行

增强大学生节俭意识贵在于行。要以培养创新精神为核心，树立智力、非智力协调发展和做事、做人相结合的教育观念，在日常生活实践中提高大学生的认识，使节俭意识转化为自觉的行为，并以节俭行为进一步强化节俭意识，一以贯之地努力实践。

（一）要充分认识国情和大学生肩负的责任

高等学校要让大学生在了解我国基本国情及其肩负的历史重任中增强艰苦奋斗精神。一是让大学生对我国的资源条件有清醒而客观的认识，懂得艰苦奋斗精神作为经济的、科学的、适度的生活方式，是适合中国国情的生活方式。我国目前有 13 亿人口，占世界人口的 1/5；陆地面积 960 万平方公里，在世界占第三位；耕地占第四位，森林居第七位，金属和非金属矿产总量约占世界第四、第五位，堪称世界资源大国。然而由于我国人口众多，以人均占有量计算却成为资源严重短缺的国家。由于我国经济发展主要靠投资拉动，环境破坏、环境恶化已经到了十分严重的地步，因此，立足于资源条件和可持续发展，我们必须牢固树立节俭意识，坚定不移走节俭发展道路。二是要让大学生了解建设创新型国家的长期性和艰巨性。从世界范围来看，创新型国家的共同特征有四：创新综合指数明显高于其他国家；科技进步贡献率在 70% 以上；研发投入占国内生产总值的比重在 2% 以上；对外技术依存度在 30% 以下。①尽管我国科技队伍总人数以 3200 万人居世界第一位，但同世界先进水平相比有较大差距，表现在自主创新能力不强、对外技术依存度高达 50% 以上、关键技术自给率低、一些产业的核心技术掌握在跨国公司手中。用 15 年时间使我国进入创新型国家行列是一项艰巨而繁重的任务，当代大学生要担当起这一历史重任，必须作好

---

① 李薇薇．科技部：创新型国家具备四大共同特征［EB/OL］. http：//www. gov. cn/fwxx/kp/2006-02-04/content_ 177579. htm，2007-05-26.

为之奉献的思想准备，带头增强节俭意识，并把这些要求体现在自己的生活细节上，落实在学习工作实践中，努力在艰苦奋斗中实现自己的人生价值。

（二）不断丰富艰苦奋斗精神教育内容

西方发达国家在整个教育体系中，贯穿着浓烈的德育内容，通过爱国导向、利益粘合、行为规范、文化熏陶、英雄激励、道德吸引、心理疏导、媒体影响等多种途径，向学生灌输其人生哲学和价值观。如美国的通识教育致力于培养人的品德和心智，强调教学生“做人”，专业教育更强调让人“做事”，二者大体能并行不悖，甚至相得益彰。① 高校要在“两课”教学中渗透艰苦奋斗教育的内容，把引导大学生掌握马克思主义的立场、观点和方法与弘扬艰苦奋斗精神有机结合起来，帮助他们树立正确的世界观、人生观和价值观，确立崇高远大的理想、长期艰苦奋斗的思想和积极向上的心态，强化劳动观念和公德意识。同时开设消费道德和消费心理教育选修课程，把培养正确的消费观与解决实际消费问题结合起来，帮助大学生形成良好的消费心理，提高理财能力。专业教学不仅仅局限于学科范围本身，还要融入增强节俭意识教育内容，通过课堂教学、实验教学等环节，着力激发学生的创造欲望，培养学生的奋斗精神，训练学生的吃苦能力，让学生不仅能理解前人总结的知识，而且敢于怀疑已有结论，通过艰苦探索在把新思想付诸实践中发现和解决新问题。高校要将专业教学与弘扬艰苦奋斗精神有机地结合，努力为社会输送一批有节俭意识、资源意识和效益意识的优秀人才；要通过科技研发和创新，为社会提供更环保、更节能的科技产品，创造更科学、更高效的节能技术，帮助大学生确立科学节俭的思想，获取全面丰富的智慧；要把开发大学生的智力、提高大学生的情商与弘扬艰苦奋斗精神有机结合，帮助他们形成独立鲜活的个性，具有高度的责任感；要把“成才”教育、“做人”教育与弘

① 王定华．美国大学生所体验的通识教育［N］．中国教育报，2006-12-14.

扬艰苦奋斗精神有机结合，帮助他们学会构建自然和谐的人际关系。

（三）拓宽艰苦奋斗精神教育途径

首先，要注重校园文化氛围的营造。校园文化代表着一种相对稳定的社会心理，是弘扬艰苦奋斗精神的重要阵地，要有针对性地开设人文社科选修课，充分发挥党团组织和学生会的作用，把开展丰富多彩的校园文化活动与节俭意识教育紧密结合起来，优化艰苦奋斗教育的氛围；与树立社会主义荣辱观紧密结合，让大学生在明荣知耻、尚荣祛耻中增强节俭意识，通过主题报告会、研讨会、辩论赛、学术讲座、科技周、文化月、艺术节、征文、广播、橱窗等途径，为这种社会心理不断输入积极健康的内容，铲除其中不健康的成分，使大学生节俭意识在潜移默化中得到发展。

其次，要注重与建设“两型校园”的紧密结合。牢固树立生态文明理念，努力构建资源节约型、环境友好型的“两型校园”，加强高校办学成本管理，提高产出效益，通过制度创新、体制创新、机制创新，建立起以严格、科学、合理的成本核算为基础的各项管理制度，努力把学校建设成为资源节约型、环境友好型的“两型校园”，从而形成有利于大学生增强节俭意识、发扬艰苦奋斗精神的制度环境。发挥学生自我教育的作用，坚持教管结合，通过健全学生行为准则和规章制度，完善考评激励制度，设置校园文明监督岗，创建公寓宿舍、文明食堂、文明班级等活动，对大学生进行经常性的艰苦奋斗教育，使大学生节俭意识在日常生活中得到发展。

最后，要注重节俭意识教育的长效性。增强大学生节俭意识非一日之功，贵在持之以恒。以弘扬艰苦奋斗精神、增强大学生节俭意识为宗旨，高校可每年确定一个教育主题或设立若干个课题，如入学时开展磨炼吃苦精神的养成教育使大学生完成角色转变；大二引导学生到对口专业单位开展科技文化服务，围绕国家和地方经济建设的焦点、难点问题构建良性互动的课堂，在实践中发现和寻找课题；大三引导学生在调研论证的基础上开展课题研究，大四让学生立足于解决社会急需难题和服务社会，开展职业生涯规划与择业、创业计划大赛等活动。高校要充分利用社会实践，比如通过勤工俭学、义务劳动、志愿者活动等，在生活实践中深化艰苦奋斗教育，通过多方位的持久教育，巩固大学生节俭意识的理性自觉，形成艰苦奋斗是美德、是智慧、是品质、是责任的良好校园风尚。

弘扬艰苦奋斗精神 培育大学生健全人格*

社会主义事业的建设者和接班人必须要有健全的人格，培养大学生健全人格是高等学校的重要使命。党的十六届六中全会提出构建社会主义和谐社会的伟大构想，大学生是否具有健全人格对于个人成人、成才乃至社会主义和谐社会的构建影响深远。高等学校如何在弘扬艰苦奋斗精神中培养大学生的健全人格，是一个值得研究的现实问题。

一、艰苦奋斗精神的时代内涵

艰苦奋斗精神作为中华民族精神之瑰宝是一个历史范畴，其内涵是随时代的变迁而不断变化的。在加快发展社会主义市场经济、构建社会主义和谐社会和实现中华民族伟大复兴的历史新时期，艰苦奋斗精神具有丰富的时代内涵，当代大学生作为社会主义事业的建设者和接班人，人格构建主要应培养以下内容：

（一）艰苦朴素的美德

经过几十年的改革开放，我国基本完成从计划经济体制向社会主义市场经济体制的转变。但是我们必须清醒地认识到，我国是一个人口众多的发展中国家，人均国民收入相对较低，还有不少贫困人口，人均国内资源占有量相对不足对经济增长的制约将日趋明

---

* 原载《华中农业大学学报》（社会科学版）2007 年第 4 期，作者：张丽萍、张云霞。

显，转型时期在能源、资源、环境等方面还面临着各种难题和挑战，我们必须做好长期艰苦奋斗的思想准备。邓小平同志指出："艰苦奋斗是我们的传统，艰苦朴素的教育今后要抓紧，一直要抓六十至七十年。我们的国家越发展，越要抓艰苦创业。"① 这表明在全面建设小康社会的历史新时期，艰苦奋斗精神应该包含艰苦朴素的美德。

（二）开拓进取的意识

我国正经历建设有中国特色社会主义、全面走向现代化这样一个空前的社会变革，这是一项前无古人的伟大事业，没有可供参考的发展模式，每前进一步都是一场革命，都需要改革创新，都需要战胜新的挑战，都需要化解新的风险，都需要付出艰苦的努力。一个没有开拓进取意识的人，是难以充分认识这场革命的伟大意义，是难以自觉投身到这场改革创新运动中来，是难以肩负起这场改革的历史使命的。一个没有开拓进取意识的民族，是不可能完成这一历史伟业的。这表明在全面建设小康社会的历史新时期，艰苦奋斗精神应该包含开拓进取的意识。

（三）刚毅坚定的意志

我国的改革创新是包括政治、经济、文化、科技、教育等在内的全方位的改革创新，同时还面临着两种社会制度的碰撞和摩擦。要在艰苦奋斗中实现中华民族的伟大复兴，没有刚毅坚定的意志是不行的。另外，要在社会主义市场经济大潮中实现中华民族的伟大复兴，必须直面竞争，勇于竞争，善于竞争，胜不骄，败不馁，没有刚毅坚定的意志也不行。这表明在实现中华民族伟大复兴的历史新时期，艰苦奋斗精神应该包含刚毅坚定的意志。

（四）自立自强的精神

当今时代，自立自强更集中体现在自主创新。胡锦涛同志指

---

① 邓小平文选［M］．第3卷．北京：人民出版社，1993：306.

出："自主创新能力是国家核心竞争力的核心，是实现建设创新型国家目标的根本途径。"① 因为科学技术已成为经济社会发展的决定性力量，综合国力竞争的核心就是自主创新能力的竞争。创新越来越成为社会生产力解放和发展的重要标志，越来越决定着一个国家、一个民族的发展进程。加快科学技术发展，增强我国的国际竞争力，关键也在于自主创新。一个致力于自立自强的民族，一定是富于创新、善于艰苦奋斗的民族；一个致力于自立自强的人，一定是敢于创新、善于艰苦奋斗的人。这表明在实现中华民族伟大复兴的历史新时期，艰苦奋斗精神应该包含自立自强的精神。

（五）拼搏奉献的追求

我们今天所倡导的艰苦奋斗精神，是以共产主义理想为最高价值取向的。它不是狭隘大民族主义精神和个人主义精神，而是为实现中华民族伟大复兴而艰苦奋斗的精神，是为共产主义理想而艰苦奋斗的精神，是为世界和平、进步和发展事业作更大贡献而艰苦奋斗的精神，它是爱国主义精神与国际主义精神的有机统一，是中国特色社会主义精神与共产主义精神的有机统一，因而是拼搏精神和奉献精神的有机统一。我们要艰苦奋斗，人生的意义、价值就体现在拼搏奉献的追求中。所以，我们所倡导的艰苦奋斗精神，又是崇高的社会价值观和崇高的个人价值观的有机统一。这表明在实现中华民族伟大复兴的历史新时期，艰苦奋斗精神应该包含拼搏奉献的追求。

二、塑造大学生健全人格必须重视艰苦奋斗精神的培养

社会是人的社会，社会的现代化说到底是人的现代化，即人格的现代化。因为具有健全人格的人才是现代化的真正主体，是创造

① 胡锦涛．在全国科学技术大会上的讲话［EB/OL］．http//www.gov.cn，2006-01-09.

现代化的生气勃勃的能动力量。弘扬和培育艰苦奋斗精神，铸就大学生健康人格，是时代的呼唤，也是实现中华民族伟大复兴的需要。其重要意义在于：

（一）弘扬艰苦奋斗精神是塑造大学生健全人格的重要途径

人格是个人具有整体性、稳定性和倾向性的心理特征。大学生的健全人格是指大学生所具有的积极向上的心态、崇高远大的理想、科学民主正义的思想、艰苦奋斗的精神、遵纪守法重道的品德、全面丰富的智慧、独立鲜活的个性、兴国兴家的责任感和自然和谐的人际关系等特征。其中艰苦奋斗精神在大学生健全人格中占有重要地位。没有艰苦奋斗精神的人，很容易满足于一时之功、一事之功，很容易被一时一事的胜利冲昏头脑，很容易骄傲自满和止步不前，而在困难面前又往往畏缩不前，在挫折面前又往往悲观失望，从而也就很难保持积极向上的心态，更不用说怀有崇高远大的理想了。没有艰苦奋斗精神的人，只配空谈科学民主正义，而不配在实践中锲而不舍地探索科学民主正义，因为在追求科学民主正义的伟大实践中，需要的是百折不挠的精神。科学民主正义的思想只有在艰苦奋斗的社会实践中才能逐步树立起来。没有艰苦奋斗精神的人，很难形成遵纪守法重道的品德，因为作为规范人们行为的纪律、法规和道德，是对个人行为的一种约束，每一个人要使自己的行为符合一定的社会行为规范，必须自己首先正确解决由纪律、法规和道德引起的内心冲突，这种内心冲突又往往表现为是以自己利益为重还是以集体和国家利益为重的心理较量。一个贪图享乐、不思进取的大学生不可能正确解决这种内心冲突，不可能在这种心理较量中战胜自己，不可能在纪律、法规和道德面前获得心理自由，从而也就不可能养成遵纪守法重道的习惯，一旦社会监督不力，他就会违纪犯法，背道而驰。有了艰苦奋斗精神，遵纪守法重道的品德就有了精神支柱。没有艰苦奋斗精神的人，不可能拥有全面丰富的智慧，因为智慧获取的过程本身就是艰苦奋斗的过程，而要获取全面丰富的智慧，就更需要艰苦奋斗精神来提供不竭动力。没有艰苦奋斗精神的人，往往安于现状，得过且过，依附于他人，苟延残喘，因而不可能形成独立鲜活的个性。没有艰苦奋斗精神的人，害怕吃苦，逃避现实，不会具有对人对事负责的观念。没有艰苦奋斗精神的人，也难以形成自然和谐的人际关系，因为人际关系的自然和谐是艰苦奋斗的结果，一个自然和谐的社会，一定是靠人人艰苦奋斗来支撑的社会，一个自然和谐的人际关系，一定是靠个人艰苦奋斗来支撑的人际关系。

古人云："生于忧患，死于安乐。"我国古代许多教育家和当今国外都十分注重通过艰苦锻炼培养人才。孔子认为一个人要成才，就得像松柏那样经受严寒的考验，"岁寒然后知松柏之后凋也"。孟子认为一个人只有在艰难困苦的锻炼中才能成才，"天将降大任于斯人也，必先苦其心志，劳其筋骨，饿其体肤，空乏其身"。荀子提倡"劳苦之事则争先，饶乐之事则能让"。西点军校的学员们对于那些冲破困难和阻力、经受重大挫折和打击而坚持到底的人，其敬佩程度远在生活的幸运儿之上，其原因在于那些人在厄运和不幸面前不屈服、不后退、不动摇，顽强地同命运抗争，因而在重重困难中冲开一条通向胜利的路，成了征服困难的英雄，掌握自己命运的主人。历史和现实表明，高等学校唯有通过努力弘扬艰苦奋斗精神，才能不断铸就大学生的健康人格，使他们成为国家未来建设的栋梁之才。

（二）弘扬艰苦奋斗精神、铸就大学生健全人格是当今时代的要求

当代大学生主流是积极、健康、向上的。他们关心祖国的命运和发展，对全面建设小康社会充满期待、热情和信心，是热爱党、热爱祖国、热爱人民的一代，是能够承担起中华民族伟大复兴历史使命的充满理想、大有希望、值得信赖的一代。但由于我国正处于改革发展的关键期和社会矛盾的凸显期，经济体制、社会结构剧烈变动，利益格局不断调整，生活方式深刻变化，思想文化激烈碰撞，都给大学生的价值观念和思想带来巨大冲击。确有一些大学生人性压抑，人格扭曲，心态结构偏执畸形，缺乏艰苦创业和劳动创

造的思想行为。部分大学生在理想信念上爱国主义意识不够强，出现很多哈韩哈日现象，不仅表现在着装方面，甚至在思想上出现偏差，崇洋媚外，认为“外国的月亮比中国圆”。在生活中盲目攀比的心理比较普遍，平时不是比谁学习更努力，比谁人品更优秀，比谁更乐于助人，而是比谁家里有钱，比谁的父母官大，比穿着是否名牌、什么名牌，要么为获得心理上的满足炫耀自己，要么因为家境贫寒不能满足自己的要求而产生自卑心理，甚至产生对父母的不满和仇视心理。在学习上动机和态度不够端正，上课迟到、早退、逃课的现象屡见不鲜，课堂上精神状态极为不振。对父母不孝，对老师不敬，甚至没有社会公德心，当点击下某高校的论坛或贴吧时，我们总可看到一些不和谐的声音。学校某一方面令某学生不满意，就在论坛上骂学校、骂领导、骂老师，怀着这样的心态去学习是不能学好专业知识、掌握过硬本领的。2008 年，高等教育出版社社会学习资源分社在华中、华东、京津地区 28 所高校进行大学生心理健康问题调查显示，就业压力是大学生最大的心理压力，占 57.4%。① 而与此同时用人单位却反映越来越难招到适用的优秀人才。他们认为，与 20 世纪 80 年代的大学生比较，现在的大学生知识面宽、思维活跃，但他们个性强，献身精神较差，不愿意从事艰苦的工作，少数人甚至胸无大志，贪图安逸，无所追求。所有这些已影响到大学生发展和成才，甚至影响到国家未来的发展。

我国已进入全面建设小康社会的历史新时期，提高我国自主创新能力，建设创新型国家，提升我国的国际竞争实力，为构建社会主义和谐社会创造坚实的物质基础和科技支持，在很大程度上取决于我国人才、特别是创新人才的规模与质量，全面建设小康社会迫切需要一大批特别能吃苦、特别能拼搏、特别能创业、特别能奉献的新一代建设者和接班人，而当今大学生人格构建的缺失，与时代要求有较大的距离。著名心理学家荣格认为，教育的最终目的就在于对学生的人格施以影响。大学生处在人格完善与定型的关键期，

① 调查显示：就业成为大学生最大心理压力来源 [N]. 中国教育报，2008-08-25.

大学生人格的整合与塑造，既是大学生个人身心健康成长的需要，关系到党和国家的荣辱兴衰，也关系到我国社会主义现代化建设事业的成败。艰苦奋斗是实现崇高理想的必由之路，弘扬艰苦奋斗精神，培养大学生健全人格，引导大学生深刻认识国情，始终与党和人民同甘共苦，不断增强社会责任感和历史使命感，坚定不移地为实现中国社会主义共同理想而努力奋斗，成为当今时代赋予高等学校必须认真解决的重大课题。

三、在弘扬艰苦奋斗精神中培养大学生健全人格的对策

（一）充分认识弘扬艰苦奋斗精神的意义，增强培养大学生健全人格的自觉性

弘扬艰苦奋斗精神，是大学生深入贯彻节约资源和保护环境基本国策的客观要求。当前全球气候变化深刻影响着人类生存和发展，是各国共同面临的重大挑战，它的产生既受自然因素影响，也受人类活动影响，既是环境问题，更是发展问题，同生活方式等因素密切相关。大学生弘扬艰苦奋斗精神，贯彻节约资源和保护环境的基本国策，有利于使自己成长为符合时代要求的合格公民，在发展中推进我国建设生态文明的重大战略任务，走可持续发展道路，加快建设资源节约型、环境友好型社会，不断为应对人类共同面临的问题作出贡献。

弘扬艰苦奋斗精神，是大学生摆脱精神“贫困”，健全自身人格的内在需要。艰苦奋斗精神不仅是一种人生观、价值观，更是一种人生态度和行为楷模，在艰苦年代，艰苦奋斗是为了生存，一定程度上是人的本能；在当今物质条件日益丰富的条件下艰苦奋斗，更多是一种修养，必须以高尚的人格作支撑，弘扬艰苦奋斗精神，是树立高尚的人生观、价值观的基本要求，是大学生应对社会主义市场经济条件下各种挑战、实现全面发展的精神资源和内在需要。

弘扬艰苦奋斗精神，是大学生担负起建设创新型国家重要使命

的立身之本。从世界范围来看，创新型国家在创新综合指数、科技进步贡献率、研发投入占国内生产总值的比重、对外技术依存度上都有很高要求，我国现有基础条件下建设创新型国家具有长期性和艰巨性。大学生要真正担当起这一历史重任，必须具备坚忍不拔的毅力，具备艰苦奋斗、锲而不舍的工作作风，将其作为自己的人生追求，并做好为之奉献的思想准备，树立和实践社会主义核心价值体系，努力在艰苦奋斗中实现自己的人生价值。

（二）在实践中不断丰富弘扬艰苦奋斗精神的内涵，增强培养大学生健全人格的针对性

人格是个人在各种交互作用过程中形成的内在动力组织和相应行为模式的统一体。① 伟大的事业孕育伟大的精神，中国特色社会主义建设是以工人、农民和广大知识分子为主体，全体社会主义劳动者参加的生动鲜明的艰苦奋斗历史创造活动，创造了许多可歌可泣的辉煌业绩，它使艰苦奋斗精神呈现出新的形式和时代特点。我国西气东输工程西起新疆的塔克拉玛干大沙漠，穿越千山万水，东至长江入海口的中国最大城市上海，这是一条埋藏在中国地下的又一条“万里长城”，为了完成这样浩大的史诗般的工程，当代石油人发扬艰苦卓绝、一往无前的精神，面对寒冷暑蒸，多少人克服艰难险阻；为了高质量拿下任务，多少人为之熬红眼睛，为之付出汗水和热血，为之忍受孤月寒星和情感煎熬，这是铁人王进喜喊出“宁肯少活 20 年，拼命也要拿下大油田”的艰苦奋斗豪言在新时期的升华和光大。

当代中国人鲜活的实践活动是艰苦奋斗精神的重要内容，当代大学生只有积极投身有中国特色的社会主义实践，才能理性地了解中华民族艰苦奋斗的历史，创造性地发现和丰富包括艰苦奋斗精神在内的民族精神。才能在实践中将掌握马克思主义的立场、观点和方法与弘扬艰苦奋斗精神有机结合起来，树立正确的世界观、人生

---

① 郭永玉．人格心理学：人性及其差异的研究［M］．北京：中国社会科学出版社，2005：117.

观和价值观，确立积极向上的心态和崇高远大的理想；才能把掌握建设中国特色社会主义理论与弘扬艰苦奋斗精神有机结合起来，确立民主正义的思想，深刻理解艰苦奋斗的内涵和意义，树立实事求是的务实精神、勇于开拓的创业精神、革故鼎新的创新精神，确立长期艰苦奋斗的思想，使艰苦奋斗精神成为自身健全人格的重要基石。

（三）大力拓宽弘扬艰苦奋斗精神的途径，注重培养大学生健全人格的时效性

首先，要与加强高校科学管理的紧密结合。加强高校办学成本管理，提高产出效益，通过制度创新、体制创新、机制创新，建立起以严格、科学、合理的成本核算为基础的各项管理制度，努力把学校建设成为节约型大学，从而形成有利于弘扬艰苦奋斗精神的制度环境。坚持教管结合，通过健全学生行为准则和规章制度，完善考评激励制度，设置校园文明监督岗，创建公寓宿舍、文明食堂、文明班级等活动，对大学生进行经常性的艰苦奋斗教育，使大学生健全人格在日常生活中得到发展。

其次，要注重教育的参与性、体验性。美国大学生通过社区的服务实习将理论应用于生活，将道德认知转变为道德行为。① 艰苦奋斗教育本质上就是一种逆境教育，而健康人格是在实践中形成和发展的。正如马克思所指出的："只有在集体中，个人才能获得全面发展其才能的手段，也就是说，只有在集体中才可能有个人自由。"② 要在顺境中找逆境，通过重走长征路、产学研相结合、新农村建设调查、勤工俭学、义务劳动、青年志愿者等活动，将艰苦奋斗教育过程社会化，实现知行统一，让大学生在实践中磨炼品格和意志，做好迎接各种风险的准备，使大学生健全人格在接触社会、了解社会、适应社会中得到健全和发展。

最后，要注意教育的韧性、巩固性。用艰苦奋斗精神铸就大学

---

① 杨晓慧．中美大学生生活方式教育比较［J］．外国教育研究，2006(11)．

② 马克思恩格斯全集［M］．第3卷．北京：人民出版社，1960：84．

生健全人格非一日之功，贵在持之以恒。让艰苦奋斗人格教育系列化并与学生的专业学习、社会服务、择业就业相结合递进式推进，通过持久、反复的教育，巩固人的理性自觉、灵魂自省和行为德性，形成艰苦奋斗是美德、是智慧、是品质、是责任的风尚，成为鲜明的时代特征，使大学生健全人格在深化认识与构建长效机制中得到发展。

用艰苦奋斗精神培养大学生高尚人格*

艰苦奋斗精神与爱国主义、自强不息、维护国家团结统一精神一样，都是闪耀着灿烂光辉的中华民族的伟大民族精神和优秀传统。在中华民族几千年的历史长河中，它为凝聚民族智慧和力量、创造民族辉煌发挥了极其重要的作用。党的十六大提出要在21世纪头20年全面建设小康社会，到21世纪中叶基本实现现代化，把我国建设成富强、民主、文明的社会主义国家。这是一项充满艰辛、需要创造、富于挑战的壮丽事业。伟大事业的完成需要巨大的精神力量支撑，这个巨大的精神力量就是要大力弘扬包括艰苦奋斗在内的伟大的民族精神。正如江泽民同志在十六大报告中所指出的："民族精神是一个民族赖以生存和发展的精神支撑。一个民族，没有振奋的精神和高尚的品格，不可能自立于世界民族之林。"艰苦奋斗精神是中华民族的伟大精神财富。培育和弘扬艰苦奋斗精神，既是当代大学生的历史责任，也为当今大学生完成自身人格塑造，成长为创新有为的优秀人才开辟了有效途径。

一、传统美德

中华民族素以勤劳勇敢、艰苦奋斗著称于世。远古时代，自然条件恶劣，我们的祖先在这块广袤的土地上与天奋斗，与地奋斗，与人奋斗，使中华民族得以生息繁衍。中华民族的优秀儿女凭着这种精神，在生产工具极端落后的条件下，创造了令世界惊叹的一个

---

* 原载《江汉大学学报》社会科学版2003年第2期、《改革涌春潮》（李进才著）武汉大学出版社2011年版，与李进才合作完成。

又一个伟大壮举。从象征中华民族的万里长城、贯通南北“动脉”的京杭大运河、体现治水杰作的都江堰、显示桥梁建筑奇迹的赵州桥、标志建筑经典的故宫，到传世著作《史记》、《九章算术》、《梦溪笔谈》等；从古代的愚公移山、大禹治水，到今天的“两弹一星”、新一代航天人的卓越贡献，都无不显现出艰苦奋斗、顽强拼搏精神的世代相传和博大精深，历史深深地镌刻着：中华民族以艰苦奋斗、顽强拼搏精神创造了人类文明，为推动人类历史进步作出了重要贡献。

艰苦奋斗精神也是中华民族维护国家独立、抵御外来入侵的伟大力量，更是我们党在长期革命实践中形成的优良传统和作风。回顾过去，从1840年到1901年，清政府因战败赔巨款、面对列强瓜分中国狂潮无可奈何时，是手无寸铁的中华民众自发组织起来，展开艰苦卓绝的反帝斗争，使入侵者魂飞魄散，英勇保卫了祖国的疆域。

在革命战争年代，面对艰苦险恶的战争环境，我们党发扬艰苦奋斗精神，团结和率领广大军民，克服各种艰难险阻，使革命力量从小到大，由弱到强，最终战胜敌人，取得了新民主主义革命的胜利。井冈山时期，中国工农红军吃红米饭，喝南瓜汤，穿破衣衫，浴血奋战，粉碎了敌人数次“围剿”，使星星之火发展为燎原之势。长征途中，红军将士历尽艰辛，战胜了几十万国民党军队的围追堵截，终于完成了北上抗日的战略转移，成就中外战争史上的伟大壮举。抗日战争时期，我们党及党领导的抗日军民，同样是靠顽强战斗和发扬艰苦奋斗精神，挫败日寇的疯狂“扫荡”和国民党顽固派的军事包围和经济封锁的。特别是在王震将军领导下的三五九旅，驻防南泥湾，一边练兵，一边屯田垦荒，开展了轰轰烈烈的大生产运动，使原来荒凉的南泥湾变成了“到处是庄稼，遍地是牛羊”的陕北好江南，从而谱写出“自力更生，艰苦奋斗”响彻云霄的凯歌。解放战争时期，我们党带领广大军民用“小米加步枪”，战胜了美式装备武装的国民党军队，建立了中华人民共和国。实践一次次证明，在国难当头、民族危亡之时，只要坚持和发扬艰苦奋斗精神，就能使我们党和民族的航船，躲过暗礁和险滩，驶向成功的彼岸。我们民族、我们党的历史就是一部艰苦奋斗的历史，靠艰苦奋斗起家创业，靠艰苦奋斗发展壮大，靠艰苦奋斗成就伟业，靠艰苦奋斗走向辉煌。

二、育人创新的法宝

艰苦奋斗的民族精神不仅使中华民族生息繁衍、发展壮大，使我们党由革命党发展为执政党，而且我们的先贤高举爱国主义的伟大旗帜，用这种精神育人，在中国高等教育史上也创造出了人间奇迹。

抗战时期西南联大的办学成就就是最好的例证。1937 年卢沟桥事变后，京津地区的 3 所著名高校——国立北京大学、国立清华大学和私立南开大学被迫南迁长沙、昆明，改名为国立西南联大。它虽然只存在了 8 年，却培养出后来成为诺贝尔物理奖获得者的杨振宁、李政道，“两弹之父”邓稼先和中华人民共和国成立后的一大批院士。西南联大教授中大师云集，他们的学术水平堪称一流，联大师生的道德和人格力量，特别是他们的艰苦奋斗精神也同样是一流的。

当时联大教授的物质生活条件极端贫困。1937 年上半年由于国民党政府滥发钞票，造成通货膨胀，一个教授的平均月薪仅约 350 元法币，到 1943 年下半年联大教授的平均月薪虽有 3697 元法币，却只等于 1937 年的 8.3 元，这样微薄的收入怎能维持一家几口人的生活？在这种情况下，发生了一些让联大学生们目睹并为之震撼的事情：联大法文专业一位首席教授拿了师母的游泳衣去当卖；闻一多先生每天上午在联大授课，下午在中学兼课，晚上批改了学生作业后，半夜还得为别人刻图章卖钱糊口；法律系一教授因为长期患病、经济极为困难，只好请求学校收购他多年来积累的法、英、汉三种文字的全部藏书。① 知识分子居然卖掉视为“命根

① 贺祥麟．西南联大教授们的道德和人格力量［J］．北大人·2001 秋冬合刊．

子”的藏书，此中苦况，让我们何以想象！联大教授们虽然经济、生活极端困难，但他们首先考虑的还是国家民族的苦难。1942年10月联大有25位名教授（都是各系的系主任）联名致函校领导或教育部，拒要教育部发给自己的特别办公经费，即额外津贴。其理由是：第一，他们认为多做一些工作，是自己的责任；第二，他们想到国家的苦难，不愿享受特殊照顾。其爱国情怀和艰苦奋斗的精神是何等感人肺腑、催人泪下！正是用这种精神，三校合并后他们精诚团结，倾心教学，创造出了举世瞩目的学术成果和育人伟绩。

当时由于物价飞涨，联大学生学习、生活条件也是极端艰难的。学生食堂不仅伙食质量差，而且每天只能吃两顿饭。杨振宁教授谈及在西南联大的4年本科生、2年研究生的经历时说，那时的教学场所非常简陋，学生住的是茅草房。就餐时没有凳子，同学们围着一张桌子站着吃，饭就装在一个大桶里，饭中有时还有沙子，有时吃了第一碗，就没有第二碗了。杨老深为感慨地说：“西南联大的6年生活经历，在我的一生中产生了决定性的影响。”①

“艰难困苦，玉汝于成。”当时西南联大只有约1500名学生，是一所非常小的大学，又是在那样艰苦的环境下办学，然而在8年的时间里却培养出一批非常杰出的人才。这些人才不仅对中国后来的革命、建设事业作出了重要贡献，而且对世界的学术研究都产生了很大的影响。当代大学生要想有所作为，不仅要学习西南联大师生对国家、民族命运的高度责任感，还要学习他们始终把人民大众的利益放在高于一切的位置，发扬西南联大校训所说的“刚毅坚卓”的奋斗精神，面对困难与挑战，决不退缩，勇往直前。

三、逆境成才

常言道，人生在世，苦难在所难免。苦难一般主要来自两个方面：一是个人不可抗拒的天灾人祸，如遭遇乱世灾荒、患重病乃至

---

① 张玉来．杨振宁：难忘西南联大［EB/OL］．人民网-校园内外．http：//www.baidu.com/，2001-09-12．

绝症、挚爱的亲人死亡等；另一个是个人生存环境的恶劣、在社会生活中的重大挫折等。人生中有顺境，也有困境、逆境。顺境可以成才，困境、逆境能否成才？古今中外的无数事实说明，后者亦可成才。困境、逆境固然有些残酷，却是人生最真实的组成部分，往往促人奋进，启迪智慧，也引人彻悟。逆境成才最重要的就是靠艰苦奋斗的精神。

我国著名美学家、文艺理论家、翻译家朱光潜先生学贯中西、博古通今，是我国现代美学的开拓者和奠基者，也是我国现代比较美学和比较文学的拓荒者之一，他为我国现代美学建设，为我国的马克思主义美学体系和文艺理论体系的建立作出了重要的贡献。

前些年，朱光潜先生在台湾的一位侄女写了一篇深情回忆朱先生的文章，文章中谈到，集大成者往往是“天才+勤奋”，说朱光潜先生智力并不是最好的，家境也不好，但他却是一个极端勤奋的人，一个极具艰苦奋斗精神的人。

朱光潜先生生前曾说：“只要我还在世一日，就要吐丝一日，但愿我吐的丝，能替人间增加哪怕一丝丝温暖，使春意更浓。”①直至走完 89 年生命旅程的最后一刻，他始终是这样做的。

到了晚年，他感到自己在世的时间不多了，他为中国的美学研究还很落后的现状异常焦虑。落后的重要因素之一是资料不足，于是他潜心资料翻译和论著工作，以便为后人研究提供方便。翻开朱先生临终前五六年出版的书目，很难想象这是一位耄耋老人所完成的。他校阅了近 400 万字的译著和论著，还出版了 80 岁以后的新著《美学拾穗集》和《谈美书简》。

特别值得一提的是朱光潜先生为了完成他最后一部翻译巨著——意大利哲学家维柯的《新科学》，争分夺秒地伏案笔耕，每天从早上到下午 5 点，除了吃饭，他不离书桌不下楼。体重只剩下 35 公斤，最后终于病倒了。大夫们为他会诊后做了结论：“是疲劳综合征，他实在太累了！”历经 3 个寒暑，47 万字的译著终于全部

① 徐泓．春蚕到死丝方尽——记朱光潜先生［EB/OL］．东方网，http：//www. baidu. com/，2003-05-28.

脱稿，可惜朱先生已等不及看到出版的新书便辞世了。

大作曲家贝多芬由于贫穷没能上大学，17岁患了伤寒和天花病，26岁不幸失去了听觉，在爱情上也屡受挫折。贝多芬发誓“要扼住命运的咽喉”，他顽强与命运搏斗，乐曲创作事业与他的生命之火燃烧得越来越旺盛，逆境不但没有吓倒他，反而成了他获得强大生命力的磁场。德国音乐大师巴赫，幼年父母相继去世，为了学习名家名曲，在穷困又得不到哥哥支持条件下偷偷抄曲谱，一抄就是半年。不论遇到多大困难，矢志不渝，含辛茹苦，勤奋追求，终于获得成功。

国运兴衰，系于人才。教育学界一直在研究农村孩子成才的原因。现实中人是靠特长生活的，一无所长的人几乎没有，人与人的差距是由其特长发展水平高低决定的，而特长的发展又是由个人的聪明程度、选择和追求及相应的客观条件决定的，那些具有强烈的追求成功愿望的人，会充分挖掘自身潜力，通过获取大量的相关信息，经过加工整合而转化为成功的现实力量，从而收获成功的果实。其中特长发展与环境有着十分密切的关系，因为活着是一切生物的本能，只有在逆境条件下，使人的智慧和创造力才增长最快，人才能学会怎样面对困难，更懂得珍惜，才能最大限度激发人的潜能。从这个意义上讲，我们不得不承认穷困是一所学校，更能磨炼人的意志，培养人的坚强不屈、坚忍不拔的个性和战胜困难的勇气，所谓“时势造英雄”就是这个道理。

当然，我们共产党人并不主张苦行僧，也不否认顺境可以成才，只是需要认真地把握了。但是，因为生活条件太好，而不能好好成才，甚至有些已成为经不起风浪的“温室花朵”。被称为东方鸿儒的季羡林先生曾说，“我看到一些独生子女的父母那样溺爱子女，颇不以为然，儿童是祖国的花朵，花朵当然要爱护，但爱护要得法，否则，无异于是坑害子女”，是值得十分警惕的。孟子说：“天将降大任于斯人也，必先苦其心志，劳其筋骨，饿其体肤，空乏其身。”这句话道出一个普遍真理：大凡有成就者，无不历经苦难而奋起。尽管时代在变，唯有人类文明成果——艰苦奋斗精神是永恒的。

四、走向未来的通行证

当前尽管我国人民生活总体上达到小康水平，但与发达国家相比，我们还有很大的差距。我们现在达到的小康还是低水平，不全面的，发展还不平衡的小康。其中，城乡二元经济结构还没有改变，地区差距扩大的趋势尚未扭转，贫困人口为数不少，等等。因此，要巩固和提高目前达到的小康水平，还须进行长时期的艰苦奋斗。况且，我们国家在发展进步时，发达国家并没有歇脚停步。形势告诉我们，发展有如逆水行舟，不进则退，慢进则退。2002 年 12 月，中共中央总书记胡锦涛在和中央书记处同志赴西柏坡学习考察时，要求全党同志特别是领导干部要牢记我国的基本国情和党的庄严使命，增强忧患意识，居安思危，牢固树立为党和人民的事业长期艰苦奋斗的思想，务必保持艰苦奋斗的作风。而且即使是将来条件好了，也要永葆艰苦奋斗的本色，因为我们的现代化是后发的追赶型的现代化，如果亦步亦趋地跟着别人跑，必将会被历史所淘汰，解决的唯一办法就是紧跟时代，艰苦奋斗，实施跨越式发展。

当代大学生多为独生子女，这是目前国内颇受关注的问题。最初，有些人从心理学、医学的角度进行研究，得出了独生子女是问题儿童、令人担忧的一代。我国目前有独生子女 1 亿多人，相当于法国人口的总和，两个加拿大的人口，到底这些儿童是不是问题儿童？最新研究表明，孩子年龄小的时候差别大，差异随着年龄的增长而变化。从问题儿童到差异缩小，直至为零，关键在吃苦精神、人格的培养和塑造。艰苦奋斗与一定的物质条件相联系，又是一定精神境界的反映。当物质条件非常匮乏时，不艰苦奋斗就无法生存，这种情况下的艰苦奋斗很大程度上是人的本能，也是一种无奈。当物质条件显著改善后，要保持和发扬艰苦奋斗的精神，则是一种境界，需要高尚的人格作支撑。而且，我们所弘扬的艰苦奋斗精神始终是一个与时俱进，随着社会历史发展而不断培育的过程，身为青年一代更是任重道远。当代大学生自我实现的价值观念比较强，期望值比较高，他们在强调为社会进步贡献自己智慧的同时，特别重视个人目标的实现，不少学生自我价值的高位追求与艰苦奋斗精神的极度缺乏形成了强烈反差。我国的基本国情，迫切需要大学生艰苦奋斗、勇挑重担，但有些大学生缺乏深层次的心理准备和高层次的理想追求，少数人甚至胸无大志，贪图安逸，无所追求。历史和现实表明，一个没有艰苦奋斗精神作支撑的民族，是难以自立自强的；一个没有艰苦奋斗精神作支撑的国家，是难以发展进步的，同理，一个没有艰苦奋斗精神的人是难以奋发有为、为国家民族作出贡献的。

当今发达国家非常注重对后代进行财富观和吃苦精神的培养，认为一个勤劳奋进的民族才能很好地把握未来。2008 年 6 月 27 日，世界首富微软创始人比尔·盖茨正式退休并投身慈善事业时，他宣布了一个令人震惊的决定，将总计市值 580 亿美元的个人资产悉数捐给以自己和妻子的名字共同命名的基金会。他承诺把资产移交至“比尔和梅琳达·盖茨基金会”账户名下。他认为留给子女最大的财富是教他们以生存的能力而非金钱本身。因为给子女过多的财富实际上是破坏了美国社会最基本的一条游戏规则——机会均等，他要让自己的孩子像自己当年那样一开始就站在和别人同样的起跑线上奋斗。他认为 580 亿美元的财富海洋也许不会给子女带来幸福，反而很可能让他们“溺死”其中，而丧失艰苦奋斗的动力。盖茨捐出去的不仅是巨额财富，还是一种闪耀人性光辉和慈善精神的极为高尚的行为。他用行动阐释了全新的财富观，体现了对子女及自身财富的负责精神。金钱是一种财富，但金钱过多也是一种负担。比尔·盖茨的“再富不能富子女”的教育之道，对我们传统理念中“再穷不能穷孩子”而艰苦奋斗做了再好不过的创新。

未来的 20 年，中国将会发生更加令世界瞩目的巨大变化，全面建设小康社会的宏伟目标将在当代大学生手中实现。艰苦奋斗精神是我们在政治上、经济上、文化上、军事上不受制于人的重要法宝，是一个国家、一个民族自立自强、进步发展的根本。弘扬并不断培育艰苦奋斗精神，是当代大学生面临的历史性课题。“教育+实践”的磨炼是培养艰苦奋斗精神最重要的“孵化器”。就道德品质来说，每个个体从天真无邪到成为真正品德高尚的人，都要经过三个阶段，即认知接受、身体力行、“从心所欲而不逾矩”。艰苦奋斗贵在长期坚持，重在刻苦实践。我们相信全面建设小康社会的伟大实践，必将造就一代代无愧于我们伟大时代、无愧于我们先辈和民族的具有艰苦奋斗精神，富于创新创造的优秀人才。

实践“三个代表”重要思想 提高党建工作的创新水平*

高校是培养有中国特色社会主义事业建设者和接班人的摇篮，是建设和传播先进文化、实现科技创新的重要阵地。高校要很好地担负起这一重要的历史使命，必须在当前推进素质教育中认真贯彻江泽民同志“三个代表”重要思想，大力加强党建工作。对于高校党务工作者来说，理解好“三个代表”的含义，把握好“三个代表”的实质，体现好“三个代表”的要求，落实好“三个代表”的精神，不断探索党建工作的新途径，提高党建工作的创新水平，是一个值得认真思考、努力实践的重要课题。

一、坚持理论武装，实现思想观念的创新

江泽民同志“三个代表”重要思想，集中体现了党的性质；集中体现了社会主义本质；集中体现了党要管党，治国必先治党，治党务必从严的要求；集中体现了发展是硬道理，坚持“两手抓”，不断满足人民群众日益增长的物质文化需要的思想，是对毛泽东、邓小平党建理论的继承和发展，是新时期加强党的建设的基本方针。高校在当前新的历史条件下按照“三个代表”的要求，坚持用邓小平理论武装各级干部、全体党员，提高自身思想政治素质，是党组织保持旺盛的战斗力，党员保持时代先进性，全面推进学校素质教育的重要前提。高校党委要牢牢抓住理论武装这个根本，坚持不懈地在各级干部、全体党员中深入开展学习邓小平理

---

* 原载《光辉的历程》，武汉出版社 2002 年版。

论，学习江泽民同志“三个代表”和《关于教育问题的谈话》等重要论述的理论研讨活动。坚持理论联系实际的学风，倡导干部、党员带着问题学，把读书学习与理论研讨、撰写学习心得相结合，把学习理论与更新观念、解决工作中的实际问题相联系，认真学习邓小平同志运用马克思主义的立场、观点和方法，研究新情况、解决新问题的科学态度和创造精神。围绕如何推进教育教学改革，提高教学科研水平，提高学生综合素质展开讨论。通过理论学习，武装思想，重点解决好以下几个问题：

（一）进一步提高贯彻党的基本路线的自觉性

党的基本路线充分体现了“三个代表”重要思想，是代表先进社会生产力的发展要求、先进文化的前进方向和最广大人民根本利益的有机统一。作为高校各级党的组织和教育工作者，落实“三个代表”重要思想，最重要和现实的就是要立足本职，努力教书育人，管理育人，服务育人，为党的中心工作服务，坚定不移地贯彻执行党的基本路线。

（二）进一步转变教育观念

贯彻党要始终代表最广大人民的根本利益的要求，就要树立起适应与创新相统一的全面发展的素质教育观念，转变传统的单一灌输知识的观念和模式，树立起“教为不教”、“学为创造”的观念，明确学校的一切工作要围绕教给学生做人之道、治学方法和创造能力来开展，从而为在实施素质教育中进行党建工作的新探索奠定基础。

（三）进一步增强拒腐防变的能力

江泽民同志的“三个代表”重要思想，是针对新形势下党所面临的腐败与反腐败斗争的严峻形势提出来的。落实“三个代表”精神，要求一方面要大力弘扬先进的思想文化，另一方面要坚决抵制腐朽思想文化的侵蚀和影响。因此各级干部、全体党员应认真学习党的三代领导人关于拒腐防变、廉洁自律、自觉抵制市场经济负面影响等一系列重要论述，锤炼扎实的工作作风，牢固树立为教学、为师生服务的意识和无私奉献精神，通过生动活泼、扎实有效的工作，把党建和素质教育各项工作落到实处。

（四）进一步提高基层领导水平

党的基层组织是党的全部工作和战斗力的基础，是实践“三个代表”重要思想的落脚点，担负着直接联系群众、组织群众、团结群众，把党的各项方针政策落实到基层的重要责任。因此，高校基层领导干部要勤政、廉政，将“师生的满意不满意”作为衡量自己工作的尺子，进一步贯彻民主集中制，使基层决策符合广大师生的利益和要求；要坚持在继承中求创新，在创新中求发展，在坚持基层党建行之有效的作法、保持好的传统和作风的基础上，不断拓展新的工作领域，从而使基层党建工作得到有效推进。

二、把“三个代表”落实到党建工作的全过程，发挥党建工作的育人优势

当前高校全面贯彻“三个代表”重要思想，关键在于深化教育教学改革，大力推进素质教育。围绕实施素质教育中面临的新情况、新问题，开展行之有效的党建工作，打好主动仗，是摆在高校各级党组织面前的现实任务。

（一）强化高校党建的基础建设，不断拓展新的工作领域

要花大力气做好优秀中青年教师的入党工作。高校是知识分子集中的场所，我们党要始终实践“三个代表”，就必须不断地把优秀知识分子充实到自己的队伍中来。积极发展优秀青年骨干教师入党，不仅能激励青年教师在思想、政治、业务等方面全面进步，在教学和科研工作中作出更大的贡献，而且能保证基层教学、科研及改革任务的有效完成，使党的基层组织永葆生机和活力。

“围绕育人抓党建，抓好党建促育人”，用完成教学改革、推

行素质教育的成果检验党建工作的效果。高校党的基层组织要认真贯彻落实《中国共产党普通高等学校基层组织工作条例》和第三次全教会精神，完善系部党政联席会议制度。党总支一班人要把主要精力放在实施教学改革、推行素质教育工作上，充分发挥政治核心、战斗堡垒作用，把学科、专业建设以及教改工作难点作为党建工作重点，认真组织党员制定、落实学科专业建设规划、教改计划，进一步完善系部创新教育的激励机制，为提升系部人才培养、学科建设作出不懈努力。在此基础上，针对高校工作的特点拓展工作领域。一方面要拓展学生工作的空间，建立完善党支部、党员责任区制度、党员干部联系学生班和后进学生制度，把工作做到创新教育和学生的专业学习中，落实到班级和学生成长的各个环节。另一方面要不断从与学生的深入接触中接受信息，加强和改进党支部自身建设和党员教育管理，形成一个互动的、彼此促进的良性机制，从而有效带领广大教职工齐心协力完成教学、科研、行政管理等各项任务，成为推进素质教育、创新教育强有力的组织保障。深入开展好“入党究竟为什么，当官究竟干什么，将来准备留什么”的思想讨论，引导广大干部、党员重温入党志愿书，解决理想、信念、宗旨、权利、义务、纪律等方面的问题，教育全体党员在新的历史条件下，始终保持共产党人的气节和时代先进性。

（二）强化党员的先进模范作用，努力培养创新人才

贯彻党要始终成为先进生产力发展要求的代表的思想，就是要使高校成为适应21世纪需要的科技创新的前沿，为有中国特色社会主义现代化建设事业提供各级各类专门人才。因此，在加强学生思想道德素质培养的同时，还要更进一步强化学生的专业素质和综合能力，克服重知识传授、轻能力培养，重书本经典、轻社会实践和重师承、轻批判的倾向。党员教师要积极尝试拓展学生专业素养、综合能力培养的途径，端正教风，为人师表，放弃自我权威的思想意识，尊重不同的学术观点，鼓励、培养学生的好奇心、探索欲。在教与学中倡导相互合作的教学关系，培养学生探求知识的能力，把教学重心从过去的重“教”转到重“学”上来，让学生学

会寻找、利用工具去猎取自己所需要的知识，掌握分析、合成、提取和加工信息的科学方法。通过课内与课外两条渠道，让学生运用所学知识和实践积累，实现有价值的技术创新与创造。全体党员要积极参加以培养高素质学生为目标的教改活动，以改革考试为龙头，以教法改革为手段，推动教育观念的真正转变，推动教学诸环节的改革，最终推进素质教育的全面深入发展。

（三）强化校园精神文明建设，牢牢把握学校的政治方向

贯彻党要始终成为代表中国先进文化的前进方向的思想，高校首先要解决好政治方向问题。要不要坚持以马克思主义为指导，用马克思主义占领学校的思想文化阵地和指导学校教育教学科研工作；要不要加强和改进学校的德育和思想政治工作，弘扬主旋律，抵制各种腐朽思想文化的侵蚀；要不要通过改革增强学校为经济发展服务的能力、水平和效益，通过开放使学校更好地成为中外优秀文化交流的桥梁，并能够有效抵制敌对势力"西化"、"分化"的图谋，等等，都涉及学校的政治方向问题。学校各级党组织、全体党员要从讲政治的高度，采取各种形式和途径，教育学生牢固树立崇尚科学的思想观念，坚决抵制"法轮功"等邪教的消极影响。"主渠道"教育要切实把握学生的思想脉络，在增强有效性上下工夫，务求实效。要强化对学生的人文素质教育，培养他们高尚的道德情操、健康的心理和身体素质，良好的文化艺术修养，完善其知识、能力结构，促进其道德修养和健康人格的形成。要根据大学生身心特点，开展诸如"TOP SHOW"系列活动（包括寝室文化、CI 设计、"公共礼仪"系列活动、辩论赛等），将素质教育内容融入健康高雅、形式多样的校园文化和社会实践活动中。要加强学校思想政治教育网站的建设，既坚持理论正面灌输的原则，同时通过开展在线讨论和网上主题教育活动等，增强思想政治工作的可信度和亲和力。借鉴和运用社会学、心理学、行为学、教育学等相关学科的最新研究成果，努力改进工作方法，增强针对性，使思想政治工作达到潜移默化、润物无声的效果。坚持不懈地抓好学校多层次

的精神文明创建活动，优化美化育人环境，实现管理育人、服务育人，为学生成长创造良好的环境氛围。

（四）强化师德建设，努力建设好两支队伍

建设一支知识广博、人格高尚、关心学生、乐于助人的教师和党政管理工作队伍是落实“三个代表”重要思想、使素质教育充满生机与活力的关键所在。据某高校2001年学生思想政治状况调查显示：学生对教师的敬业精神较为满意（选择“满意”和“较满意”）的有64%，但有53.5%的学生认为教师的人格魅力仅为“一般”，对于教师的课堂教学水平和学术水平也有近半数的学生评价为“一般”。

现阶段尽管人们赞美教师所从事的事业是“太阳底下最光辉的事业”，但无论是在我国，还是在西方发达国家，教师职业并不是经济收入最丰厚的职业。因此，没有崇高的爱岗敬业精神，没有对教育事业的献身精神，是无法胜任并担当起“人类灵魂工程师”的历史重任的。敬业乐教之德是实施素质教育的动力。学校党的各级组织要根据教师法、高等教育法对教师职业道德提出的明确要求，教育、引导教师自觉履行教师法规定的职责和义务，树立正确的教育观、质量观和人才观，增强实施素质教育的自觉性。要坚持在教师中开展多种形式的师德建设活动，花气力优化教师队伍，选拔好学科带头人。要进一步建立完善人才的选拔、考核、培养、提升的机制，充分调动广大教师教书育人的积极性和创造性。推行素质教育离不开管理，造就一支高素质的党政管理干部队伍是全面落实素质教育的客观要求。要在党政干部中牢固树立“讲学习、讲政治、讲正气”的风气，坚持不懈地进行党的宗旨、艰苦奋斗精神、爱岗敬业精神、开拓创新精神的教育和反腐倡廉的教育，培养他们一专多能，成为复合型人才，提高整体素质，共同为实践“三个代表”、推进学校素质教育、培育创新人才作出新贡献。

第六部分

城市综合大学个案研究

附录 1

湖北高校志·江汉大学沿革

（1952—2005）

一、学校发展概况及历史沿革

（一）发展概况

江汉大学是 2001 年 10 月经教育部批准，由原江汉大学、华中理工大学汉口分校、武汉教育学院、武汉市职工医学院合并组建的一所综合性大学。学校本部坐落在武汉经济技术开发区三角湖畔。校园湖山环抱，水天一色，风景秀丽，幽雅宜人，是理想的学习园地。学校还分别在汉口和武昌设有校区。总占地面积 140.67 公顷，总建筑面积近 50 万 m^2。

学校设有商学院、政法学院、人文学院、艺术学院、现代艺术学院、机电与建筑工程学院、物理与信息工程学院、数学与计算机科学学院、化学与环境工程学院、医学与生命科学学院、教育学院、外国语学院、体育学院、继续教育学院、高等职业技术学院、卫生技术学院等 16 个学院，另举办有一所独立学院——江汉大学文理学院。学校开设有 45 个本科专业，涵盖经、法、文、史、教育、理、工、农、医、管理等 10 个学科门类。有 11 个省级硕士点立项建设学科，7 个省级基础课合格实验室，5 个武汉市高校示范实验室，3 个武汉市重点实验室。有 4 个省、市级品牌及重点专业，8 门省级精品、优质课程。学校有专任教师 1023 人，其中教授 71 人、副教授 413 人，分别占教师总数的 6.94% 和 40.37%。

全日制普通本、专科生16100余人。

学校拥有教学科研仪器设备15000余台（件），总值过亿元。图书馆共收藏中外文纸质文献162万余册，报刊3605种，文献及非书资料56万余种（件），拥有中外文数据库157个，电子图书49万余种、电子期刊6.2万余种。收藏古籍图书18428册，其中善本572册。

学校合并组建以来，其改革发展取得了显著成绩，在社会上产生了较大影响，得到了上级领导的充分肯定。吴官正、李岚清、俞正声、彭佩云、陈至立、宋健、胡启立、王忠禹、张怀西、张梅颖等10多位党和国家领导人先后亲临学校视察，30多位中央部、委的领导，50多位省、直辖市、自治区和特大中心城市主管教育、城建的领导，300多所国内外高等学校的负责人先后来校访问、考察。《人民日报》、《光明日报》、《中国教育报》、《科技日报》、《瞭望》、中央电视台等数十家媒体多次报道了学校教育教学改革的情况。

（二）历史沿革

1. 四校合并

20世纪末，乘着我国高等教育管理体制改革的春风，在湖北省人民政府的领导和支持下，中共武汉市委、武汉市人民政府为了实施“科教立市”的方针，果断决定将原江汉大学、华中理工大学汉口分校、武汉教育学院、武汉市职工医学院四校合并，举全市之力，首期投资8亿元易地兴建新的江汉大学。

1998年11月，湖北省人民政府致教育部《关于请求支持组建新江汉大学的函》（鄂政函〔1998〕174号）提出新校迁址、领导班子、新校校名及学科专业设置、师资队伍建设等落实新校建设问题的具体措施意见。1999年4月，教育部印发《关于同意江汉大学、华中理工大学汉口分校、武汉教育学院、武汉市职工医学院合并筹建新江汉大学的通知》（教发函〔1999〕9号），同意在四校合并的基础上筹建新江汉大学，筹建期限为两年。学校在筹建过程中，按照教育部和市委、市政府要求，统筹规划，在办学体制和运行机制上较快地实现了“一个领导班子、一个机关、一个财务、一套规章制度、一个规划”。从2001年1月1日开始，学校事业经费财务结算归口为一个账户，人员经费支出包括校内津贴部分也按照统一的办法实施。

2001年10月，教育部发出《关于同意组建新的江汉大学的通知》（教发函〔2001〕230号），2001年12月，湖北省人民政府发出《关于组建新的江汉大学的通知》（鄂政发〔2001〕83号），正式批准组建学校，确定学校以本科教育为主，积极创造条件发展研究生教育，也可适当承担高等职业教育的任务。学校由湖北省人民政府领导，实行湖北省和武汉市共建、以武汉市为主的办学体制，教育教学业务工作接受湖北省教育厅指导，学校为相当正厅级的事业单位。

新校建设工程被列为武汉市重点建设工程、湖北省重点建设预备项目。为了保证其设计的科学性、合理性、先进性，市委、市政府组织专班对3块可供选择的地址按多种要素进行比较，邀请以中国工程院院士宁津生教授为组长的专家组论证后决定新校址选在武汉经济技术开发区三角湖畔，这里湖山环抱，水天一色，风景秀丽，幽雅宜人，是一个十分理想的大学校址。之后，又在全国范围内征集总体规划设计方案，以评奖方式确定。1999年8月25日，同济大学建筑设计院、深圳大学建筑设计院、深圳宗灏设计事务所、中南建筑设计院、武汉建筑设计院、武汉城市规划研究院等6家单位提交了《新江汉大学校区总体规划方案》和模型。27—29日，新江汉大学总体规划设计方案专家评审会在武汉经济技术开发区三角湖宾馆召开。武汉市人民政府邀请全国教育界、建筑界的知名专家、教授组成专家评审组，由全国高等学校基本建设学会理事长、中国建筑师学会教育建筑专业学术委员会主任委员、教授级高级建筑师王文友担任主任委员，华南理工大学何镜堂院士等7位专家、教授担任委员。经过评审，武汉建筑设计院的设计方案获一等奖，中南建筑设计院的设计方案获二等奖，武汉城市规划研究院、深圳大学建筑设计院、同济大学建筑设计院、深圳宗灏设计事务所的设计方案分获三等奖。中共武汉市委副书记韩忠学、副市长张代重为获奖单位颁发证书。按事先约定，以一等奖的方案为基础，吸收其他等次方案的长处，制定出新江汉大学总体规划设计方案。其特点建筑风格鲜明，总体布局科学，功能区分合理，是生态化、园林化、智能化的校园，在全国同类高校中处于领先地位。该方案荣获国家建设部2001年度优秀城市规划设计一等奖。建成后的校园标志性建筑体现了办学思想与学术特征的结合，体现了现代科学与人文精神的融合，体现了校园文化鲜明的个性特征。校内自然实体凸显出楚文化特色和新江大特点，学校文化广场上彩灯、喷泉、图案型草坪和花卉造型，美不胜收。清源河巧夺天工，6座小桥风格各异，整个校园动静相宜、疏密有致，把开阔的三角湖水引入校园，形成了江汉大学独有、国内一流的校园景观。

新校基础设施建设采取建设项目法人制，武汉市人民政府以《市人民政府办公厅关于委托市住宅统建办公室为新江汉大学建设项目法人的通知》（武政办〔1999〕88号），决定委托武汉市住宅统建办公室作为江汉大学新校建设项目法人，全面承担工程项目的建设任务。新江汉大学建设一期工程投资总额8.0114亿元，资金筹措按1998年12月12日中共武汉市委、市政府及有关部门领导共同研究确定的方案执行。即：第一，市政府投入资金3.1亿元（含市财政资金及地方教育发展费）；第二，将原江汉大学、华中理工大学汉口分校、武汉教育学院、武汉市职工医学院的校址共600余亩中的部分土地进行置换，预计所获金额约2.9亿元；第三，招商引资2.0114亿元。1999年5月16日武汉解放50周年纪念日，武汉市人民政府举行了新江汉大学建设奠基仪式，标志着新江汉大学的建设进入实质性阶段，随后新校建设全面启动。将在闹市区分散的校园进行土地置换，易地建新校，整体搬迁。按照同类合并、理工结合、学科渗透的思路，统筹组建新的专业及学院。如数学与计算机科学学院、物理与信息工程学院、化学与环境工程学院等。从2000年7月28日正式破土动工，到2001年11月底教学设施建成，仅用16个月的时间完成了新校一期总建筑面积39.1万㎡的基建任务，一所崭新的大学在美丽的长江之滨、三角湖畔拔地而起；从2002年5月29日启动搬迁，仅用20天时间完成了学校整体搬迁，成功实现了由分散办学向集中办学的转变，被社会和媒体誉为“江大速度”、“江大模式”，教育部专家组评价为“应载入新的高等教育发展史册”。著名教育学家潘懋元教授参观新校后致信学校校长：“对江汉大学的定位明确与擘划宏图，十分赞赏；尤其是新校区基建的规模速度，叹为观止。”

1999年6月30日，市委决定成立中共江汉大学（筹）临时委员会，由徐耀良、华定一、柏盛湘、马耀煌、顾瑶池、薛文祯、郑隆炘等7位同志组成，徐耀良任书记，华定一、柏盛湘任副书记。

2000年10月11日，市委下发《关于成立中共江汉大学（筹）委员会的通知》（武组干〔2002〕229号），决定成立中共江汉大学（筹）委员会。由罗友松、李进才、徐耀良、谭仁杰、华定一、柏盛湘、马耀煌、顾瑶池、郑隆炘等9同志组成，罗友松任书记，李进才、徐耀良任副书记。2000年11月13日，《市人民政府关于李进才等职务任免的通知》（武组任〔2000〕25号），任命李进才为江汉大学（筹）校长，任命华定一、柏盛湘、马耀煌、郑隆炘为江汉大学（筹）副校长。

2002年6月18日，经省、市委组织部门考核，省、市委行文成立了新校党委和行政领导班子，标志着新的江汉大学首届党政领导集体形成。中共武汉市委报经中共湖北省委同意，以《关于成立中共江汉大学委员会的通知》（武组干〔2002〕14号）任命罗友松为中共江汉大学委员会书记，顾瑶池为副书记。7月25日，武汉市人民政府下发《关于李进才等职务任免的通知》（武政任〔2002〕11号）聘任李进才为江汉大学校长；任命柏盛湘为江汉大学副校长；任命桑建平为江汉大学副校长，免去其武汉市科学技术局副局长职务；任命廖国桐、李国其、邓院方、黄凤凯、周建民、沈汉成、聂仕书、魏尚汉、王南南、何新民为江汉大学校务委员会委员，原江汉大学（筹）、江汉大学、华中理工大学汉口分校、武汉教育学院、武汉市职工医学院行政职务，因机构变动自然免除。

2002年10月17日，学校隆重举行庆祝教育部批准江汉大学组建一周年暨揭牌仪式。全国人大常委会副委员长彭佩云、丁石孙，全国政协副主席宋健、钱伟长为学校题词或发来贺信。教育部原副部长、全国高教学会会长周远清，教育部高教司副司长刘凤泰，省市领导罗清泉、王守海、王少阶、李宪生、刘善璧、程康彦、殷增涛、张代重、张岱梨、赵零、陈华芳、辜胜阻、段轮一、龚非力，省市老领导王群、谢培栋、谢滋群、王杰、何其雄、王千弓、任德亮、高顺龄、孙德华，市委秘书长贾震涛，武汉大学校长侯杰昌、华中科技大学党委书记朱玉泉等高校领导出席仪式。周远清、罗清泉等领导为学校揭牌。下午，周远清、刘凤泰、中科院院士曹文瑄等为师生作学术报告。晚上，全校10000余名师生在英才广场观看了中央电视台“走进江汉大学”大型文艺演出。

2. 原四校发展概况

(1) 原江汉大学

原江汉大学是1981年经教育部批准成立的普通高等学校，1982年，武汉师范学院汉口分院、武汉市财贸干部学院先后并入该校。其办学历史可追溯到20世纪50年代初。1986年8月15日，时任中共中央总书记胡耀邦为该校题写了校名。学校长期为全国高等职业技术教育学会的牵头单位，其办学特色为自费走读、不包分配，主要培养职业技术人才，在当时国内同类高校中具有很大影响。1985年1月，征得武汉大学同意，并经湖北省人民政府批准，在原江汉大学内设立武汉大学分校，招收四年制本科师范生，为武汉市培养中学师资，武汉大学分校和江汉大学实行两块牌子、一套班子的管理体制。1998年4月经湖北省教委同意，原以武汉大学分校名义招生的本科专业改由以江汉大学名义招生。学校设17个系部，即政治法律系、中国语言文学系、经济管理系、会计统计系、外国语言文学系、秘书学系、机电工程系、数学及计算机系、城建环保系、应用物理系、体育系、艺术系、农学系、历史地理系、旅游系、计算中心、思想政治教育课部。先后开设专业87个，1998年设专业47个，其中本科专业15个，专科专业32个。财务会计等4个专业为武汉市重点专业，分析化学等4门课程为省级优质课程，文艺理论等5门课程为市级重点课程。

学校设有经济管理、高等职业教育、秘书科学、海外华人文化、会计审计和黄兴研究等6个科研所。合并前的几年间，教职工在国内外刊物上公开发表论文3000余篇，出版专著、教材260余部，完成立项课题50余项，获湖北省科技进步奖1项、省市级科研奖近50项，其中获省级教学研究成果奖10项。1990—1998年间，学生获省级大学生优秀科研成果奖30项，获市级大学生优秀科研成果奖25项。《江汉大学学报》面向国内外公开发行。1997年《江汉大学学报》所发论文转载数率在全国综合性大学学报中名列第49位。该校是经国家外国专家局认定的首批具有聘请外国文教专家资格的高校之一，也是教育部批准的首批具有招收外国留学生资格的200所学校之一。先后与美、英、日、德、澳、新西兰等国的大学和有关国际组织建立了校际合作关系，有来自日、美、英、德、加拿大、瑞士、印度尼西亚、巴勒斯坦、澳大利亚、韩国等国家和中国香港、台湾地区的近100个团组300余人次来校访问或进行学术交流，有近30名外籍教师来校任教或进行科研活动。学校曾荣获湖北省教育系统先进单位、湖北省党建和思想政治工作先进高校称号。

（2）华中理工大学汉口分校

华中理工大学汉口分校是1981年经湖北省人民政府批准建立的一所普通高等学校。1992年武汉市科技干部进修学院（该院系武汉市人民政府1983年批准成立）并入该校。学校一贯坚持面向武汉、服务武汉的办学方针，为了更好地服务地方经济社会发展，1996年学校着手对沿袭已久的系科设置进行重新构架，设机械工程系、电子工程系、化学工程系、管理工程系、计算科学系、外语部、社会科学部等9个系部。同时着手学科专业的进一步调整改造，提出了“改造老专业，拓宽新专业，增强适应性”的改革思路，按照学科交叉、融合的构想和全面提高学生综合素质的要求，在办好工科教育的同时，大力发展文、管学科，推行人才培养模式改革和学分制改革试点，形成了人才培养多学科、综合型、本科层次的新格局，设有专业31个，其中本科17个，教学质量、科研水平和办学效益不断提高，毕业生深受用人单位好评。学校设有高等教育研究室、离子氮化研究所、恒达自动化研究所。建校至合并前实施科研项目150项，其中31项获国家、省市奖励，11项取得国家专利。出版专著、教材320余部，发表论文1200余篇。

学校在积极进行内部改革的同时，采取多种形式加强与科研部门、企事业单位的密切联系与合作，争取社会各方面更多地参与学校人才培养工作，先后与中国社会科学院研究生院、武汉邮电科学研究院、湖北省化学研究所、湖北省化工设计研究院、武汉市社会科学院、武汉市经济研究所、华中理工大学、武汉冶金管理干部学院、深圳维豪多媒体公司、湖北化纤集团、湖北双环集团、田田股份有限公司等国内18家科研院所、企业集团建立了合作办学关系，如与武汉邮电科学研究院联合举办本科通讯专业；与深圳维豪多媒体公司联合举办本科计算机专业“2+2”教改试验班，进行学科交叉结合尝试；与中国社会科学院研究生院联合举办在职硕士研究生课程班；与武汉市社科院联合建立了经济咨询中心等。同时积极拓展国际合作，成绩斐然。该校是一所以本科为主的工科院校，是武汉市高级工程技术人才培养和科技干部继续教育的重要基地之一，也是经国家外国专家局认定具有聘请外国文教专家资格的高校之一。曾荣获湖北省“党建和思想政治工作先进高校”称号。

（3）武汉教育学院

武汉教育学院创建于1952年9月16日，初名武汉教师学院。翌年夏，更名为武汉市教师进修学院，“文革”中曾一度改名为武汉共产主义教育学院，1972年6月1日，复名武汉市教师进修学院。1980年10月10日经湖北省人民政府批准，改名为武汉教育学院，相当于高等师范学院。1984年9月24日，国家教育部《关于重庆、武汉、沈阳、大连四市教育事业计划单列问题的通知》中，明确武汉教育学院享有相当于省级教育学院的权限和待遇。建院以来校址五次迁移。学校主要承担着武汉市基础教育的教师培训、干部培训、新师资培养及市教委直属（归口）单位的党员干部培训四大任务。1998年合并时设有中文系、外语系、政治系、历史系、教管系、数学系、物理系、化学系、生物系、地理系、体育系、艺术系、干训部等13个系部，另设有政治思想教育教研室、中国传统文化研究室、数学思想方法研究室。1985年经国家教委批准举办普通本科师范教育。共开设高等师范本、专科专业29个。其中汉语言文学专业和数学教育专业为市级重点专业。1990年至合并前，出版专著、主编或参编著作285部，发表论文1200余篇，出版实用软件13个，完成科技发明4项，其中2项获专利。获省市政府级奖励19项、国家级4项。该院与北京、天津、河北、吉林等省市师大、教院共同承担的国家教委重点科研项目有“全国中小学教师继续教育模式及实践研究”，参与华中师范大学承担国家教委的教改实验项目等。是一所以承担武汉市中学师资培养、培训为主要任务的高等师范院校，也是全国12所示范性教育学院之一。《武汉教育学院学报》为全国百强人文社科学报。

（4）武汉市职工医学院

武汉市职工医学院创建于1958年，前身为武汉市第二医学院、武汉市中医学院和武汉市业余医学院，举办普通和成人医学高等教育，1981年确定为独立设置的成人高等院校，1993年被国家教委首批批准为专科起点本科教育的成人高等院校，一直承担湖北省和武汉市在职医护人员职后教育和岗位培训任务。1986年与湖北医科大学实行联合办学，举办全日制普通高等医学教育，招收本、专科全日制学生。1998年学院有临床医学系、中医系、卫生事业管理及公共卫生系、基础医学部、社会科学部等5个系（部），设有呼吸四病、外科、肿瘤、中医药、矽肺、真菌等6个研究室和45个教研室。拥有1所400张病床的国家二级甲等综合性附属医院。中医系中医专业具有较强教学与科研人才资源，为当时许多普通高等医学院校中所不多见。合并前的几年间该院完成科研课题26项，其中达国际先进水平的4项、国内领先水平的11项、国内先进水平的11项，获联合国发明金奖1项和国家发明专利1项。1994—1998年发表论文303篇，先后有39人次出版各类专著。是一所普通和成人教育兼有的武汉市属唯一医学高等学校。

原四校中有的在20世纪50年代末至60年代初就曾举办普通本科教育，1977年以后，原四校一直举办普通本科教育。长期以来，学校坚持为地方服务，具有一定的办学规模和实力，在人才培养模式、培养手段等方面形成了一些特色，积累了一定的办学经验，截至1998年，学校先后培养全日制本专科学生7万余人，成人学历教育培养6万多人，培养培训科技干部4万多人次。大批学生已成为本地区各条战线的骨干力量，在经济建设和社会发展中发挥着重要作用。

表1　　2002—2005年历任党政主要负责人一览表

姓　名	职　务	任职时间
罗友松	党委书记	2002.06—2003.11
余茂才	党委书记	2003.11—2005.12
李进才	校　　长	2002.06—2005.12

（统计时间：2002.6—2005.12）

二、管理体制改革及制度创新

原四校分别隶属于武汉市教委、经委、卫生局、宣传部等四个部门主管，条块分割、专业设置重复、规模偏小、办学效益偏低，1998年中共武汉市委、市政府实施科教兴国和科教立市战略，贯彻中央关于教育体制改革精神，举全市之力合并原四校组建新的江汉大学，是高教管理体制改革的产物。其优势在于：一是有利于提高武汉市民素质和增强武汉市的城市综合实力；二是有利于优化武汉市高等教育结构，充分发挥办学效益，更好地为武汉市经济社会发展服务；三是有利于推进高等教育大众化进程，满足武汉人民接受高等教育的迫切需要，改变武汉市高考录取分数线长期居高不下的状况。新校的组建打破条块分割，实施教育资源优化整合，积极稳妥地推进了校内办学体制和办学机制改革，从而推进学校实现了跨越式发展。

第一，加强编制管理，合理构建内部组织结构。学校将原四校设置的43个系部合并组建15个学院，按照教学科研相结合的模式建立了14个研究所（室）。实行校、院、系三级建制，校、院两级管理，以院为基础，院实系虚的内部管理体制。分清职责，减少层次，将管理重心下移、权力下放，赋予学院较大的人事调配权、财务支配权、教学指挥权、科研组织权，为逐步推行成本核算制度，实行学院办学经费总额包干，激发学院办学活力，壮大学院办学实力奠定基础，初步形成了新的管理模式。

第二，推进机构改革。设置了23个机关职能部门，9个直属单位，3个附属单位。2004年12月，学校进一步深化校内管理体制改革，减少了2个党政管理机构。2005年底，学校有党政管理机构20个、群团组织领导机构2个、学院16个，处级直属单位8个、内设机构1个和附属单位4个。通过精简机构，提高了管理效率。

第三，推行分配制度改革。实行了校内津贴按单位总额动态包干的办法，由各单位在学校原则意见指导下，根据考核自主二次分配校内津贴，将校内津贴与个人的工作数量和质量挂钩，重点向教师倾斜，向教学第一线骨干教师倾斜，向贡献突出者倾斜，增加激励因素，打破平均主义，对发挥教师教学积极性和弘扬敬业精神起到了一定促进作用。

第四，推进后勤社会化改革。将原四校后勤部门及职工成建制地从学校行政分离，组建后勤服务集团，分步按现代企业制度进行运作和管理。实行后勤职工全员竞聘上岗制度，有效促进了后勤职工整体素质的提高。后勤职工203人，其中具有大专以上学历的人员为122人，占后勤职工总数的60%，45岁以下的人员为156人，占后勤职工总数的76%。2002年12月，国务院在汉召开了第二次全国高校后勤社会化工作会议，全体与会代表参观了新校建设工地并给予了充分肯定。

第五，推进学校办学机制改革。拓展办学新途径，探索投资主体多元化的办学新路，与证券日报社合作创办了江汉大学融智工商学院，后与三才教育投资咨询有限公司合作创办了江汉大学文理学院；还与深圳天有实业发展有限公司签订合作协议，由其投资共同建设、管理江汉大学现代艺术学院，有针对性地开办了社会急需人才的热门专业，2002年首次招生和以后的招生出现了火爆场面。

合并组建之初，学校以构建精干高效的中层机构和形成高素质、年轻化、专业化的干部队伍为目标，全面实施了机构和干部任用制度改革。一是坚持以“三个代表”重要思想为指导，用好的作风选人，选作风好的人，紧紧围绕提高干部队伍素质、改善队伍结构的目标，制定了学校机构改革和干部任用制度改革总的指导思想、原则和任务，形成了以《江汉大学行政领导人员选拔任用办法》、《江汉大学机构与干部任用制度改革中处级干部分流办法》等8份文件为主要内容，科学合理、操作性强的改革工作方案。二是坚持德才兼备和“五湖四海”的原则，严格执行《党政领导干部选拔任用工作条例》和学校规定，在学院、部（处、室）正副职负责人的选配上，同一部门（单位）原四校的干部分别有适当比例。对没有专业技术职称或年龄偏大的中层干部实行转岗、内部退养或改任非领导职务，促进干部队伍的年轻化、增强了干部队伍的活力。在选配学校中层党政领导干部和中层领导班子的方式上采取公开竞聘，平等竞争，整个工作历时仅43天使之圆满完成。中层干部人数由247人减少为161人，其中提拔任用23人，从专业技术人员中新提拔干部20人。按照以岗定人、公开招聘、竞争上岗、考核录用的原则和方式选拔任用干部，处级领导干部平均年龄由47.8岁下降到44.2岁，具备大学本科以上学历的干部占处级干部总数比例由过去的72.9%上升到88.7%，其中具有研究生学历的干部由以前的17.4%上升为改革后的28.1%。与此同时，学校还在管理、教辅、后勤人员中推行全员合同聘用制度，全校报名竞聘者925名，通过竞聘有708名上岗，其中转岗85名。学校机关职能部门由原来的386人（含处级干部102人）减少为249人（含处级干部81人），减少了34.7%。

经过体制创新，基本实现治事用人相结合，责权利相统一，较好地体现了高校内部管理机构规范合理、精干高效、职责分明和运转协调的设置原则。以机构和干部人事制度改革为重点的新校运行机制组建工作胜利完成，从而在真正意义上实现了学校的统一领导、统一政策、统一人事、统一财务、统一规划，实现了学科专业的融合、教师队伍的融合、教育资源的融合和校园精神的融合。

表2　　　江汉大学院系（部、中心）设置一览表

学　院	系（部、中心）	学　院	系（部、中心）
商学院	经济学系	物理与信息工程学院	物理学系
	工商管理系		电子信息与通信工程系
	会计学系		控制科学与工程系
	旅游管理系	数学与计算机科学学院	数学系
	信息管理系		计算机科学系
政法学院	公共管理系		计算中心
	政治学系	化学与环境工程学院	化学系
	法学系		化学工程系
	社会学系		环境工程系
	思想政治理论课部	医学与生命科学学院	中医学系
教育学院	教育技术学系		生物学系
	心理学系		农学系
	教育学系		临床医学系
人文学院	中国语言文学系		基础医学部
	历史学系		医学公共课部
	新闻传播学系	体育学院	体育系
艺术学院	艺术设计系		运动系
	美术学系		公共体育课部
	音乐学系	外国语学院	英国语言文学系
现代艺术学院	美术学系		法语系
	设计系		公共英语课部
机电与建筑工程学院	机电工程系	高等职业技术学院	
	建筑工程系	继续教育学院	
	工业设计系		

表3　**江汉大学机构设置一览表**

单位性质	部门名称	单位性质	部门名称
党群单位	党委办公室(机关党委)	教学单位	商学院
	纪委办(监察处、审计处)		政法学院
	党委组织部(党校)		教育学院
	党委统战部		体育学院
	党委宣传部		人文学院
	学生工作部(人民武装部)		艺术学院
	工会		现代艺术学院
	团委		外国语学院
行政单位	校长办公室		机电与建筑工程学院
	教务处		物理与信息工程学院
	科学研究处		数学与计算机科学学院
	人事处(人才交流中心)		化学与环境工程学院
	财务处		医学与生命科学学院
	研究生处(学位办)		高等职业技术学院
	实验室与设备管理处		继续教育学院
	后勤与产业管理处	直属单位	图书馆
	外事处		电教中心
	学生处		网络中心
	招生与就业指导处		发展研究院
	保卫处(部)		高等教育研究所
	基建处		学报编辑部
	离退休工作处		档案馆
			后勤集团
		内设机构	汉口校区管委会办公室
		附属单位	江汉大学卫生职业技术学院
			江汉大学附属医院(武汉市第六医院)
			文理学院
			江汉大学教学实习工厂

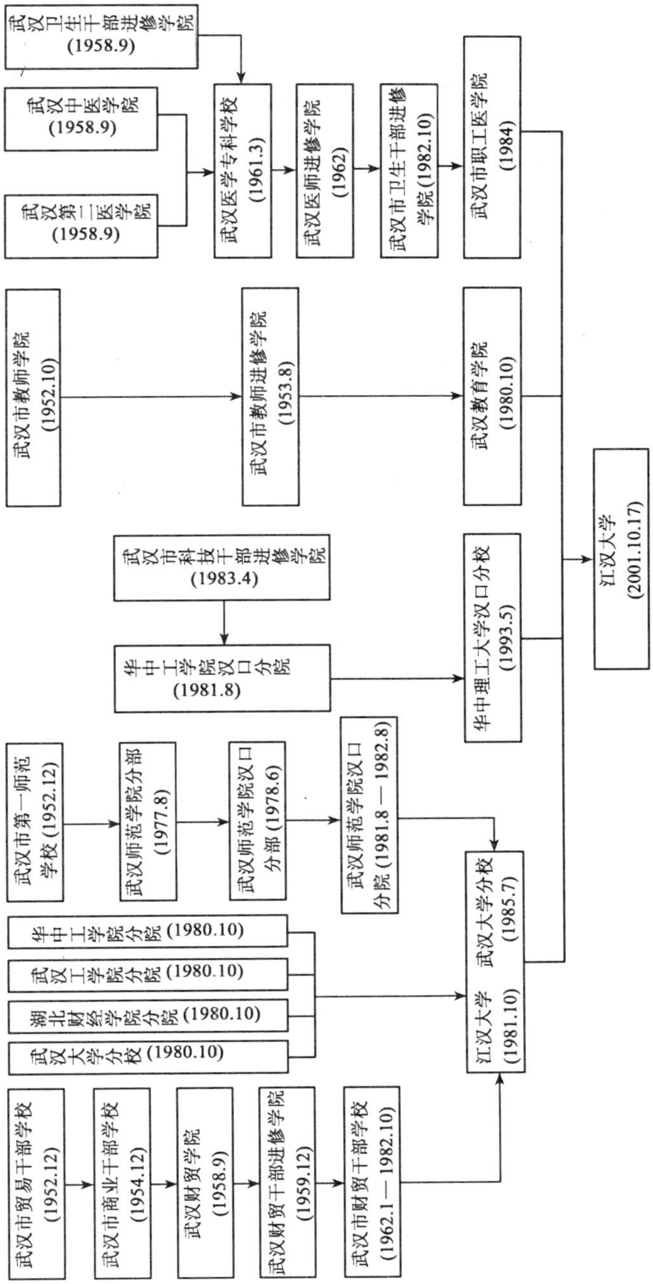
武汉卫生干部进修学院 (1958.9)
武汉中医学院 (1958.9)
武汉第二医学院 (1958.9)
武汉医学专科学校 (1961.3)
武汉医师进修学院 (1962)
武汉市卫生干部进修学院(1982.10)
武汉市职工医学院 (1984)
武汉市教师学院 (1952.10)
武汉市教师进修学院 (1953.8)
武汉教育学院 (1980.10)
武汉市科技干部进修学院 (1983.4)
华中工学院汉口分院 (1981.8)
华中理工大学汉口分校 (1993.5)
江汉大学 (2001.10.17)
武汉市第一师范学校 (1952.12)
武汉师范学院分部 (1977.8)
武汉师范学院汉口分部 (1978.6)
武汉师范学院汉口分院 (1981.8 — 1982.8)
武汉大学分校 (1985.7)
华中工学院分院 (1980.10)
武汉工学院分院 (1980.10)
湖北财经学院分院 (1980.10)
武汉大学分校 (1980.10)
江汉大学 (1981.10)
武汉市贸易干部学校 (1952.12)
武汉市商业干部学校 (1954.12)
武汉财贸学院 (1958.9)
武汉财贸干部进修学院 (1959.12)
武汉市财贸干部学校 (1962.1 — 1982.10)

江汉大学历史沿革图

学校实行党委领导下的校长负责制和“三级（校、院、系）建制、两级（校、院）管理，以院为主”内部管理体制之后，将规章制度建设作为2002年学校继机构和干部人事制度改革后集中精力完成的一项重要工作。截至2005年年底，学校编印了《江汉大学规章制度汇编》、《江汉大学教学工作手册》、《江汉大学学生手册》等制度汇编，逐步形成了较完善的新校管理规章体系。2002年，学校以迎接教育部本科教学工作水平评估为契机，发动全校教师、干部制定了《江汉大学“十五”计划及中长期发展规划》和《江汉大学校园建设规划》。

审　稿：**杨卫东　李进才**

执笔人：**张丽萍　王良楚**

附录 2

湖北教育年鉴——江汉大学篇

（2002）

【发展概况】本年是新的江汉大学办学历史上承上启下、继往开来的一年，也是学校创建地方一流综合性大学的开局之年，学校高举邓小平理论伟大旗帜，以“三个代表”重要思想为指导，全面贯彻党的十六大精神，坚持以人为本，以教学为中心，以科研为龙头，突出教育创新，深化机构干部人事制度、分配制度、后勤社会化等三大改革，狠抓以旨在推进学校深度融合的四项建设（制度、办学条件、师资队伍、校园文化），以改革为动力，以稳定为基础，以建设为主线，以发展为目标，正确处理改革、发展、稳定三者之间的关系。顺利完成了整体搬迁、机构和干部任用制度改革，实现了从分散办学到集中办学，从分校区学科比较单一到整合学科门类齐全，更加注重规模、结构、质量、效益协调发展的历史性转变，为学校实现跨越式发展目标打下了良好的基础。学校还积极探索办学机制创新，与证券日报社合作，创建了二级学院——融智工商学院，首次与武汉市体育局合办运动训练专业，标志着学校在办学主体多元化方面取得了明显成效，增强了办学活力。

【基本建设和办学条件】本年，学校全面完成了基本建设和校园网、图书馆、实验室等硬件建设，新校建设一期工程全面竣工，一个现代化的大学已屹立于美丽的三角湖畔。学校占地 1716 亩，建筑面积 45 万平方米。学校以合并为契机，按照同类合并、理工结合、学科渗透的原则，将原四校 43 个系（部）进行科学整合，共设有商学院、政法学院、教育学院、人文学院、艺术学院、机电与建筑工程学院、物理与信息工程学院、数学与计算机科学学院、化学与环境工程学院、医学与生命科学学院、继续教育学院、高等职业技术学院、体育学院、融智工商学院等14个学院和一个外语直属部，将原四校分散设置的55个本科专业合并调整和增设至39个本科专业，涵盖经、法、文、史、教育、理、工、农、医、管理等10个学科门类。全校现有专任教师1100余人，其中正副教授500余人，全日制普通本专科在校学生14300余人。学校拥有教学仪器设备万余台（件），总值7080万元，图书馆藏书124万册。学校图书馆在本年全省高校图书馆自动化测评中被评为优秀馆。

【重大活动】

1. 本年5月28日—6月20日学校圆满完成了整体搬迁工作。按照“统一安排，分工负责”的总体要求，组织了原四校教学、科研、行政、后勤的设备、仪器、物资等搬迁，迁移师生万余人。整体搬迁工作的顺利完成，结束了武汉市属高等学校分散办学的历史，提升了学校办学实力，为学校朝着创造一流地方大学方向迈出了坚实的步伐。

2. 9—11月，学校成功地举办了全国大学生女足联赛（南区）这一全国大型体育赛事。首次在大学创办女子足球俱乐部，得到国家体育、教育领导机关的肯定。江汉大学女子足球队在全国大学生女足联赛中取得了第三名的好成绩。

3. 10月17日，学校隆重举行了“庆祝教育部批准江汉大学组建一周年暨授牌仪式”活动，教育部发来贺电，教育部和省、市有关领导亲临授牌，宣告一所新的综合性大学组建完毕。

4. 江大建设被列为武汉市改革开放重要成就之一，下半年，学校热情接待了“百万市民看武汉”活动中来校参观的市民群众数万人。

5. 11月5日，圆满地完成了江岸区第十二届人大代表选举工作。

【机构和干部任用制度改革】 经省、市委组织部考核，省委、市政府分别于本年6月18日、7月25日行文组建新的江汉大学党委和行政领导班子。在整体搬迁完成后，学校党委立即着手机构和干部任用制度改革。

1. 制定了《江汉大学机构及各类人员编制核定方案》、《江汉大学行政领导人员选拔任用办法》、《江汉大学领导人员实行委任制、选任制办法》和《江汉大学领导人员任期制实施办法》等文件，形成了一套科学、合理、操作性强的工作方案。学校积极遵循高等学校的办学规律和管理特点，按照规范合理、精干高效、职责分明、运转协调和有利于提高管理效能，有利于调动和发挥积极性、创造性的原则，确立了校、院、系三级建制，校、院两级管理的模式；紧密结合学校实际，按照有利于方便工作的原则，成立了汉口校区管委会等学校派出机构。通过改革，全校共设置了机关职能部门24个、学院（部）15个、直属单位9个、附属单位3个。

2. 干部配备采取校内公开选拔与民主推荐相结合的方式，引入了公平竞争和激励机制，整个工作历时仅43天。报名参加竞聘领导干部职位的人员297名，其中科级干部和非领导职务人员49名，副处级以上干部248名。通过竞争，有164人走上领导岗位，其中提拔任用人员23人。领导干部平均年龄由47.8岁下降到44.2岁，具备大学本科以上学历的处级干部比例由过去的27.1%上升到88.7%，其中具有研究生学历的干部由以前的17.4%上升为现在的28.1%。副高以上职称所占比例由53.8%上升到63.7%，有41人按学校有关政策办理了内退手续，有21人改任非领导职务。

3. 引入竞争机制，顺利完成了一般干部和职工的聘用工作。针对合并后教职工队伍庞大、生员比过低、人员结构不合理的状况，学校首先从编制管理入手，对人员编制实行集中管理，分类核算，按生师比14∶1，生员比7∶1的比例确定总编制数，在此基础上推行全员聘用制度。坚持以岗定人、公开招聘、竞争上岗、考核录用的原则，在这次改革中，全校报名竞聘行政、教辅、后勤岗位的人员925名，有708名上岗，其中转岗85名；有215名内退，2名下岗。学校机关职能部门由原来的386人（含处级干部102人）下降为现在的249人（含处级干部81人）。初步形成科学规范的用人机制，优化了干部队伍结构，标志着新校管理体系框架初步形成。

【制度建设】下半年，学校按照“统一管理理念，创新管理模式”的原则，广泛开展了建章建制工作。以科学论证为基础，以依法治校、规范统一、体系明了、权责分明为总要求，理顺学校各项管理关系，重点建立健全一批新校急需的管理制度，逐步形成了学校新的管理规章体系，即以科学的制度、民主的方法、严密的程序、严明的纪律，为新校运行尽快步入正轨提供保障，为依法治校提供依据。

【教学和科研】本年，学校始终抓住教育创新，以人才培养为中心，牢固树立质量是学校生命线的观念，把实施跨越式发展与调整学科、专业结构、提高教学质量和科研水平紧密结合起来，努力在教育创新中推进学校跨越式发展。

1. 抓观念转变，统一教育思想。为统一全校教职工的思想认识，迁入新校的新学年伊始，学校便响亮地提出了“团结奋斗，提高质量”的口号，并把新学年定为“江汉大学教学质量年”，要求广大干部、教师要牢固树立以教学为中心的思想，充分认识科研的龙头作用，全校上下要在狠抓教育质量上下工夫。

2. 抓学科建设，提升办学层次。学校加大投入，重点建设了11个校级重点学科，5个市级重点学科和4个湖北省硕士学位点建设立项学科。以申请学士学位授予权工作为契机，狠抓学科专业建设各项指标的落实，制定了《江汉大学学位评定委员会工作条例》、《江汉大学学士学位授予工作实施细则》等文件，开展了重点学科建设情况评估检查工作。10月29—30日，省学位委员会对学校29个本科专业进行了评审，学校以92分的成绩通过了学士学位授予单位的评审。同时，学校还积极开展申请硕士学位授予权的各项准备工作，评选了10个校级硕士点立项建设学科。

3. 规范教学管理，推进教育创新。学校坚持与时俱进，开拓创新，在教育教学改革方面做了有益的探索，突出应用型、地方性特点，淡化专业，拓宽基础，制定了《江汉大学创新教育实施方案》、《江汉大学教材选用与更新管理办法》、《江汉大学公共选修课管理办法》、《江汉大学本科学生修读辅修专业管理办法》等文件，规范了选课程序、排课规程、教室管理等工作，部分课程试行了双语教学，鼓励学生在允许的条件下跨专业、学科、院系选修课程。为推进素质教育，探索人才培养的新机制和新模式，创办了5个人才培养模式改革试点班。选派了部分同学参加全国数学建模竞赛，有3名同学获奖。

4. 抓龙头建设，促进科学研究。学校高度重视科研工作，将其作为兴校强校的龙头来抓，全年组织了123项各级各类项目的申报，获批准49项，其中国家级7项，省级23项，市级19项。取得各类科研成果33项，其中8项达国内领先水平，3项达国内先进水平。申请国家发明专利3项、实用新型专利1项。组织申报各类奖励44项，获省科技进步三等奖1项、市科技进步奖2项。出版学术丛书2部，教师主编专（译）著、教材等83部，发表学术论文1185篇，其中收入SCI、EI、ISTP三大检索4篇，获各类奖励47篇。完成了湖北金环公司自动化控制工程改造项目，并承接了300万元的二期改造项目。在第二届中国（武汉）农业高新技术产品国际博览会上，学校有20项科技成果参展。举办了“家族企业国际研讨会”、“文化生态变迁与文学艺术发展研讨会”等各类大型学术活动，并邀请了于光远、李锐等20多位包括院士在内的国内外著名学者、专家到校讲学，活跃了学术气氛。

【党建和思想政治工作】本年，学校党委高举邓小平理论伟大旗帜，深入学习贯彻党的十六大精神和省第八次党代会精神，并以思想武装为重点，以加强基层党组织建设为立足点，增强基层党组织的凝聚力、战斗力和创造力，提高广大党员素质，增强党性，发挥先锋模范作用，加强党建和思想政治工作，努力推进党风廉政建设、民主政治建设，为学校的改革和事业发展提供强有力的思想和政治保证。

1. 学习十六大精神，不断加强各级干部、教职工思想建设。学校党委按照省、市委“贯穿一条主线，分为两个阶段，兴起三个高潮”的总体要求，先后分两期举办了处级干部学习十六大精神研讨班，组织全校各级干部、广大师生重点学习了党的十六大精神、江泽民同志“5. 31”讲话、“9. 8”讲话及《江泽民论有中国特色社会主义》等，围绕师生思想的难点、热点、疑点、焦点问题开展多种形式的理论教育，开展了“‘三个代表’在江大”的演讲等活动。

2. 贯彻“党要管党，从严治党”的方针，抓好基层党组织建设。学校党委根据《中国共产党普通高等学校基层组织工作条例》和有关法规、政策，结合学校实际，制定了《江汉大学基层党委（党总支）工作条例》、《江汉大学中层领导班子党政联席会议议事规则》等一系列文件。按照“选好一名书记，建好一个班子，制定一套制度，发挥一个作用”的目标，完成了23个基层党委（党总支）的组建工作，建立了146个党支部，配齐了各委员会（总支）班子，保证了基层党组织各项工作的顺利开展。加大了入党积极分子培养教育力度，本年共发展预备党员224名，其中学生党员172名。

3. 加强党风廉政教育，开展“党风廉政建设宣传教育月”活动，打好拒腐防变的基础。制定了《江汉大学党风廉政建设责任制实施办法》、《江汉大学党风廉政建设责任追究实施办法》等文件，校纪委分别与各单位、各部门一把手签订了《党风廉政建设责任状》，从制度上保证党风廉政建设的各项内容和要求落到实处。本年处理来信来访142件，审计金额1300多万元，审减额110万元。

4. 加强统一战线工作，健全民主党派和群团组织，推行校务公开，健全内部监督机制，推进民主政治建设，调动广大教职工积极性。

5. 开展省级文明单位的创建工作，推进精神文明建设。成立了江汉大学精神文明建设指导委员会，组建了江汉大学精神文明建设督导团，广泛深入开展多层次文明创建工作，11月，学校接受了省级文明单位的评审，省文明委对江汉大学文明创建工作给予了高度评价。学校还开展了扶贫济困活动，全校共计捐款26万元，捐物千余件，体现了江大人良好的精神风貌。

【深化分配制度改革】 为充分发挥校内分配的导向和激励作用，根据“按劳分配，效率优先，兼顾公平”的原则，学校出台了《江汉大学教职工校内分配方案（试行）》。新的校内分配方案加大了学院（部）、部门经费支配权，并实行校内分配与个人的工作数量和质量挂钩，分配重点向教师倾斜，向教学第一线骨干教师倾斜，向贡献突出者倾斜，增加了激励因素，打破了平均主义，初步建立了“绩效挂钩，奖勤罚懒”的分配机制。

【启动后勤社会化改革】9月，学校开展了“推进后勤社会化改革，完善后勤企业化、产业化运行模式”的专题调研活动，认真分析了我校后勤社会化改革工作现状和存在的问题，在学习先进高校成功经验的基础上积极探索，初步形成了《江汉大学后勤社会化改革方案》，并逐步开始实施。

【招生和就业】本年学校招生形势仍然火爆，普通本、专科原计划招生3400人，其中：本科2600人，专科800人。新增融智工商学院本科计划200人，专科计划980人，应执行本科计划2800人，专科计划1780人，合计4580人。实际录取新生4556人（其中：本科2806人，含融智工商学院206人；专科1750人），比原计划扩招34%。就业形势要好于往年，毕业生就业率为81.4%，其中本科为87.8%，专科为51.5%。

【成人教育】在整合原四校区成教办学资源的基础上，设立继续教育学院，承担成人教育及各类培训工作，为地方经济建设和社会发展提供智力支持。本年取得了成人教育学位授予权，继续教育学院在办学规模、办学层次、办学形式、学科门类等方面都有了较大提升：成人教育在校生为6127人，比上年原四校之和净增1497人，增幅32.3%；全日制高等教育自考班1187人，比上年原四校之和净增355人，增幅42.7%；本年完成师资及计算机、职称、资格证书、等级证书等各类培训近万人。

审　稿：**黄凤凯**

执笔人：**张丽萍　王良楚**

附录3

湖北教育年鉴——江汉大学篇

（2011）

【概述】2011年，在省委省政府、市委市政府以及上级教育主管部门的正确领导和全校师生员工的共同努力下，学校认真贯彻党的十七届五中、六中全会精神，以科学发展观统领事业发展全局，以建设与武汉经济社会发展地位和水平相适应的地方一流综合性大学为目标，改革创新，开放办学，克难攻坚，真抓实干，较好地完成了全年各项工作任务，实现了“十二五”发展的良好开局。

学校占地总面积2114亩，校舍建筑面积54万余平方米。设有商学院、法学院、人文学院、艺术学院、机电与建筑工程学院、物理与信息工程学院、数学与计算机科学学院、化学与环境工程学院、医学院、生命科学学院、教育学院、外国语学院、体育学院、马克思主义学院、继续教育学院、高等职业技术学院、现代艺术学院、卫生技术学院、高尔夫学院等19个学院和独立学院——文理学院。开设有55个本科专业，涵盖经、法、文、史、教育、理、工、农、医、管理、艺术等11个学科门类。有11个硕士学位授权点，1个专业学位授权点，1个省级重点学科、2个省级重点（培育）学科。有2个国家级特色专业、2个省级品牌专业。有9门省级精品课。全校共建有实验室（中心）30个，其中省级实验教学示范中心6个，拥有教学科研仪器设备总值1.69亿元。省部级科技平台建设实现零的突破。光电化学材料与器件省部共建教育部重点实验室获教育部批准立项，工业烟尘污染控制湖北省重点实验室、湖北省豆类（蔬菜）植物工程技术研究中心获省科技厅批准组建。图书馆藏书195万册，电子文献资源52万种（件），国内外期刊2760余种。学校现有专任教师1060人，其中正、副教授538人。全日制在校生16655人。

本年，学校被中共湖北省委高校工委评为“湖北省党建工作先进高校”；学校统战工作被评为“全省统战工作优胜单位”、“武汉市民族团结宣传教育活动先进集体”，获湖北省高校统战理论研究会第27次年会优秀组织奖；学校被评为“湖北省学校及周边治安综合治理暨安全文明校园先进单位”、“武汉市社会治安综合治理优胜单位”、“武汉市消防工作先进单位”、“国家安全人民防线建设先进单位”等。

【成功举办合并组建10周年系列活动】

一是突出了“总结·反思·展望”的活动主题。按照隆重、热烈、俭朴、务实的原则，以“总结·反思·展望”为主题，精心策划举办了合并组建10周年系列活动，召开了合并组建10周年总结大会，对学校10年发展作了全面总结，对学校工作进行了深刻反思，对学校“十二五”发展进行了美好展望。

二是营造了良好的学术氛围。组织“江汉大讲坛”学术报告会120余场，邀请美、法、日等国及港台学者、京沪等地院士与知名专家来校讲学，参加报告会的师生达25000余人次。参加主办纪念辛亥革命100周年理论研讨会，原中共中央政治局委员李铁映莅临会议并作报告，省委书记李鸿忠出席开幕式并致辞。主办“二十世纪中国城市化和城市现代化”国际学术研讨会，80余名海内外学者参加，人民网、光明网、《湖北日报》等媒体进行了报道。

三是建立了更加开放的社会资源。原中共中央政治局常委、中纪委书记吴官正致信勉励全校师生，全国人大常委会副委员长陈至立、原全国工商联副主席胡德平为学校题词。共有172名各级领导、海内外嘉宾和500余名校友参加了合并组建10周年总结大会。收到题词16幅，贺信33封，社会各界捐赠500余万元。组织了14场校友讲座、12场校友座谈、4批校友参观、2场校友专题交流。出版了《十年回眸》、《江大学人风采》、《江大校友风采》、《江大科研教研成果目录选编》，举办了大学生课外创新成果展等。通过举办系列活动，展示了发展历程，增进了社会各界的了解和支持，建立了更加开放的社会资源。

【稳步推进学分制改革】

一是确立推进学分制和人才培养模式改革总体思路。确定从2011级新生开始全面推行学分制。成立了推进学分制工作领导小组，开展学分制改革研究，建立健全了推行学分制各项规章制度，初步构建起学分制支撑体系和工作网络。

二是推进以学分制改革为主线的人才培养工作。以“课程改革与建设年”为重点推进课程建设，举办了课堂教学方法改革暨教学观摩工作会，74门课程开展了课堂教学方法改革试点。积极推动专业建设，加强化学工程与工艺、生物技术、机械设计制造及其自动化等3个省级战略性新兴（支柱）产业人才培养计划项目建设，抓好有关产业计划班招生及选拔工作。组织申报了数字媒体技术、对外汉语2个本科专业，完成了3个学院大类培养专业分流工作。通过评选优秀教学质量奖，设立学生教学信息员、期中教学检查、听课、教学例会通报等制度，促进了教风建设。

【人才培养质量进一步提高】本年，学生参加各级各类竞赛成绩显著。获全国大学生英语竞赛特等奖1项、一等奖9项、二等奖26项、三等奖59项。获全国信息化核心技能大赛团体二等奖1项，第五届“三井杯”全国大学生化工设计竞赛三等奖1项，华中赛区二等奖、三等奖各1项；获全国大学生工程训练综合能力竞赛三等奖1项；获全省第二届大学生职业生涯规划大赛第一名；获第五届大学生机械设计制造创新大赛一等奖、二等奖各1项。举办2011年湖北省高校大学生服装设计毕业作品校际联展，并囊括最佳新锐奖、最佳工艺奖、最佳模特表演奖3项一等奖。在第三届香港国际青少年合唱节中，获当代音乐合唱组冠军、民歌合唱组金奖、总决赛最佳指挥奖及表演金奖四大奖项。在2011年世界大学生运动会上，学校毕业生蓝宇雯夺得3枚射击金牌。学生英语专业四级考试一次性通过率76.19%，再次超过全国平均通过率（53.17%）；法语专业四级考试一次性通过率95.56%，超过全国平均通过率（78%）；日语专业四级一次性通过率达95.45%。学校在2011年国家司法考试中报考通过率为66%，在武汉地区高校中遥遥领先，其中刘中妮（444分）等10位同学以400分以上的高分通过。“榜样的力量”作用不断彰显，有32名国家奖学金获得者、526名国家励志奖学金获得者、10名校杰出学生暨校长奖学金获得者、20名校优秀学生标兵、223名校优秀学生干部、21个优秀班集体、3417名各类校优秀学生奖学金获得者、1402名道德风尚奖和学生学术成果奖获得者受到表彰。

【形成完整的硕士研究生教育体系】学校化学工程与技术、管理科学与工程2个学科被批准增列为硕士学位授权一级学科，实现了硕士学位授权一级学科零的突破，二级学科硕士学位点增加到11个，涉及12个学院42个研究方向，覆盖理、工、管理等3个学科门类。组织申报了材料化学工程、化学生物技术与工程、管理心理与行为科学等3个自主设置二级学科硕士学位点，通过网上公示，已完成了教育部备案。获得同等学力在职人员硕士学位授予权，至此，学校在短短两年内获得全部3种类别硕士学位授予权，形成了完整的硕士研究生教育体系。湖北省华烁产学研一体化研究生教育创新基地获批立项建设。

【学科建设】组建了江汉大学交叉学科研究院。引进6名留法学者，打造高起点、高水准的集科学研究、科技创新、科技成果转化于一体的科研平台。建设了纳米生物医学工程中心等6个中心首席专家工作室及配有远程视频系统的物联网实验室，推动重点学科、优势学科、特色学科和基础理论学科、应用类学科、工程学科乃至新兴学科、交叉学科的统筹建设，为学校培养交叉学科团队、打造前沿学科平台创造了良好的条件和机遇。

省部级科技平台建设实现零的突破。光电化学材料与器件省部共建教育部重点实验室获教育部批准立项，工业烟尘污染控制湖北省重点实验室、湖北省豆类（蔬菜）植物工程技术研究中心获省科技厅批准组建。深入推进产学研结合，科研水平和服务社会能力进一步提高。

【科学研究】科研规模层次不断提升。全年科研项目立项557项，计划及合同总经费7086.65万元，比上年净增1000余万元。其中纵向科研项目立项313项，含国家社科基金项目5项、国家自科基金项目5项，省部级项目162项，纵向课题计划经费3682.3万元。全年累计发表论文1620余篇，其中SCI、EI、ISTP收录论文316篇，权威、重要论文487篇。获湖北省科技进步奖二等奖1项、湖北发展研究奖1项、武汉市科技进步奖二等奖3项。获各类知识产权授权78项，其中发明专利8项，实用新型专利27项，外观设计29项，计算机软件著作权14项。知识产权申报与授权数量双创新高，位居省属院校前列，受到武汉市知识产权局的表彰。

【服务社会】 成立了江汉大学教育发展基金会，获捐赠1118万元，设备价值20万元。召开了第一届理事会第二次会议、校友会第一届理事会第二次会议，加强学校与理事、校友的联系和沟通，争取理事单位、广大校友和社会各界对学校事业发展的支持，理事会、校友会、教育发展基金会的工作机制有效运转，为地方经济社会发展的服务机制基本形成。深化了与武汉理工大学、华中师范大学的合作。组织科研成果参加第七届中国·湖北产学研合作项目洽谈会，3项成果与企业签订对接协议。

服务社会能力进一步增强。与武汉经济技术开发区、武汉东湖新技术开发区、武汉化工新区及汉阳区人民政府，市有关部门，武汉地铁集团、武汉亚洲心脏病医院等企业开展了战略合作。与市农业局开展合作，生态农业示范基地、都市农业试验示范基地建设得到加强。与市工商联合作，面向其所属行业、企业推进应用型人才订单式联合培养。与市体育局、市国资公司联合组建了武汉体育彩票研究院，致力于体育彩票特别是“马彩”理论、市场、应用等研究。与市公安、卫生、药监等部门合作，生物医学研究院“罗通定”临床防治吸毒人员海洛因复吸可行性研究在推进社区戒毒、社区康复工作中发挥了积极作用。加强对武汉地域文学和地域文化的研究，为提升城市软实力方面发挥积极作用。学校成为自主创新示范区高校科研院所科技成果转化的股权激励试点单位。附属医院积极开展“三好一满意”活动，参与“114”统一预约诊疗服务，服务水平不断提高。

【加强改进德育工作】 成立了马克思主义学院，召开了全校思想政治理论课教学改革专题研讨会，为社会主义核心价值体系教育和思想政治理论课教学改革提供保障。与市团校联合举办了大学生骨干理论培训班，探索建立科学规范的青年马克思主义者培养体系。“延安精神进校园”工作进一步拓展，成为湖北高校优秀校园文化品牌之一。不断推进“中华诗词进校园”工作，学校被授予“全国诗教先进单位”称号。以纪念建党90周年、辛亥革命100周年、学校合并组建10周年为契机，组织开展了爱党、爱国、爱校主题班会、主题团日活动，开展了“学党史、知党情、跟党走”、“青春遍访”、“我的大学”等主题教育活动。

【学生管理与服务】把“学长计划”作为“一年级工程”的特色工作，以学生党员和新生公寓结对帮扶为抓手，深入开展了“公寓先锋行”创先争优主题实践活动。把学业规划指导作为“一年级工程”的主打项目，以指导新生完成学业生涯规划设计为目标，积极引导广大学生自觉投入到专业学习中。把加强学风建设作为“一年级工程”的根本任务，以新生德育工作和养成教育为重点，大力开展了新生优秀班集体创建和评选工作。

积极参加全国高校学生思想政治状况滚动调查，提高思想政治教育的针对性和实效性。加强大学生心理健康教育，成立大学生心理健康教育中心，举办首届心理健康文化节，指导学生互助组织开展工作，帮助学生提高心理健康意识。不断巩固国家级语言文字示范校创建成果，学校被评为武汉市语言文字工作先进集体，“江大杯”推普创新大赛成为武汉市语言文字工作创新品牌，普通话水平测试工作站被评为“湖北省普通话水平测试工作优秀测试站”。

抓服务育人，落实国家对高校经济困难学生的资助政策，完善学校经济困难学生资助体系，413名学生通过“绿色通道”顺利入学，缓交学费、住宿费近240万元。做好国家各项奖、助学金的评审、发放工作，规范评审程序，发放国家奖、助学金共计1559余万元。

【招生与就业】本年学校面向18个省、区实际录取新生4956人，其中：本科学生4200人（高考生4050人，专科升本科学生150人），专科学生756人。招生人数再创我校历史最高纪录，生源数量保持在较高水平，生源质量稳步提高。不断创新招生机制，获得了多方面的突破和发展。加强管理，健全制度，规范程序，阳光操作，圆满地完成了招生录取工作任务。

完成10个毕业生创业项目，新增汉口银行、东风风神、市工商联、市民政局等15家就业基地。组织实施毕业生就业创业教育和就业指导服务工作，全年举办大型招聘会2场，参会企事业单位305家，提供就业岗位6639个。毕业生就业工作成绩显著，本专科毕业生5139人，就业率91.79%，高于全省平均就业率5.09个百分点。

【国际、地区交流与合作】继续做好中德2+2、中荷2+2、中法3+1等校际交流项目的管理工作，正式启动中日3+1项目。中德项目招生46人，中荷项目招生22人。学生派出情况良好。与韩国、日本、加拿大、美国、瑞典、斯洛伐克、荷兰等国家和我国台湾地区等10余所大学和城市商洽合作事宜，推进合作项目。

10月14—19日，应学校邀请，日本大分大学、日本大分县立艺术文化短期大学、韩国清州大学、荷兰格罗宁根汉斯大学、法国波城大学、德国凯泽斯劳滕大学、德国斯图加特双元制大学代表团来学校参加合并组建10周年总结大会并同相关学院师生开展交流活动。荷兰格罗宁根汉斯大学校长Drs. H. J. Pijlman、日本大分大学前学长羽野忠在总结大会发言。

【积极外引内培大力提升师资水平】

一是高层次人才引进取得重大突破。与全法华人科技工作者协会签署了《人才战略合作协议》，聘请了法国国家科学研究中心、巴黎第七大学、巴黎第十一大学、南巴黎大学的陈勇、董长治、李皓、张勇民、郑万泉、周道绣等专家分别担任交叉学科研究院6个中心首席专家，学校签约数量居湖北省人才工作代表团前列。6位旅法专家被省教育厅聘任为楚天学者，以6位旅法专家为核心的交叉学科研究院学科创新团队和特聘教授李超英、章伟雄分别获市首届“黄鹤英才计划”专项资助780万元，这是学校首次获得高规格、大额度人才奖励资助。梁勇博士入选教育部“新世纪优秀人才支持计划”。

二是教师队伍培训工作稳步推进。选送了83位教师参加全国高校教师网络平台精品课程的培训，遴选了7位青年骨干教师在职攻读博士学位、1位具有博士学位的学术骨干进博士后工作站研修，推荐了7位学科带头人到国内一流大学、4位学术骨干赴国外一流大学做访问学者，选派了30位中青年教师参加国家、省市出国项目等各类培训。学校被评为全国高校教师网络培训先进集体。

三是人才队伍工作机制逐步建立。建立健全高层次人才引进、高层次人才引进工作奖励、教师培训进修管理、江汉学者计划、“十二五”教师海外交流规划等制度措施。与武汉经济技术开发区、华中师范大学签订了人才工作合作协议。

【全国副省级城市综合性大学合作交流机制工作】 副省级城市综合大学是当今中国地方高等教育最具活力和发展潜力的高校群体之一，在高等教育大众化不断推进、服务地方成为高等教育发展时代潮流的背景下，城市综合大学承担着共同使命，同时也面临着适应形势发展、科学谋划未来战略与对策等一系列热点难点问题。如何在服务地方发展与城市建设中推动学校科学发展，成为副省级城市综合大学面临的重要课题。

12月18日，广州大学在广州白云国际会议中心主办了由学校和广州大学、沈阳大学共同发起的全国十五城市综合大学联席会议第二次会议。来自长春大学、成都大学、大连大学、哈尔滨学院、杭州师范大学、济南大学、江汉大学、金陵科技学院、宁波大学、青岛大学、沈阳大学、深圳大学、西安文理学院、厦门理工学院和主办大学等全国15所副省级城市综合大学的党政主要领导与会。

会议认真学习贯彻胡锦涛总书记在清华大学百年校庆上的讲话精神，全面贯彻落实《国家中长期教育改革和发展规划纲要》，以实施“十二五”规划为契机，增进各学校之间的合作与交流，共同探讨副省级城市综合大学的地位、作用和优势，共同探究存在问题和解决办法，分享成功经验，促进城市综合大学进一步提高教育质量和服务地方经济发展能力，为区域经济社会发展做出更大贡献。

学校向大会提交了15所城市综合大学联席会议工作机制创立以来编撰的第一部《城市大学蓝皮书——十五副省级城市综合大

学发展报告（2006—2010）》（32 万字），受到与会领导和各校的好评。

【办学条件改善】

一是教学保障条件建设不断加强。新增、改造多媒体教室 62 间，多媒体教室设备完好率达到 99%。完成教学科研设备政府采购项目 151 项，总金额 2000 余万元。维修实验室设备 1500 台件。完成教材征订 1510 种 24 万册，教材到书率达到 99%。

二是文献资源建设不断加强。完成中文图书招标工作，全年订购中外文图书 51149 册。增加了电子资源购置费比例，新增数据库 4 个，续订数据库 27 个，试用数据库 23 个，电子资源购置费占文献资源购置费 40.2%。加大了江大文库建设力度，启动了江大优秀艺术作品库建设工作，已收藏教职工、校友论著 150 册。

三是服务保障能力不断完善。启动了“智慧校园”建设工程，“一卡通”一期工程顺利投入使用。完成了孔子铜像广场工程、校园河治理水位提升工程、体育馆亮化工程、10 栋学生宿舍屋面防水工程及学生公寓、教师公寓、食堂、校园围墙等外墙粉刷工程。

四是平安校园创建水平不断提高。围绕中央、省、市关注的重大问题及敏感节点，全力维护校园政治稳定。开展安全大检查活动，加强人防、物防、技防措施，突出抓好消防管理，强化校园治安管理，为育人工作提供安全稳定保障，学校被评为湖北省学校及周边治安综合治理暨安全文明校园先进单位、武汉市社会治安综合治理优胜单位、武汉市消防工作先进单位、国家安全人民防线建设先进单位。坚持齐抓共管，实现了人口计生工作目标任务。

【党建与思想政治建设】

一是切实落实省委巡视组巡视工作。接受了省委第二巡视组对校领导班子及其成员在贯彻落实科学发展观、执行党的路线方针政策、党风廉政建设、作风建设和民主集中制以及选拔任用干部等方面情况的监督检查。巡视组充分肯定了学校领导班子和学校近三年工作，对学校未来发展提出了建设性意见。学校制定整改方案，落实责任，强化措施，确保了整改收到实效。

二是扎实推进党的基层组织建设和党员队伍建设。接受了全省党的基层组织“五个基本”、“七个体系”建设检查，受到高度评价。召开党员领导干部专题民主生活会，完成9个基层党委的换届工作，调整了部分基层党组织设置。申报6个武汉市基层党建工作创新项目，1个获批并被推荐申报湖北省基层党建项目。开展庆祝建党90周年系列活动，表彰了21个基层单位“先进基层党组织”、352名“优秀共产党员”，49名同志分别被授予“优秀党务工作者”、“十佳教工党员”和“十佳学生党员”称号。“创先争优”活动不断深化，积极创建党员群众服务中心，推进“两访两创”活动，完成“城乡互联，结对共建”任务。本年发展学生党员2421名，其中教职工党员21名。普通本科生中党员比例达11.9%。党建工作受到省委通报表扬，学校被省委高校工委评为“党建工作先进高校”。

三是切实加强领导班子建设和干部队伍工作。实施校党委中心组发言预约制和二级中心组理论学习成果刊载预约制，建立理论学习（季度）报表制和信息员制度，在全国、省市纪念建党90周年理论研讨活动中学校有多篇论文获奖。开展了“五好”领导班子创建和“治庸问责”工作。选派了21名中层业务管理干部赴英国伯明翰大学培训、210名干部参加上级调训和武汉干部教育培训网络学习。加大干部选拔任用力度，通过竞聘上岗、民主推荐、公开招聘方式选拔任用49名中层干部。

【加强民主政治建设和反腐倡廉工作】着力抓好党务公开工作，开通了党务公开网站，通过多种形式增强党内透明度。坚持校（院）务公开工作制度，充分发挥校领导接待日、电子信箱等的作用，与师生沟通交流信息，定期召开校（院）情通报会。积极支持工会开展工作。统战工作取得新成绩，在全国高校统战工作经验交流会暨第十六次高校统战工作研讨会上作经验交流，学校被评为“全省统战工作优胜单位”、“武汉市民族团结宣传教育活动先进集体”，获湖北省高校统战理论研究会第27次年会“优秀组织奖”。离退休工作获省高校关工委、省高校老干部工作研究会表彰。认真学习贯彻国家、省市反腐倡廉工作会议精神，落实党风廉政建设责任制，反腐倡廉建设有效推进。

【认真办好师生关注的实事】

学校高度重视事关广大师生员工切身利益的实事办理，狠抓落实，基本完成。图书馆周围、南北区操场等地增亮改造工程和南北区运动场软化工程顺利完成。为70间教室安装空调，完成了图书馆第二电子阅览室设备更新，学生学习条件进一步改善。校医院成为武汉市城镇基本医疗保险定点医疗机构，中医科、皮肤科、放射科、五官科等科室聘请专家坐诊。组织了教职工体检。

2011年普通高等学校基本情况统计表

类　　目	数量	类　　目	数量
一、学生情况(单位:人)		7. 省部级重点学科数	3
1. 普通高等教育在校学生总数	16655	**三、教职工构成(单位:人)**	
其中:博士生数		1. 总数	2341
硕士生数	97	2. 专任教师数	1060
普通本科生数	15008	3. 院士	1
普通专科生数	1550	其中:外聘院士	1
2. 普通高等教育招生数	5003	4. 正高级职称数	120
其中:博士生数		5. 副高级职称数	672
硕士生数	47	6. 博士生导师数	
普通本科生数	4200	7. 硕士生导师数	96
普通专科生数	756	8. 长江学者特聘教授数	
3. 普通高等教育毕业生数	5261	9. 楚天学者特聘教授数	11
其中:博士生数		**四、办学条件**	
硕士生数	25	1. 年末固定资产总值(万元)	114583
普通本科生数	3118	2. 校园占地面积(千平方米)	140.93
普通专科生数	2018	3. 年末校舍面积(千平方米)	540

续表

类　目	数量	类　目	数量
4. 成人及其他高等教育学生数	19295	4. 教学仪器设备总值(万元)	16900
5. 留学生数	6	5. 图书馆面积(平方米)	30850
6. 港澳台学生数		6. 年末纸质图书册数(千册)	1950
二、学科及专业设置(单位:个)		7. 教学用计算机台数(台)	8500
1. 一级学科数	41	8. 各类专业实验室总数(个)	31
2. 博士授予权点数		其中:国家重点实验室(个)	
3. 硕士授予权点数	11	省部级实验室(个)	2
4. 本科专业数	55	9. 工程(技术)研究中心(个)	2
5. 专科专业数	17	其中:国家工程研究中心(国家发改委)	
6. 国家级重点学科数		国家工程技术研究中心(科技部)	

学校负责人及地址（截至2011年12月31日）：

党委书记：谭仁杰

党委副书记、校长：杨卫东

副校长：桑建平

党委副书记：王南南

副校长：周建民　张　英　张晓玲

副巡视员：甘德安

校长助理：邓传德　邵　红

学校地址：武汉经济技术开发区三角湖

邮编：430056

电话：84225508
网址：http：//www. jhun. edu. cn

审　稿：谭仁杰
执笔人：张丽萍　范雄飞　孙　超

参 考 文 献

图 书

1. 邓小平文选［M］. 第3卷. 北京：人民出版社，1993.

2. 李岚清. 李岚清教育访谈录［M］. 北京：人民教育出版社，2003.

3. ［美］詹姆斯·杜德斯达.21世纪的大学［M］. 北京：北京大学出版社，2005.

4. 熊志翔等. 高等教育制度创新论［M］. 广州：广东高等教育出版社，2002.

5. 闵维方. 高等教育运行机制研究［M］. 北京：人民教育出版社，2002.

6. 顾明远. 教育大词典［M］. 上海教育出版社，1991.

7. 李进才. 当代中国教育行政管理［M］. 武汉：湖北教育出版社，1992.

8. 中国教育年鉴［M］. 北京：人民教育出版社，2003.

9. 中国农村统计年鉴（2001）［M］. 北京：中国统计出版社，2002.

10. 中国科学院可持续发展战略研究组.2004中国可持续发展战略报告［M］. 北京：科学出版社，2004.

11. 张国，林善浪. 中国发展问题报告［M］. 北京：中国社会科学出版社，2001.

12. 顾明远，梁忠义. 世界教育大系［M］. 长春：吉林教育出版社，2000.

13. 吴松，沈紫金.WTO与中国高等教育发展［M］. 北京：

北京理工大学出版社，2002.

14. 熊映平等．走进 WTO 教育中国［M］．长沙：湖南人民出版社，2003.

15. 范先佐．教育经济学［M］．北京：人民教育出版社，1999.

16. 姚启和．高等教育管理学［M］．武汉：华中理工大学出版社，2000.

17. 吴志宏等．新编教育管理学［M］．上海：华东师范大学出版社，2000.

18. 冯增俊．当代国际教育发展［M］．上海：华东师范大学出版社，2002.

19. 顾明远，孟繁华．国际教育新理念［M］．海口：海南出版社，2001.

20. 卢晓中．当代世界高等教育理念及对中国的影响［M］．上海：上海教育出版社，2001.

21. 吴志宏．教育行政学［M］．北京：人民教育出版社，2000.

22. 张力．2000 年中国教育绿皮书［M］．北京：教育科学出版社，2001.

23. 张力．2001 年中国教育绿皮书［M］．北京：教育科学出版社，2002.

24. 乔玉全．21 世纪美国高等教育［M］．北京：高等教育出版社，2000.

25. 陈永明．当代日本私立学校［M］．太原：山西教育出版社，1996.

26. 赵曙明．美国高等教育管理研究［M］．武汉：湖北教育出版社，1992.

27. 蔡克勇．我国高等教育体制改革及其综合效益分析［M］．北京：人民教育出版社，1997.

28. 张铁明．教育产业论［M］．广州：广东高等教育出版社，2002.

29. 教育部中外大学校长论坛领导小组．中外大学校长论坛文集［M］．第1辑．北京：中国人民大学出版社，2002.

30. 教育部中外大学校长论坛领导小组．中外大学校长论坛文集［M］．第2辑．北京：中国人民大学出版社，2004.

31. 冯艳飞．中国高等教育产业研究［M］．北京：经济管理出版社，2004.

32. 袁振国．发展我国教育产业政策研究［M］．上海：华东师范大学出版社，2002.

33. 陈平方．中国教育问题报告［M］．北京：中国社会科学出版社，2002.

34. 钟启泉等．解读中国教育［M］．教育科学出版社．2001.

35. 杨东平．大学之道［M］．上海文汇出版社，2003.

36. 乔玉全．21世纪美国高等教育［M］．北京：高等教育出版社，2000.

37. 丁学良．什么是世界一流大学［M］．北京：北京大学出版社，2000.

38. 季平．美国公立学校的发展研究［M］．北京：高等教育出版社，2002.

39. 陈学飞等．留学教育的成本与收益：我国改革开放以来公派留学效益研究［M］．北京：教育科学出版社，2003.

40. 中国教育人力资源问题报告课题组．从人口大国迈向人力资源强国［M］．北京：高等教育出版社，2003.

41. 外国教育丛书编写组．高等教育的发展与改革．北京：人民教育出版社，1983.

42. 约翰．S·布．贝克．高等教育哲学［M］．邓继伟，译．杭州：浙江教育出版社，1987.

43. 潘懋元．新编高等教育［M］．北京：北京师范大学出版社，1996.

44. 刘献君．高等学校战略管理［M］．北京：人民出版社，2008.

45. 张平．“十二五”规划战略研究（上）［M］．北京：人民出版社，2011.

46. ［美］劳伦斯·维赛．美国现代大学的崛起［M］．北京：北京大学出版社，2011.

期　刊

1. 武毅英．高等教育介入资本市场的可行性［J］．教育发展研究，2004（3）.

2. 邬大光．民办高等教育与资本市场的联姻国际经验与我国的道路选择［J］．教育研究，2003（12）.

3. 邬大光．试论高等教育管理、办学与投资体制改革的相关性［J］．高等教育研究，1999（2）.

4. 谈松华．中国教育改革和发展中的若干理论和政策问题［J］．教育研究，2000（3）.

5. 马陆亭．高等教育管理体制的国际比较［J］．辽宁高等教育研究，1998（1）.

6. 何晋秋．我国高等教育办学及管理体制探讨［J］．清华大学学报（哲学社会科学版），2000（6）.

7. 陈至立．我国加入 WTO 对教育的影响及对策研究［N］．中国教育报，2002-01-09.

8. 李茂．弗里德曼：竞争将带来更多的好学校［N］．中国教师报，2003-01-01.

9. 吴天俊．高等教育如何走出困境［J］．教育发展研究，2003（1）.

10. 文新华等．关于“教育券”的分析［J］．教育发展研究，2003（1）.

11. 金雪军，王桂华．高等教育产业与资本市场对接研究［J］．江苏高教，2003（3）.

12. 魏新，管风华，陈良琨．关于我国实行高等教育基金制的研究［J］．高等教育研究，1994（4）.

13. 张璇．高等教育“教育券”拨款机制探讨［J］．江苏高教，2003（6）.

14. 陈立．西方高等教育视野中的教育券问题［J］．外国教育研究，2004（3）．

15. 向荣．教育券制度及其在中国的实施前景分析［J］．价格理论与实践，2002（6）．

16. 文新华，鲁莉，张洪华，李锐利．关于“教育券”的分析［J］．教育发展研究，2003（1）．

17. 许雄奇．关于我国发行教育彩票的探讨［J］．教育与经济，2002（2）．

18. 陈晓嘉．发行教育彩票的可行性及社会意义［J］．教育评论，2000（3）．

19. 李祖超，黄文彬．关于发行教育彩票的理性思考［J］．当代教育科学，2003（7）．

20. 石金明．关于我国发行教育彩票问题的探讨［J］．教育发展研究，2003（3）．

21. 张万朋．关于发行“教育彩票”的理性思考［J］．教育理论与实践，2003（10）．

22. 卢乃桂，操太圣．中国改革情景中的全球化中国高等教育市场化现象透析［J］．北京大学教育评论，2003（1）．

23. 茅于轼．教育界的资源配置［R］．2004年4月江汉大学承办的“大学校长高峰论坛”录音整理材料．

24. 邬大光．中国民办高等教育的市场化特征与政策走向分析［J］．中国高等教育，2001（11）．

25. 陈国良．发展为主题 改革与开放为动力——新世纪中国高等教育展望［J］．教育发展研究，2001（2）．

26. 潘懋元．大众化阶段的精英教育［J］．高等教育研究，2003（6）．

27. 周济．谋划发展规划未来［J］．中国高等教育，2003（2）．

28. 胡鞍钢．加入WTO后的中国农业和农民［J］．群言，2002（6）．

29. 曾天山．全面建设小康社会进程中农村教育的转型［J］．

新华文摘，2003（7）.

30. 王效仿．知识失业：一个时代的来临［J］．中国人大复印资料《社会学》月刊，2003（7）.

31. 国家教育发展研究中心专题组．关于 WTO 教育服务贸易的背景资料［N］．中国教育报，2002-05-21.

32. 刘献君．科学发展观与高等教育发展［J］．高等教育研究，2004（5）.

33. 蔡克勇．加入 WTO 对教育的挑战与对策［J］．交通高教研究，2002（3）.

34. 日本经济高速增长时期发展教育的经验及对我国全面建设小康社会的几点启示［J］．世界教育信息，2003（4）.

35. 何祚庥，兰士斌．高等教育适度发展还是大力发展［J］．上海高教研究，1998（7）.

36. 王义遒．多样化：我国高等教育大众化的关键［J］．北京大学教育评论，2003（4）.

37. 张保庆．树立科学发展观 确保高等教育持续健康发展［N］．光明日报，2003-05-09.

38. 康宁．高等教育规模扩大对增加有效需求和促进经济发展的影响［J］．教育发展研究，2000（7）.

39. 北京大学课题组．扩大高等教育规模对短期经济增长作用［EB/OL］．中国教育和科研计算机网，2003-05-28.

40. ［美］菲利浦·H. 库姆斯．时代呼唤着新型的教育计划［J］．教育与经济，1990（4）.

41. 沈百福，杜晓利．人口文化素质与经济发展水平的相关分析［J］．北京大学教育评论，2004（1）.

42. 谢作栩，黄荣坦．中国高等教育规模发展宏观调控模型研究［J］．高等教育研究，2004（6）.

43. 张继华．借鉴国外高等教育经费筹措经验 深化我国高等教育投资体制改革［J］．煤炭高等教育研究，1999（3）.

44. 王图栓．试析日本发展私立高等教育的经验［J］．日本问题研究，1997（3）.

45. 张振助等．高等教育大发展的国际经验及启示［J］．外国教育研究，2003（4）．

46. 鲁晓成等．高等教育布局与规模研究［EB/OL］．http：//www. hubce. edu. cn/jwc/jwc5/messages/1629. html，2003-04-11.

47. 曾培炎．树立科学的发展观 促进经济社会和人的全面发展［EB/OL］．http：//www. china. org. cn，2003-12-26.

48. 周飞，范绪锋．0. 04 个百分点引发冲击波——人大代表关注教育经费投入［N］．中国教育报，2005-03-08.

49. 邬大光．高等教育大众化理论的内涵与价值［J］．高等教育研究，2003（6）．

50. 熊性美．2004 年 中国经济推动全球增长［N］．参考信息，2004-12-30.

51. 陈维国．经济社会发展与高等教育发展规模的相关性研究［J］．经济经纬，2001（3）．

52. 李德水．国民经济指标和经济形势分析方法［EB/OL］．中国人大新闻网，2004-06-25.

53. 周 济．大力加强教学工作 切实提高教学质量——周济部长在第二次普通高等学校本科教学工作会议上的讲话［EB/OL］．http：//jwc. cupl. edu. cn/pgb/news，2006-04-19.

54. 郭齐勇．大学的教育理念与目标［J］．中国大学教学，2002，10.

55. 熊建辉编译．2009 年世界高等教育大会公报：高等教育与研究在促进社会变革和发展中的新动力［J］．世界教育信息，2009（9）．

56. 徐建培，李福华．实施战略管理 推进学校发展［J］．高等工程教育研究，2008（1）．

57. 胡鞍钢．“十二五”：如何跨越中等收入陷阱［J］．财经界，2011（8）．

58. 王广慧，张世伟．教育对农村劳动力流动和收入的影响［J］．中国农村经济，2008（9）．

59. 翁阳．中国城市化低于世界平均水平 严重滞后于工业化

[EB/OL]. http://news.cntv.cn/20110305/109263.shtml, 2011-06-02.

60. 李强. 为什么农民工“有技术无地位”[J]. 江苏社会科学, 2010 (6).

61. 胡鞍钢. 防止弱势群体停留在发展边缘 [J]. 学习月刊, 2011 (2).

后　　记

本书为作者在长期从事城市综合大学建设应用型大学实践过程中形成的研究成果。书中有部分成果是作者与领导、专家和同事合著的，在文章中均作了说明，大部分没有署名的成果，均为作者独著。附录部分收录了江汉大学的发展沿革和部分年鉴，是希望通过对江汉大学进行个案研究，以求对城市综合大学如何向应用型大学发展的过程有一个清晰的了解，对探究综合大学发展规律起到一定的借鉴作用。

本书在撰写过程中得到省市及校内外领导、专家、同事的指导帮助，引用了诸多文献资料，尚有可能未列全。在此向所有指导、帮助过本人的领导、专家、同事和原作者表示衷心的感谢。本书系教育部人文社会科学研究规划基金项目资助，谨表谢忱。

由于时间仓促，加之水平、学识所限，本书在理论体系构建和内容展开上，不足之处在所难免，恳请广大读者和同行专家批评指正。最后感谢武汉大学出版社及编辑老师对本书出版给予的支持和付出的努力。

张丽萍

2012 年 4 月 28 日